国家社会科学基金一般项目《少数民族神话记忆中的中华民族共同体意识研究》（21BMZ094）阶段性成果

民族神话记忆中的宴会符号研究

以哈尼族长街宴为例

陈永邺 著

民族出版社

陈永邺，1970 年 5 月生，红河学院民族研究院副教授，博士。

从事民族文化、民族法学、经济学研究，硕果丰富。发表多篇学术论文，出版多部学术专著，多次在国内高级别学术会议上发表学术演讲。主持完成国家社会科学基金项目 1 项、教育部等省部级人文社会科学基金项目 5 项；获得国家民委民族问题研究优秀成果奖著作类二等奖、云南省社会科学学术年会优秀论文一等奖、伍达观教育基金优秀教师奖、红云园丁奖优秀教师奖、北京大学访问学者优秀成果奖、学科建设方向优秀负责人、科研工作先进个人、省“学术先锋”等多项荣誉奖项。

contents

目　录

contents 目 录

绪 论

本书围绕长街宴介绍哈尼族的文化特色。表面上来看，长街宴只是村寨里的人们聚集在一起的聚餐活动，跟普通宴会并无二样，村民们也似乎只是为了倾诉情感、强化人际关系、增进彼此友谊的需要来举办这样一次聚餐活动。从功能和实用性方面来说，长街宴同一般的宴会活动真的没有太大的区别。

但是，这样一场大型的、在固定时间里举办的村寨性宴会，如果我们从人们就餐时四周不一样的自然环境和社会情境、筵席食物的特殊来源、菜肴的特色和品种、某些佳肴特别的制作过程、富有特色的传统菜单、经过挑选使用的食材及器皿，以及富有民族风情的佐餐歌舞表演活动等等方面进行深入的观察和持久的考察，就会发现：这场花费巨资、规模盛大的宴会绝不仅仅是一次聚餐活动那么的简单，也不是耐不住寂寞和喜爱凑热闹者任意游戏、打闹的嬉戏场所，它的举行有着严格的规定。云南红河南岸哈尼族村寨是长街宴的主要举办地，宴会在三大传统节日期间举办，正式开宴前还要举行一系列的象征仪式：主持人“大咪谷”念念有词，恭敬严肃地邀请远古时代的祖先英雄入席就座；与代表祖先的“咪谷”、村寨里面的祭师“摩匹”和助手“则昂”欢宴时，村民们吹拉弹唱载歌载舞，并表演“哈巴”“独打”“根古调”……通过考察我们得出这样的结论：长街宴确实是哈尼族先辈们创造的一场可以媲美世界上任何地方“狂欢节”的节日活动。

对于这样一场著名的东方“狂欢节”，为了避免泛泛而谈，笔者首先概述“神话文本”及“符号学”的相关理论知识，然后介绍笔者田野调查点的人文地理情况。在此基础之上，从第一章开始，笔者开始探讨哈尼族神话起源的集体记忆与历史建构，以使读者了解居住在红河两岸的哈尼族支系的“历史”如何建构形成，而这些哈尼族支系正是举办长街宴的最主要人群，他们的“历史”除了具有客观的事实外，从学术层面上来说更多还展现在一种现代意义上的建构之中。从第二章开始，笔者集中考证留存于今日村民中的长街宴。首先介绍世界范围内著名学者对饮食文化的分析以及国内学者对知名宴会的研究，然后对长街宴进行“考证”，据此我们能够理解为什么长街宴可以按照哈尼族不同的节日文化类型进行不同的划分，以及长街宴表征的族群社会文化心理。第三章，诠释长街宴美食制作，从哈尼族村民们对食材用料的准备、佳肴的烹制，讨论具有民族特色的美食文化及这些美食符号所具有的社会文化意涵。第四章侧重介绍举办长街宴古已有之的准则，包括就餐环境、宴会的时间及地点、食材、用餐器材、言行举止等方面的规定，再对这些准则的社会意义进行诠释。第五章是对长街宴饮宴活动安排、组织的探讨。如“咪谷”角色具有的象征含义、“苦扎扎”的神话叙事和与此有关的“杀牛祭磨秋”“转磨秋”“荡秋千”象征叙事的意义，以及村寨社会结构。第六章讨论与长街宴欢腾热闹密切相关的佐餐歌舞，例如“哈巴”“独打”“根古调”，它们作为祭祀歌舞的属性、作为文化载体的价值及这些文化象征叙事所表征的社会学上的意涵。第七章讨论长街宴的变迁。

这一系列的论述，是植于长街宴这样一种独特的民族文化场之中进行的，通过深入分析宴会中各种各样的文化象征符号及象征叙事，突出主题和内涵，并在一定的逻辑结构体系中诠释或描述长街宴这样一套文化符号体系的社会意义，以及其中很多象征叙事体系的文化价值，以谋求为哈尼族长街宴的未来发展提供实质性的参考。如果能对哈尼族社会的进步、发展有一定价值，则是本研究最大的期许。

一、“神话文本”及“符号学”理论

所谓“文本”（text），简单来说是指民间的集体记忆素材。从研究对象来说，作为存在于集体记忆之中的神话故事、迁徙史诗和民间传说等“文本”，大多数是一些二手文献，是一些“已完成的”或“已出版的”研究资料。这些研究资料虽然忠实、客观地记述了社会中的一些情况，但是大多还没有被解析、研究、诠释。

符号学来源于希腊语，最早只是对记号的解释，后来逐渐形成了解释符号及对符号研究的人文科学体系。从广义上说，符号学研究符号所表达的含义，例如文字符、手语、密码、信号符、古文明记号等。由于其涵盖的范围过于广阔，起初它在西方的人文科学中并没有得到重视，甚至也没有学科上的地位。这种情况的改变是到了结构主义 20 世纪下半期的兴起，有一些学者大咖为了反对萨特的存在主义，就大量引用符号在文化上的再现过程，有关研究才由此而生。可以说，符号学作为一门学科及地位上的改变，真正的时间是在 20 世纪 60 年代。在今天，符号学的应用在我们的日常生产生活中已随处可见，而且应用的范围也越来越广、越来越多。从一定意义上来说，符号学已经开始普遍化、大众化，不再是哲学家、人类学者的研究专属品。事实上，符号学可以运用的范围确实非常广泛，因为除了人类学这门学科外，符号学的诸多理论和学说也越来越广泛地运用于政治学、社会学、思想史、文化史、美学、文学、艺术、建筑学、设计学等学科领域以及我们所说的学术思想史的研究之中。

（一）“神话文本”概念

与民族学田野调查中收集的实地的口述资料相比，有着集体记忆属性的“神话文本”是作为完全固定的东西。比较而言，田野资料本身还带有不稳定性，尚需要时间来整理和发表。因此，它们一方面是停止的、已成形的资料，另一方面是正在形成和发展中的。笔者的研究类似于民族史学者把历史文献、口述资料或文化现象作为研究取向的方法，但是有关民族集体记忆的神话文本素材的范围更广阔，除大众熟知的神话故事外，还包括史诗歌谣、民间传说等文本形式，它们都是笔者的分析对象。

作为广义的分析单位，在人类学中，这些存在于人们集体记忆中的“神话文本”素材一般被认为是人类童年时期“集体的梦”，是“人类和动物尚未完全区分开来时期的一种历史”的最朴素的纪录，它们提供了人类思维模式的原型，提供了全人类的各种文化产生过程中所共同遵循的运作机制的深层结构。[①] 以弗洛伊德（Feud）的观点来说，它们也是“无意识没有时间概念”的。著名的文化人类学家列维-斯特劳斯认为：“神话的本质就在于，当它面临着一个问题的时候，总是把这个问题当作是其他领域内（诸如宇宙论的、物理学的、道德的、法学的及社会的）所可能提出的问题的‘同形物’去加以思考，并从整个总体去考虑。”[②]

如果我们赞同上述民族集体记忆的“神话文本”是“无意

---

① 高宣扬：《结构主义人类学大师——李维史陀》，见黄应贵主编：《见证与诠释——当代人类学家》，260页，台北，正中书局，1992。

② Claude Levi-Strauss/Didier Eribon，（1988）De presetet de Loin. Paris. P. 194. 转引自高宣扬：《结构主义人类学大师——李维史陀》，见黄应贵主编：《见证与诠释——当代人类学家》，262页，台北，正中书局1992。

识没有时间概念”的观点，那么，创作者在开始阶段或者在最后修改时产生这种或那种的犹豫，对于我们来说就是无所谓的事情。因为既然愿望总是通过新词汇不断地重复同样的事情，那其中的愿望总是会在属于自己的时间里得到表述。因此，这些“神话文本”也是一种“社会本相”的表征或再现（representation)，为了探讨这种“社会本相”的问题，就有必要研究数量众多的少数民族的神话故事、史诗歌谣、民间传说等文本资料，通过研究这些“神话文本”所反映的社会“情境”之特点，进一步探讨其呈现的性质。比如在哈尼族的《苦扎扎节由来》的神话中，讲述了哈尼人在平时的生产活动中与各种大小动物的矛盾和冲突。但是我的研究不仅仅是为了讲述和分析纷争的过程和原因，而是要探讨“神话文本”背后隐藏着的社会事实，以及探讨这些叙事是在什么样的社会情境之下逐渐演变成为规范人们生产生活的象征符号的问题。

而从研究对象来看，我国56个民族有着数量巨大、内容丰富的神话故事、史诗歌谣、民间传说，虽然这三类神话记忆文本在表现手法、表现内容、表现形式等方面有所差异，但却都基本涉及天地形成、人类起源、事物发端、迁徙、战争、社会制度、英雄业绩、生产生活、价值观念、世界观和象征仪式、婚姻家庭、财产继承、土地占有和分割等方面的内容。以史诗歌谣为例，较有名的创世史诗歌谣就有纳西族的《创世纪》（又称《崇班图》)、瑶族的《密洛陀》、壮族的《布洛陀》、彝族的《梅葛》《查姆》《阿细人的歌》、苗族的《古歌》、水族的《开天立地》、布依族的《赛胡细妹造人烟》、哈尼族的《俄色密色》《十二奴局》、阿昌族的《遮帕麻与遮米麻》、白族的《开天辟地》等。又如英雄史诗，有藏族的《格萨尔》、蒙古族的《江格尔》、柯尔克孜族的《玛纳斯》、彝族的《支格阿鲁》、哈尼族的《阿波仰者》等，《格斯尔传》《勇士谷诸干》《宝木额尔德尼》

《英雄希林嘎拉珠》等也很有名，《格萨尔》《江格尔》和《玛纳斯》被称为我国“三大史诗”。从迁徙史诗来说，较有名的有哈尼族的《哈尼阿培聪坡坡》《雅尼雅嘎赞嘎》《哈尼先祖过江来》，拉祜族的《根古》《找魂歌》、瑶族的《信歌》《查亲访故古根歌》、苗族的《爷觉力岛之歌》《根支耶劳往东迁》《格炎爷老和格池爷老歌》《爷操披操歌》《苗族迁到乌撒歌》《格乌爷老和挪爷老歌》《嘎梭卯歌》《格池爷老歌》《根孜则利和则劳诺司居孜劳迁徙的故事》等。同时，彝、纳西、景颇、傈僳、怒、白、哈尼等民族都有记录祖先迁徙的《指路经》。

显然，以上三类“神话文本”对于众多无文字记载的少数民族来说，既是千百年实践知识和感性经验的宝贵累积，也是我们借以了解这些人群的英雄祖先如何改造自然、创造历史、形成社会制度的重要依据。需要强调的是，本著述对神话记忆的理解，是从广义的角度把史诗歌谣、民间传说等文本都纳入其中。在对这些民族集体记忆的“神话文本”进行研究时，内容固然重要，但是，它们之所以能够引起人们的重视，主要在于学者理论建构方面的需要。一方面，这些有着记忆性质的“神话文本”之所以能够流传下来，显然也不主要是因为其中的内容之缘故。于是，在有了文字及现代传媒的记载以后，它们就逐渐从人类认知与思考的领域中退出了。另一方面，也是更重要的方面，这些有着民族集体记忆之“神话文本”都是一套符号系统的表达，研究者借此探讨早期人类在使用象征符号及各种象征叙事与社会文化心理之间的关系，进而建构历史、探讨符号的象征意义。因此，在本著述中，对具有历史记忆性质“神话文本”的回顾，应包括以下三个方面的内容：

1. 神话故事研究回顾

所谓神话，一般来说，指叙述人类原始时期，也就是人类演化初期所发生的单一或多重的故事。自博厄斯对美洲印第安社会以及神话的研究发表后，人类学家普遍认为特定族群的神话与其社会文化有着充分的关联。早期神话学的研究也主要以发现神话与社会文化间的关联为主要目的，虽然在神话中什么事情都可能发生，完全可不依照逻辑与连续性进行，任何特征都可以加诸任何人物、事项上，任何关系都可能出现在神话内容中。法国著名的人类学家列维-斯特劳斯认为，如果对语言的诸多表达方式加以比较，就诗歌而言，再好的翻译也会严重地曲解原意；但是，对神话而言，再差的翻译也能将其价值保留下来。换一种说法，神话所要表达的意义以及传递的讯息，并不在于其表面的语句或具体的内容，而是经由其中的结构要素来完成。从各个不同地区搜集到的神话，竟呈现出令人惊讶的类似性，让人不得不承认神话中存在着的某种普遍的一致性或类似性。这种一致性或类似性并不是由于文化接触彼此学习的结果，而要从神话在人类心灵中的运作程序来找答案。列维-斯特劳斯指出，神话学研究最主要的“并不是人如何在神话之中如何思考，而是要研究神话如何在人们心灵中运作，而人们却不知道这件事”。实际上，是神话透过人来说话、思考，而不是人自发地创造了神话。此外，在论及神话的意义时，列维-斯特劳斯还指出：“神话的无意识的意义（这是神话试图解决的问题）和神话用来表达到目的（即情节）的有意识的内容之间必须有而且确实有一种一致性。然而，不应把这种一致性始终看作镜中映象，它也可以是一种‘转换’。”① 英国人特劳斯·霍克斯认为：“神话有下列两基本命题：首先，神话的‘意义’不可能存在于构成神话的各种孤立的要素之中，它天生就存在于那些孤立的要素的组合方式中，而且必须考虑到这种组合所具有的转换潜力。其次，神话的语言显示出

① ［法］列维-斯特劳斯：《结构人类学》，谢维扬，俞宣孟译，229～230页，上海，上海译文出版社，1995。

特殊的性质，它高于一般语言的水平。”①

国内外学者对神话进行了一系列的研究。陈娜、张开焱在《近三十年中国各少数民族创世神话研究述评》中认为：“20世纪中国少数民族创世神话研究经历了起步、发展和沉寂期后，在改革开放后取得了新的进展。近三十年的少数民族的创世神话研究经历了三个发展时期：一是少数民族创世神话史料整理时期，二是少数民族创世神话理论方法探寻期，三是少数民族创世神话研究全面繁荣期。”② 另外，日本学者山口八郎在《日本与中国神话的比较》一文中，通过对日中民族有关太阳的神话进行考察和比较，分析了日本与中国西南民族特别是与彝族有关太阳崇拜的异同，探讨了中日神话乃至古代文化可能存在的渊源关系。③ 崔文峰在《中日创世神话的异同性比较》中，就中日“创世神话”上的异同也作了一个类型学上的比较，提出中日神话所蕴含的不同民族特质和民族心理。并认为，一个民族的神话，通常蕴含着民族性格最深刻的萌芽，它会一直影响和支配着民族精神后来的一切发展。④ 葛苑菲的《我国少数民族创世神话考略》对我国少数民族创世神话做了一个考察和探究，认为创世神话在整个神话中占据重要的地位，许多神话都是从创世神话变化和发展起来的。就其思维方式、内容及价值而论，它可以说是人类最初的“百科全书”。⑤ 徐晓光的《清浊阴阳化万物》探讨了日本、中国内地及西南少数民族天地形成与“气”生神话、

---

① ［英］特伦斯·霍克斯：《结构主义和符号学》，瞿铁鹏译，38页，上海，上海译文出版社，1987。

② 陈娜、张开焱：《近三十年中国各少数民族创世神话研究述评》，载《内蒙古民族大学学报（社会科学版）》2010（2）。

③ 山口八郎、刘金才：《日本与中国神话的比较》，载《贵州民族学院学报》，2003（6）。

④ 崔文峰：《中日创世神话的异同性比较》，载《安徽文学》，2009（1）。

⑤ 葛苑菲：《我国少教民族创世神活考略》，载《新疆职业大学学报》，2010（2）。

化生神话与“贵左”观念、胎生神话与母体分解发散等神话情节及相互之间的联系与影响，认为由于日本与中国西南地区自然环境有很多相同之处，也会有相同的文化现象。① 陶立璠的《中国少数民族神话的体系和分类》② 把我国的少数民族神话分为开辟神话、人类起源神话、洪水神话、自然神话、生活技艺神话、民族族源神话、英雄神话等七种类型，尝试揭示各类神话的性质、特点和意义，对它们的价值及其对于中国神话学的意义作了总结。《人类的两次起源——中国西南少数民族的创世神话》通过对人类对起源神话的研究，可知在中国西南地区交错地聚居的民族或人群，由于其历史、自然生态环境以及各自生产生活方式形态上的差异，分别发展出各自的独特文化特征。在长时期跟周边人群（尤其是汉族）的接触交流中，各种族群文化也不断地相互影响、相互借用。③

此外，在这方面的研究文献还有：学位论文《南方少数民族自然生人型创世神话研究》④、《基于功能主义视角解读法律起源——以中国少数民族创世神话为例》⑤，期刊论文等近百篇。

2. 史诗歌谣研究回顾

史诗是继神话之后出现的一种古老的民间叙事体长诗，一般采用韵文或韵散相间的“说唱体”格式，篇幅巨大，内容丰富。它用诗的语言记叙了天地形成、人类形成的传说及人类早期的社

---

① 徐晓光：《清浊阴阳化万物》，载《贵州民族学院学报（哲学社会科学版）》，2007（1）。

② 陶立璠：《中国少数民族神化的体系和分类》，载《民族文学研究》，1984（2）。

③ ［日］伊藤清司：《人类的两次起源——中国西南少数民族的创世神话》，王汝澜、夏宇继译，载《民族文学研究》，1999（1）：81~91。

④ 侯亚男：《南方少数民族自然生人型创世神话研究》，硕士学位论文，中南民族大学，2007。

⑤ 张华：《基于功能主义视角解读法律起源——以中国少数民族创世神话为例》，硕士学位论文，云南大学，2009。

会生活，反映民族迁徙、民族战争等重大历史事件，歌颂英雄人物的光辉业绩。史诗并不是哪一个时代的某一个天才诗人的作品，它是创造它的那个族群的英雄祖先集体智慧的结晶，后又经过世代的传唱、补充加工而逐渐形成的，所以，史诗是伴随着民族的历史一起生长的。就类型来说：有的是对某一个族群在发展的某个阶段或者是对天地万物及人类形成的解说，有的则唱叙某个族群在其形成发展的重要阶段出现过的迁徙、战争等重大事件，有的赞颂族群英雄创下的光辉业绩。从某种意义上来说，它们往往是某族群或某民族在特定时期的一部形象化的创业史、生活史。①

王苹、王华北的《少数民族古籍史诗概览》较综合地介绍了我国少数民族的史诗歌谣和英雄史诗，以及其产生的历史背景、特点和内容，呈现了中国少数民族史诗的概貌。作者同时认为，史诗的产生与神话有着密切的关系："史诗是在神话世界观的基础上产生的，史诗中对自然和人本身所作的种种解释，是由当时十分低下的生产水平以及人们'万物有灵'的思想观念决定的。因此，史诗中有浓重的神话传说色彩，甚至有些早期的史诗简直就可以看成是韵文形式的神话和传说。史诗所描写的多是人与大自然的斗争，大自然与人的行为常常是交相混杂的，人可以变幻身形，甚至可以死而复生等。"② 李子贤在《从创世神话到创世史诗——中国西南地区产生创世史诗群落的阐释》中提出："我国南方尤其是西南少数民族地区产生的创世史诗群落，是世界罕见的文化奇观。史诗歌谣产生的基础之一是创世神话。在世界很多地区和民族那里，为什么并未在创世神话的基础上形成史诗歌谣呢？除创世神话之外，史诗歌谣的形成还有其必备的

---

① 王苹、王华北：《少数民族古籍史诗概览》，见中国民族图书馆：《民族图书馆学研究（三）》，568页，沈阳，辽宁民族出版社，2006。

② 同①。

基础条件及其历史动因。”① 覃乃昌在《我国南方少数民族创世神话创世史诗丰富与汉族没有发现创世神话创世史诗的原因——盘古神话来源问题研究之八》一文中认为：“我国南方尤其是华南珠江流域古人类起源早，而且没有因战争或自然灾害等发生湮灭或整体性的迁移，其考古学文化呈现出整体性和前后承传的序列状态，相应地，这一地区的原住民族的神话特别是创世神话丰富并呈现出整体性、系列性的特征。”② 纳张元的《来自苍茫天地间的隔世之音——对彝族史诗〈创世纪（天地人）〉的一种解读》认为：“《创世纪（天地人）》中关于天地万物的诞生和早期人类演化的神话，反映了彝族先民朴素的唯物观念和辨证思想，展现了彝族先民开天辟地、创世立业、生活劳动的广阔图景。”③

此外，在这方面的研究文献还有：学位论文《德昂族创世史诗〈达古达楞格莱标〉文化内涵探析》④《“布洛陀经诗”的民间信仰文化内涵解读》⑤《彝族史诗〈查姆〉与阴阳五行观念》⑥《少数民族哲学文献史料的若干问题初探》⑦，期刊论文

---

① 李子贤：《从创世神话到创世史诗——中国西南地区产生创世史诗群落的阐释》，载《百色学院学报》，2010（2）。

② 覃乃昌：《我国南方少数民族创世神话创世史诗丰富与汉族没有发现创世神话创世史诗的原因——盘古神话来源问题研究之八》，载《广西民族研究》，2007（4）。

③ 纳张元：《来自苍茫天地间的隔世之音——对彝族史诗〈创世纪（天地人）〉的一种解读》，载《民族文学研究》，2010（2）。

④ 赵燕梅：《德昂族创世史诗〈达古达楞格莱标〉文化内涵探析》，硕士学位论文，云南大学，2009。

⑤ 向骏：《“布洛陀经诗”的民间信仰文化内涵解读》，硕士学位论文，中南民族大学，2008。

⑥ 项红：《彝族史诗〈查姆〉与阴阳五行观念》，硕士学位论文，中南民族大学，2008。

⑦ 李斌：《少数民族哲学文献史料的若干问题初探》，硕士学位论文，云南师范大学，2006。

《从少数民族民间史诗看艺术类型的演进——原始艺术哲学考释之二》[①]、《中国南方民族创世史诗与神话的体系化》[②] 等二三十篇。

3. 民间传说研究回顾

民间传说是指在民间以口头、文稿等形式流传的神话等传说，似可归入“神话故事”内，但由于其体裁自由度大，所以还可独立成一种，也是最为宽广、影响最大的民族集体记忆的“神话文本”类型。我国西南各少数民族的民间传说数量巨大，仅哈尼族就有《烟本霍本》《俄色密色》《查牛色》《毕蝶、凯蝶、则蝶》《俄妥奴祖》《雪紫查勒》《厄朵》《塔婆罗牛》《艾玛突》《天地人鬼》《阿培阿达埃》和《葫芦里走出人种》《为什么鸡叫太阳就出来》《人鬼分家》等几百篇民间传说与神话故事。这方面可参考的资料文献有：赵官禄等编《哈尼族叙事长诗集》（中国民间文艺出版社，1989），刘辉豪、阿罗编《哈尼族民间故事选》（上海文艺出版社，1982），谷德明编《中国少数民族神话选》（中国民间文艺出版社，1987），陈建宪《中国民俗通志（民间文学志）（上、下）》（山东教育出版社，2006）等。

（二）什么是符号学

我们经常听到“符号”这个概念，但是一般的人对它并没有更多深入的了解，很多人甚至不知道符号学的理论知识其实可以运用在很多学科领域，尤其是民族学、文化学、社会学的专题研究之中。当初，我选择少数民族神话记忆中的宴会符号为研究选题时，感兴趣的是哈尼族长街宴饮食文化活动中的各种饮食符

---

① 张胜冰：《从少数民族民间史诗看艺术类型的演进——原始艺术哲学考释之二》，载《民族艺术研究》，2003（1）：32~38。

② 吕雁：《中国南方民族创世史诗与神话的体系化》，载《民族艺术研究》，2006（1）：30~34。

号和组织者“咪谷”井井有条的安排，以及节日的欢腾热闹的场面。如果把哈尼族传统的长街宴（并非当下旅游项目）作为符号的总集成来研究，仅从摆放宴桌的次序及坐席上便一目了然每个哈尼族家庭在村寨社会中的地位及影响力。从一定角度上讲，传统的哈尼族村寨社会就是建立在这种以大型的象征仪式为基础，以个体家庭成员为核心的稳定的社会关系网络之上的，费孝通所提出来的“差序格局”在长街宴上完美体现。“这种格局发生在亲属关系、地缘关系等社会关系中，在差序格局之下，每个人都以自己为中心结成网络，像水波纹一样推及开，愈推愈远，愈推愈薄且能放能收，形成能伸能缩的社会格局，且它随自己所处时空的变化而产生不同的圈子。”①

可以说长街宴里人与人、家庭与家庭之间所体现出来的那种远近亲疏的和睦相处之道，也正是在践行我们的核心价值观，长街宴是“和谐”观念的集大成者。正因为如此，长街宴所具有的饮食文化内涵为我们了解哈尼族、研究哈尼族社会生产生活提供了具体而清晰的看得见、摸得着的案例，符号学等一系列文化人类学理论学科知识则为我们提供了科学有效的理论指南。

“符号学”顾名思义是专门研究符号的学科，更具体来说，它是以研究“文字”“图像”“声音”等符号如何转变成一种讯息或者如何运作为主的学科体系。其作为学科体系的目的就是要使观赏者、欣赏者以及很多外来的参观者能够得到有关的资讯，满足人们对知识的兴趣。在早期，符号学也被称为“记号学”或“指号学”，后来经过学术的完善和建构，到现在为止，符号学已形成了以研究“符号”“符号过程”“符号功能”等内容在内的较为完备的一整套理论学说和知识体系。著名的瑞士语言学家索绪尔（1857—1913年）和美国哲学家皮尔斯（Charles Sanders Peirce，

① 费孝通：《乡土中国》，121页，北京，人民出版社，2008。

1839—1914 年)，是符号学的奠基人和贡献者。

1. 索绪尔及《普通语言学教程》

索绪尔是公认的现代符号学之父，但是他的主项却是研究语言。作为语言学家，他严格区分了言语和语言的概念。他认为，语言是社会的产物，是抽象的，是一种社会习惯；言语则是个人习惯的结果，是一种个人行为，并不适用于大众群体。他的理论体系也主要是从语言学的角度展开的，所以他所建构的符号学原理在语言学中表现突出。他在《普通语言学教程》中明确了“符号”是具有意义的实体，并更进一步指出“符号”是由“符号具”（意符，signifier）与“符号义”（意指，signified）两个元素组成的实体。如果我们把符号看成一个个有“意像”（imagery，有意义的东西）的话，所谓的“符号具”就好比一个个“音像”（sound-image），这也是所谓“意符”的概念；“意指”则是该符号指涉的某种概念（concept），就是所说的“符号义”。从这一理论出发，我们所说的“村民”“长街宴”“哈尼族”“份肉”“十月年”“哈巴”“学院”等名词，都是“意符”，是“音像”作为“符号具”的具体例子。起初，念出它们所发出的“音”本身并没有任何的实质含义，但是，当这种活动被人类学家“参与观察”并加以研究之后，人类学家的脑袋里面就会出现一个个有“意指”的“符号义”，例如“朴实无华的”“长长的”“团结和睦的”“神圣的”“载歌载舞的”“曲调悠扬的”“有学术思想的”等，就是“意指”。

显然，这些“符号具”所代表的“符号义”（或者说这些“意符”所代表的“意指”，“音像”所具有的“意像”）是异常丰富多彩的，这就是我们要进一步加以研究的，对文化人类学者来说这些内容也是最具有价值的。笔者研究的对象包含很多具有研究价值和意义丰富的符号叙事体或者象征实体，例如：长街宴为什么要从哈尼族祖先迁徙的神话历史记忆说起（本书第一章第一节)？长街宴是否具有人类学家所说的“夸富”的性质(本书第二章第四节)？传统上，参与宴会的村民都要穿戴整齐，在某些时候甚至要求穿着统一的传统民族服装，据说这样做是为了“让祖先回来看着喜欢”。这些规定表达了朴实无华的村民对这一神秘而又隆重的传统节日宴会的重视程度以及对先人的尊崇(本书第五章第四节)。象征性摆放在宴桌中央的那碗神秘的“份肉”（又称“龙猪肉”）一定要等家人齐聚才能煮熟食用；若有家庭成员在外暂时不回家，必须给他留下一点，等他回来时吃；外人则被严格禁食。那么，这种规定的含义是什么呢？长街宴发展到今天的规模也是惊人的，曾经有人做过统计，最长的长街宴席有两千多桌，约两公里长；参加宴会一同载歌载舞的欢腾人群除四方八邻的亲朋好友外，还有来自其他民族、其他村寨的人，合计在 4 万人以上；这种大规模宴会体现的正是“酒食之会，所以行礼乐也”的象征叙事和意涵。长街宴上展演的“哈巴”“根古调”“独打”佐餐歌舞是哈尼族古老的传统歌舞，其中蕴藏着大量的神话、史诗、故事、歌谣、谚语以及医药、生产、工艺技术等方面的文化知识，其独特的价值和丰富的象征意义我们再怎样赞美都不为过。

符号学虽然最早是从语言学发展出来的，但在探讨“符号”之间的各种意指（“符号义”）的关系时，“符号”与“符号”之间（或说“音像”跟“音像”之间）却有着很多相互衍生的“互动”和构成关系，这种“互动”和构成关系也是它们形成意义的基础，这就是“符号两轴（x、y 轴）关系理论”。索绪尔的理论认为，一个符号的意义来自于它与其他符号之间的互动，其中之一种的关系就是我们所说的“系谱轴”（paradigmatic axis）关系，其中之二种的关系就是所谓“比邻轴”（syntagmatic axis）的关系。例如，如果只从长街宴里面诸多的“符号具”象征实体来说，那些采自山间野外的各种原材料——香菇、银耳、木耳、鸡枞、冬菇、干巴菌、牛肝菌等野生菌类之间具有“系谱”的关系便可组成“系谱轴”的关系。参加宴会的同一个“启波然”（家族）的成员，多少有些辈分上的关系，每一个人跟其他成员之间的关系也是“系谱”的关系。此外，在一系列饮食文化组成的“系谱”里面，哈尼族的长街宴跟蒙古族的诈马宴都是在不同时间举行的节日盛宴，皆融合了祭祀、宴饮、礼俗、歌舞、游戏和竞技等事项。比较研究后我们发现，二者具有一定程度上的相似性，所以构成了“比邻”的关系。参加宴会的同一个村寨里的哈尼族村民，多少有些血缘或拟血缘上的亲戚关系，每一个人跟其他成员之间的关系也构成“比邻”的关系。

值得一提的是，长街宴跟历史上很多知名的宴会，例如曲江宴、鹿鸣宴、飨宴、养老宴、赏月宴、拜将宴、游猎宴、朝宴、接风宴、送别宴、烧尾宴、千叟宴、孔府宴，甚至明堂宴、船宴、车宴、园宴、田宴等，只具有形式上的相似，并没有实质内容上的相同，而且在举行的规模、参与者的群体性上不能相提并论，因此，笔者认为它们之间并不能构成“比邻轴”。为什么这么说呢？因为“满汉全席”虽然有着内容丰盛、场面浩大的特点，但它只是一场优质的高级膳食，强调的是烹制技巧，只有财力雄厚的人士才有资格享用。清朝的千叟宴在一定程度上，是入宴者官阶等级、品位高低的体现，只是小规模特权人群的宴飨。唐朝时，为新科进士庆贺或是贵族子弟、巨商富贾即兴到郊外游玩饮宴的曲江宴也有类似的特点。所以它们跟长街宴相比，并不像蒙古族的诈马宴那样全民参与，不但构不成同一个“系谱”，甚至作为“比邻”的关系也颇为勉强。那么，它们之间又是一种什么样的关系呢？实际上，只能说不能相提并论（第二章第一节）。同样的，在长街宴的原料食材中，无论是野生草本类（水芹、鱼腥草、蕨菜、黄花菜、野魔芋）、野生木本类（多依果、野竹笋、刺竹笋、黄泡刺果、橄榄树皮、鱼腥草、车前草）

以及野生菌类，与“天上飞的、地上跑的、水里游的、家里养的”各种动物食材可进行横向的比较，形成我们所说的“比邻”或称“比邻轴”的关系，而非同一系谱轴里面的食材。

实际上，“系谱轴”和“比邻轴”关系理论只讲到“符号两轴（x、y轴）关系”的第一个层次。在言辞或任意性的语言里，各个符号之间的关系有着清楚的定义，这就是第二层次的内容。也就是说，系谱轴也有清楚的定义，与符号具的系谱轴相对应的是符号义的系谱轴，这也是所谓第二层次的重要内容。索绪尔告诉我们，“系谱轴”“比邻轴”里的任何一个元素必定显著有别于其他的元素。如果说，有着“系谱轴”“比邻轴”关系的各种符号只处在意指的第一层次，但到了第二层次，也就是“系谱轴”“比邻轴”关系的符号义层次方面，具有显著差异的“手法”就很有限。例如在分析长街宴各种符号之间关系时，在诠释饮宴活动的组织、村民们对各类食材原料的选择方式、烹制佳肴的技术、规定的美食的数量和种类、品尝美食时的相关规矩，甚至佐餐歌舞的规格和类型等方面都是受限制的。相较而言，虽然元素符号不如任意性符码的元素来得多，诠释第二层次的“手法”并不多，但假如更换符号中的一个元素，整个“系谱轴”“比邻轴”的关系也因此会发生改变，甚至整个符号体系的功能、价值和意义也会变得毫无逻辑性可言，这就是我们需要特别注意的符号的逻辑性、规范性问题。

总之，虽然我们研究的长街宴各种符号之间关系只在“符号两轴（x、y轴）关系理论”的第二层次里才具有价值，但对长街宴各种符号之间关系第二层次内容的研究也有着约定俗成的规则和轨迹，例如学界对同一问题相互之间不言而喻的共识。也就是说，经过不同人类学家的田野调查和“参与观察”，对长街宴各种符号之间关系的观点和看法能够达成共识和一致性。正是这些共识和一致，才提供了我们对长街宴这套象征符号系统研究的可能性。

2. 皮尔斯：《论符号》

“符号学”学科的创立也得益于美国哲学家皮尔斯的杰出贡献。虽然“文字”“声音”“图像”等符号给予了我们种种讯息，但是只有到了皮尔斯才第一次给“符号”这个概念下了一个明确的定义，他认为人类的一切思想和经验都是文化符号的活动及这种活动的结果。

皮尔斯的著作《论符号》为符号学成为一门学科做出了基础性的贡献。在他的这部近 27 万字的著作中，划分了“符号”的类型并加以诠释。这部著作包含两大部分，主体部分是皮尔斯关于这门科学论述的集合。他对符号的定义，简单地说就是“相对于某人、在某个方面，能代表其他意涵的某种东西”。也就是说，在皮尔斯看来，任何独立存在的事物，只要和其他事物发生了联系，就可以被理解，这就是所谓的“符号”。皮尔斯认为：我所见的人类的思想和一切经验几乎都是诸多“符号”活动的产物，也是各种各样“符号”产生后的必然效果。

从研究对象来说，从“符号”跟“符号”之间的关系出发，皮尔斯将“符号”化分成三大类：“肖像”（icon，象似符）、“指标”（index，指示符）和“象征”（symbol，规约符）。这三大类符号实现意义的过程也是由三部分组成，它们由符号代表项（representamen）、符号目标项（object）、符号解释项（interpretant）共同完成。这一划分从此奠定了现代符号学理论的基础。下面，分别谈谈皮尔斯所说的以上类型符号。

在皮尔斯看来，第一类是被称为“肖像”的符号。理解“肖像”很简单，它们是一些可以画下来或拍摄出来，具有形象的类似性的东西，通过目击便能直观理解的符号，是不需要学习或具备特别的专业知识的东西，例如阳光、风、水、岩石的照片或其他简单、直观的符号。这些符号透过我们的眼睛、鼻子、耳朵等身体的五官就可以晓得意思，就能得到我们想要的意义的关联。由于基本上不需要任何学习就能理解，所以“肖像”即是那些非常容易直观理解的符号概念。“肖像”类的符号可以各有不同的形式，例如笔者拍摄了无数张长街宴美食照片，我们看到这些照片，知道这些美食可以吃，一般不会把它们的功用跟其他事物混淆在一起。哈尼族的梯田也是这样一幅幅容易懂的图景“肖像”符号，它们跟平原地区一望无际的千里稻田明显不同。哈尼族的蘑菇房，一看也知道那是典型的哈尼族的传统民居；磨秋场上的磨秋桩、秋千架也是我们能一眼认出的哈尼族村寨中的“肖像”符号，这些符号也是哈尼族先民在建村立寨时必须考虑的场地及村寨不可或缺的标配。

更为有趣的是，汉文的“象形文字”也是这样一种“肖像”类的符号体系。因为“象形文字”具有跟它所表现形象相似或类似的关联，任何人只要具备一定的理解力，甚至不同文化背景下的人，几乎不需要经过专门的学习，都能读懂这些“象形文字”意思，所以在最早的甲骨文象形文字当中，宴、饮、猪、狗、男、女、火、人等文字都是一看就能辨识出的“肖像”类型的符号。

在皮尔斯的分类之中，第二类是被称为“指标”性的符号，这是一种“指示”类的符号系统。相比较而言，“指标”不如“肖像”那么简单或者说容易被理解，我们必须具有逻辑性的推理能力和对事物的前因后果的判断力和想象能力，才能明白这些符号的含义。在“指标”符号及其隐含的意义二者之间必然有着一种事实和逻辑上的关联，例如我们在节日的某一天前往参加长街宴的路上，会看到一群群“载歌载舞的人群”，听到一些“和谐动人的歌声”。一般来说，只要看到这些“人群”，听到他们的“歌声”，就能知道在前面的某个地方正在准备宴会。在这里，作为“指标”或指示性的逻辑符号，这些“载歌载舞的人群”“和谐动人的歌声”与长街宴之间的关系也是一种逻辑的因果关系。同样的，参加长街宴饮食文化活动的时候，我们会跟许多围桌而坐、豪爽健谈的哈尼族男人一起进餐，由此引出与饮食口味、村寨日常生活，甚至哈尼族祖先的迁徙历史等有关的一些有趣话题。显然，从一定意义上而言，这些“围桌而坐、豪爽健谈的哈尼族男人”也可以被看成是一些指示性的逻辑符号，他们跟“有趣的话题”有关，通过他们，我们才能了解到哈尼族社会的整体状况及其英雄祖先的光辉历史。事实上，这些哈尼族男人也承载了哈尼族人民对美好生活的追求和热爱。所以，二者之间事实上的关联也是因果间逻辑关系的关联。

在汉语言文字当中，“简单表意的指示字”就是这样一些指示性的逻辑符号。指示字字面意思是“指向事物”，属于此类别的字符具有“指标”性表意符号的特征。顾名思义，它们以标志性的形式表达一定的抽象思想，通常被认为是“自我解释的字符”。例如“上”（shàng；up）和“下”（xià；down）字符就是这类符号不言自明的很好例子：两个字符中都出现的水平直线代表地面，很容易看出以水平线为基础，而字符的垂直部分指向上方是如何传达“向上”的概念的。“向下”字符只是“向上”字符的一个被颠倒了的版本，垂直部分指向下方。在这些简单表意类别的字符中，它们的含义通常是不言自明的。

需要指出的是，笔者对长街宴“指标”性符号意涵的分析是建立在看、听、闻、触等感官经验的基础上，运用推理能力辨识的结果。正是因为这些符号的意义跟笔者所推理的对象（“指标”性符号）之间存在着因果上的关系或者说事实上的关联，我们方能理解和认识它们，这也是“指标”或指示性符号的特征。

第三类是被称为“象征”的符号类型，跟前两类符号相比，象征类型的符号比较抽象，也最难理解。然而它们却是我们日常生活中最经常碰到的东西，是人与自然、人与人交流时必不可少的符号类型。它们或是一些具有特定关系或不成文的叙事活动，或是一些传统的、约定俗成的事物，或者是一些有着一定规范的习俗或生活习惯。在我对哈尼族社会现象的研究中，这些重要的象征符号很多，例如哈尼族人家火塘上方的“侯勾”就是这样的一种象征符号，它象征的是哈尼族人家的祖灵。作为重要的象征符号，有着长长形状的长街宴指涉的正是哈尼族绵亘古老的历史。这些“象征”符号也可以通过某种涵义深刻的实物呈现出来：云南江城洛洒乡的洛洒哈尼族村寨立有一块高 103 厘米、宽 50 厘米的石碑，距今约 150 年，哈尼人称它为“牛宗碑”，内中有对偷牛盗马者的惩治和巫药弄鬼者的处罚规定，实际上是过去哈尼族村民之间所订立的村规民约的象征符号。因为年代久远，许许多多的象征符号（特别是“文字符号”类型的象征符号）在今天更需要人们通过学习、辨别、推理、比较、判断，甚至加入一定的想象力才能知晓它们的意思。值得一提的是，洛洒寨的这块“牛宗碑”具有象征性的符号特征，它里面的村规民约指导人们什么可以做，什么不可以做，所以它也表征着哈尼族社会文化的实况和文明发展的演化。

作为抽象的象征符号叙事，习俗或者习惯规定的社会意涵颇为繁复，它们是能体现人们整体价值观念的社会事实，需要深入调查研究，运用抽象的逻辑推理才能明白其中的含义。哈尼族有过“牛纳节”的习俗，在这个节日上，人们用好吃的东西犒赏水牛，让水牛像人一样休息，给生仔的母牛“坐月子”。沙普镇的哈尼族村民平时忌讳随便食用牛肉，因为他们觉得随意食用牛肉会影响到人们日常的生活秩序，进而会影响到人们身体的健康。这种文化上的寓意还见于哈尼族婚俗。娶讨的男方多选择属牛日为结婚之日，认为属牛日是降福的日子，家中的一切福气都来自这天；女方家则会觉得如果这天姑娘出嫁，家里的福气可能会被带走。举行“苦扎扎”的长街宴前，村子里的大“咪谷”（传统上的头人）要率村寨众男子开展“杀牛祭磨秋”活动。“杀牛祭磨秋”作为一种约定俗成的习俗或传统，象征了哈尼族村民什么样的价值观念呢？实际上，这种仪式活动既缅怀祖先，也追思先人所创建的丰功伟绩。而“苦扎扎”的长街宴一般要选在“青黄不接”的六月年举行，其意义就更为重大。所谓“五黄六月”，是雨水频繁、气候湿热、形容枯槁、青黄不接的艰苦岁月，这种在时间上的专门安排，其实象征的是哈尼族人们借此推动“庄稼、人、畜”繁衍生长的美好愿望。事实上，如果不通过民族学者的诠释，处在不同文化环境里的外来人是很难真正理解哈尼族的这些规定、习俗、习惯、仪式等叙事活动所具有的“约定俗成”的象征意义的。

有趣的是，在汉字当中，也有复合表意文字。通常，它们是由两个或多个象形文字或表意文字组合而成，而且更抽象，具有象征符号的特征，这些会意文字弥补了使用象形文字或简单的表意文字创作文字的局限性。例如：象形字“木”（mù；wood）可以与部首“亻”（rén，人部部首）组合形成“休”（xiū；to rest），——一个人在树荫下休息。所以，会意字的比较优势正在于它可以更好地表达抽象的象征含义，并提供更强大的创造新字的方法。

从一定程度上说，如果要很好地理解和掌握“长街宴的文化符号”这一套象征系统的意涵，需要经过学习、深入思考的过程，更需要具备一定文化背景的专家学者的推理、辨别、比较、判断的逻辑思辨过程。所以，经由亲身体验、努力分析才能知晓其中真正的意义，这也是认识象征符号的特殊过程。

在皮尔斯符号学沉寂数十年后，他的追随者又打着新皮尔斯主义（neo-Peircean）的旗号卷土重来，并创立了符号学的新理论。最为显著的表现是，新皮尔斯主义符号学提出“意义即关系”的观点，代表人物奥格登·理查兹在《意义之意义》中指出“A 的意义就是 A 与 B 的关系，A 就是 B”（奥格登．理查兹 2000：171）。近百年后，Burton-Roberts（2013）也同样基于皮尔斯符号学的理论论证了“意义即关系”（meaning-as-relation）的观点，提出“意义是语言符号和思想的关系”。但这里还有一个问题，新皮尔斯主义符号学所述的“意义如何产生”呢？还是让我举一个长街宴的例子来说明。根据新皮尔斯主义符号学的理论观点，长街宴上摆满宴桌的美食，虽然看似有意义，却还不曾被赋予过多的语义内容，显然它们刚开始只是一个个的“音像”或“肖像”符号，这些符号可以不依赖“摆放”的意图而具有意义，它们代表着“可以吃”。但是由主食、副食、荤菜、素菜组成的饮食符号，既有外红内白、外焦里嫩、鲜美、清凉润滑、麻香辣、脆酥自然、酸凉解热的特色，还兼具色、香、味齐全的特点，不但给人生理上的种种满足，还可以通过它们之间的关系来考察哈尼族世界观中对于热/冷、熟/生、咸/淡、甜/酸、辣/凉二元分类体系的表征，因而具有非常丰富的社会文化意涵（第三章第四节）。

也就是说，要在特定的节日文化氛围中，长街宴里面的各种饮食符号才有了意义，也才能获得有意义的思想。确切地说，“长长的宴席”对于外来者并不具备普遍的语义，我们说长街宴象征着哈尼族长长的迁徙历史，也只对哈尼族才有意义。此外，哈尼族村寨社会中还有很多类似的“吉祥物”象征符号，例如“秋千架”的起源跟神话故事相连，所以有祈福吉祥的意思，“荡秋千”也因此具有类似的象征叙事效果（第五章第三节）。作为村寨传统意义上的头人，“大咪谷”代表来自神话传说中的远古的英雄祖先，在宴会开始时，人们不能违抗他所传达的来自天神的“旨意”，所以他也是吉祥的象征符号和村寨保护神的代表（第五章第一节）。

另外，“象征”符号意义的获得也需要具备三个前提条件：一是被有意识地“摆放”或“show”，例如宴桌须桌与桌相连美食才具有意义。二是这些“摆放”或“show”的意图能够被人们认识到，这也是一个需要学习的过程，要理解“长长的宴席”的意义。读过哈尼族迁徙神话史诗的人自然会联想到史诗歌谣中所讲述的哈尼族漫长的苦难历史。作为古羌系族群的一支，他们同彝族、纳西族、白族、独龙族等今天西南地区的很多少数民族一样，是在南迁的过程中逐渐分化出来的。三是要有读懂跟“摆放”或“show”有关的一系列规则、规章制度，甚至禁忌禁规，例如长街宴中有任何人不能从中间横跨宴席、年轻妇女不能参与宴会的吃喝等等规定，这就保证了宴席的规范性，所以沟通的基础就在于符号的传播者之间对于长街宴这种记号符码系统背后的规则与结构有共同的理解，这一盛宴才会有其作为“象征”符号的意义。这和语言非常相似，当听者能够依据规约认识到说话人的话中之意时，一句“言语”能引导听者领会一个意思。于是，如果我们把交际中的话语当作“象征”符号看待，意图在这里就不只是某种事物的属性，而可以用关系来定义了。

新皮尔斯主义符号学的代表人物 Sztencel（2018：53）把“意义即关系”进一步总结为“对某些人而言，意义就是‘AB之间的关系’，A 指包括语音现象在内的任何东西，B 指具有语义内容的思想”。其中要点有三：一是语义内容仅存于思想之中；二是如其他符号一样，语言符号本身并无语义，只对某些人而言才有意义；三是只有在引导听者领会了某个思想时，语言符号才对听者具有意义。所以，任何象征符号的意义，都存在于该符号所具有的它和认知者的整个心理世界中，存在于所有思想的整体关系上。反之，当符号不能成功引导听者领会某个思想的时候，即没有达成 AB 之间联系时，听者即使每个字都听明白了，但是依然会“不知所云”，符号也没有形成它的意义。以上就是有关新皮尔斯主义符号学的理论观点，由于其理论体系过于庞大，所以笔者基本上只是“择其精要”而概述。

作为一套具有象征符号体系的长街宴饮食文化活动的研究，为了尽可能客观真实地掌握其中诸多文化符号之间的语义关联，从一开始，笔者就深入到哈尼族山乡和村寨，做了很多次和很长时间的田野调查和研究考证，这种调查前后历时一年半左右。这期间的经验，也使我的文化人类学知识和研究方法得到了专业素质的培养和提高。这里有必要再谈谈人类学这门学科给我的启示和它在研究方法上的特点。“人类学”是一门像物理学和化学一样有在实验室里面进行实证研究传统的学科，只是人类学是把这种实验室搬到了广阔的社会生活空间里。二是人类学要求的“民族志”的写作方法，这种写作方法也为笔者提供了最有效的实践观察视角和理论研究工具。很多专家学者都认为，人类学的优势还在于能从普通人的视角体验和观察日常社会生活的深邃内涵，从而可以更深入地探讨和了解社会象征符号体系的意义以及生产生活方式、恋爱婚姻家庭等社会结构和组织管理制度。为了实现这种研究的目的，研究者往往要从“主位”而不是“客位”的角度去了解生活其中的人们的角色和地位。

在探讨哈尼族长街宴象征符号体系的过程中，笔者在村寨或社区社会里与研究的对象一起生活了足够长的时间。为了得出尽可能接近“真实”的研究结论，这种经历及经验的积累也是必需的。从专业角度而言，民族学或文化人类学学科的研究均要求学者去做“田野调查”，所谓的“田野调查”，就是探寻文化符号意义的过程。在此过程中，除了尽量要有一个跟调查对象“同吃同住同喝”的生活过程，除了要尽可能多地收集相关民族志资料、参与观察与体验当地人的生活外，在笔者看来，“田野调查”更重要的意义还在于一个人类学者可以借此充实、了解生命的真实含意，所以也是一个自我生命完善的过程。就像很多民族、不少地区的人群均会为本群体的年轻人举行“成年礼”一样，“田野调查”也是一个超凡脱俗的生命象征仪式过程。因此，无论是短期或是终其一生来从事“田野调查”这件事，只要能实现上述目的，都是非常有价值和具有无限的生命意义的。

在从事“田野调查”的时候，长时间的经验观察和实证研究很容易让学者与研究对象之间建立起良好关系，有些研究对象甚至会成为学者们终生的良师益友。毋庸讳言，这种良好的友谊能使观察者得到更多的“地方性知识”，不但有助于在此后更进一步深入研究村寨里许多看起来似乎微不足道的事物以及这些事物或叙事的象征意义，观察者在研究过程中也会油然而生敬意，更加尊重受访者的生产生活方式和历时已久的那种对生命价值的独特观点和看法。

在收集了足够多的资料并进行“民族志”的写作过程时，经验叙述和理论分析的完满结合能够使我们对于村寨社会生活和人们的文化价值观有一个逐渐的了解过程，从而抽丝剥茧，对所观察的各种各样事物和象征叙事的意义分析从浅层的描写进入到深层的描述里，这就是格尔茨所说的从“浅描”到“深描”的过程。具体而言，这种对少数民族神话记忆中的宴会符号研究有关“民族志”的写作内容还涉及哈尼族古往今来的诸多重大历史事变、文化变迁，甚至与此紧密联系的梯田农耕稻作生产与村民村寨社会生活的各个方面。今天回顾这一写作的过程相当的有趣，相信这样的总结也会给此后的研究者带来帮助。只有在完成这些工作以后，隐藏在个体意识中的关系表达才会上升为社会存在的各个方面，使我们明白人们创造并生活于其中的社会在象征符号意义的形成、人类思维发展的过程中究竟起到了什么样的决定性的作用。

这就是《少数民族神话记忆中的宴会符号研究》想要达到的结果和最终目的。

二、田野调查点介绍

就独特性或专门性来说，长街宴饮食文化现象是哈尼族特有的文化产品。从长街宴饮食文化的流行区域来看，哈尼族居住的地区分布较为集中，也较为广阔，但都是哈尼族古已有之的主要聚居地区。今天的哈尼族主要居住在云南南部，在礼社江—红河、把边江—李仙江再到澜沧江中间地带的崇山峻岭之间，所以长街宴饮食文化活动也盛行于哀牢山、无量山这些广阔的地区。其中尤以元江、墨江、普洱、江城、红河、元阳、绿春、金平等县最为集中，可以说，这些地方是最流行哈尼族长街宴的地方。虽然红河南岸的其他哈尼族聚居区，例如禄劝、双柏、易门、昆明、通海、峨山、新平、石屏、屏边、建水等县也有少量哈尼族支系分布，但是笔者调查了解到这些地方的长街宴饮食文化活动比较少见。同时，哈尼族又是一个跨境而居的民族，我国与泰国、缅甸接壤的有勐海、勐腊、景洪、思茅、澜沧、景东、景谷等市区县哈尼族阿卡支系，他们并没有对长街宴的深刻历史记忆，也不流行长街宴饮食文化活动。这也从一个方面说明，即使同为一个民族，不同支系的文化特征和文化差异有时候也是非常大的。

本项研究的田野调查地点就选在盛行长街宴饮食文化现象的云南省红河南岸的红河哈尼族彝族自治州的元阳、红河、绿春三县，哈尼族主要支系“哈尼”“豪尼”等居住在这里。早在1990 年全国人口普查时，哈尼族就已是一个人口超百万的民族，笔者田野点红河哈尼族彝族自治州现有哈尼族人口 68 余万，其中元阳县有 19.5 万余人，红河县有 19.2 万余人，绿春县 15.5

万余人，三县的哈尼族人口占民族总人口比重的37.9%。① 也就是说，从人口统计数据来看，流行长街宴饮食文化活动地区的哈尼族人口数量已经超过民族总人口数的1/3。再从居住格局上考察，包括哈尼族在内的西南少数民族有“大杂居、小聚居”的特点。举办“苦扎扎”类型长街宴饮食文化活动的元阳县各村各寨的人口密度平均为178人/平方公里，这里还杂居着汉、彝、苗、瑶、傣、壮等民族，哈尼族在其中的人口比重占到55%左右。长街宴也成为哈尼族的主要文化品牌。

为了深入研究长街宴饮食文化现象，笔者在元阳、红河、绿春三县境内选择了一些具有代表性的哈尼族村寨作为田野调查点。元阳县新街镇的箐口村是被当地政府扶持、开发出来的旅游品牌，共有哈尼族200户，人口1200余人，他们仍然保留着传统的原汁原味的物质传统文化，例如蘑菇房式建筑，街道也保留了古朴的石板路风格。另外一个叫“麻栗寨”的村寨，有750多户哈尼族人家，4500人左右，这里的自然风景很美，从麻栗寨河沿山体等高线开凿的梯田直连寨门，人们走出家门槛就步入梯田。离此不远的全福庄有哈尼族412户，2900多人，从全福庄寨子的外观来看，民居以土木竹石棉瓦房建筑结构为主，还保留有少数传统的蘑菇房民居，村中的主要街道长达3700余米左右，巷道也全铺筑上了石板路面。距离全福庄较远的是哈播村，这儿有哈尼族450余户5000多人，这里是举办“昂玛突”类型长街宴的地方。“昂玛突”，哈尼语是“追思某位英雄祖先”的意思。哈播村的村寨建筑风格受周围其他民族建筑风格的影响较明显，房屋类似汉族的结构，多以砖瓦式为主，有些人家还盖起了漂亮时髦的小洋楼。据说，村民们自发集资修建了通往外面的水泥路，大大方便了与外面世界的沟通和交流。位于元阳县南部

---

① 费孝通：《乡土中国》，121页，北京，人民出版社，2008。

的攀枝花乡，地理位置处在藤条江以北，由一碗水、垭口、岩倮卜、姆基寨、泡竹寨 5 个自然村组成，有一些壮族家庭间杂其间。比邻的黄茅岭乡建镇历史较短，它是 1971 年从攀枝花乡划出的大山、戈它、普龙寨、夕欧、土地寨等与黄茅岭、丫勒、石门、头道桥等合并建成的新的行政乡。笔者选择大山行政村为调研点，这个行政村紧靠观音山西南麓观音山水源林边沿，由 5 个小的自然村组成，共 350 户 1800 余人，除了哈尼族以外，还有瑶族、苗族两个不同族源、不同历史文化背景的民族一起杂居，三个民族几百年来在这里互不侵扰，和睦相处，共同生活，遵守着各自的传统习俗和习惯法规范。元阳县东部的大坪乡，有著名的观音山水源林，风景迤逦，自然生态保持完好，水源林边缘的村寨很多，除了大山村以外，靛塘有 5 个自然村、1500 余哈尼族人，小寨还有 4 个自然村 1500 余名哈尼族人。此外，观音山水源林区域还有三岔河、白石寨、十八塘、大坪、太阳寨、芦山、马店等哈尼族自然村寨。

红河县的一些寨子也是笔者的调查地。宝华乡的嘎它自然村坐落于落恐尖山南麓的一座小山包上，海拔 1800 米，地势西高东低，村寨四周除种满经济林木外，还有挺拔的大柏树。从村脚直至勐龙河谷的缓坡是连山连片的梯田，共有哈尼族 110 户 400 多人聚居其间。勐龙河东岸就是有名的红河县甲寅乡的浪堤村、甲寅村、阿撒村、他撒村等哈尼族村寨。浪堤村共有 100 余户 500 多人，保留有很多传统的土基房，这些传统房屋类似于古代汉族的建筑式样；甲寅村共有 900 多户 4000 人左右的哈尼族人口杂居，是红河县哈尼族最大的自然村寨，村里的民居汉式结构更多，有一条南北走向、较为平整宽阔的大道通向远方。值得一提的是，哈尼族“十月年”长街宴多沿着泉水井开始摆设，人们还在这里祭拜水井神等四方祖先。这样的大型泉水井整个甲寅乡共有 11 口，有很多迷人的神话故事流传其间，民间流传着

“喝一口甲寅泉水，延寿五十年”的说法。他撒村共有 150 多户 700 多哈尼族人居住，12 口泉水井也很著名，位于他撒村西边，泉水不停地从 12 个泉眼汩汩流淌，也有着美丽的民间传说。这些大的泉水井都是村民们每年“十月年”时祭泉井、大地、上天的地方，这些水井也是“十月年”长街宴饮食文化活动的“龙头”所在地。往东走，来到大羊街乡镇，这里流行着“阿巴多”（哈尼族未婚男女青年之间的一种宴会）恋爱风俗，乡镇周边有一些自然村如普玛村、魔登村，在中心地带形成了规模较大的集市。普玛村共有哈尼族 57 户 310 人，这里的哈尼族支系自称“依权”，即人们常从媒体上看到穿短裤戴白色尖帽的“弈车人”。

此外，绿春县的车里自然村共有 100 余户哈尼族人家居住。从姓氏起源来看，跟元阳县、红河县各村寨较单纯的哈尼族人口结构不同，这儿有被称为“布吹”的李氏，据说是最先迁居于此的哈尼族家族，此后又陆续迁入“俄美”的何姓、“削妞”的白姓、“妞浦”的薄姓，之后又有“勒洛”的马姓移入，因此，家族杂姓较多。三猛乡的上沙普和下沙普两个哈尼族自然村寨，总计有 80 余户（上沙普有 50 户，下沙普有 30 户），哈尼族人口总数为 332 人。从习俗上来讲，上沙普把每年三月属羊日作为忌日，下沙普则把每月属马日定为防火日；从外观上看，这两个村寨的建筑式样也兼济有很多周边民族建筑的风格和特点。

总之，流行长街宴饮食文化活动的元阳、红河、绿春三县均位于云南省南部广袤的高山峡谷地域，这儿是一个江河奔涌、森林密植的神秘、神奇之境。这些地方的哈尼族村庄距离省会昆明至少有约 150~600 千米的距离，由于海拔处在 1500~2000 米之间，气候带横跨亚热带和北温带的山区和半山区，地型地貌复杂，土壤种类复杂多样。在过去，当地人举办长街宴烹饪所用的食材原料，大多取自这一片广袤富饶的地区。这些地方的哈尼族世居山乡所处的区域都是著名的滇南高原梯田农业区，季节性的粮食作物如稻米、糯米、荞子、玉米、小麦、高粱等重要粮食作物品种多、产量丰，可作为食材的动植物也异常丰富。

我们从“十月年”类型的长街宴之菜肴食谱来看，它的食料来源广阔而丰盛，可以说“天上飞的、地上跑的、水里游的、家里养的”均能入席，所以原材食料具有包罗万象的特点。

第一章　哈尼族神话起源的集体记忆与历史建构

为什么要从哈尼族神话起源的集体记忆与历史建构说起呢？据说，哈尼族的长街宴已存续了上千年，长街宴文化现象是伴随着哈尼族迁徙而形成，可谓时间悠久，既是哈尼族独有的民情风俗，又是一道亮丽的风景线。所以，有必要从哈尼族迁徙神话的“集体记忆”出发，发掘长街宴文化现象所具有的学术价值和文化意义。

不唯集体记忆，世居在云南省红河南岸的哈尼族有着自己的客观历史事实和独特的文化内容，汉文史籍中早有记载，欧阳修、宋祁等撰的《新唐书 · 南蛮传》记录“唐高宗显庆元年(656年)，有和蛮大首领王罗祁……向唐皇朝贡方物”①。也就是说，《新唐书 · 南蛮传》告诉我们，早在公元7世纪时，被称为“和蛮”的哈尼族先民就已定居于今天的云南省红河南岸的哀牢山、无量山区一带。

但是，对长街宴这一悠久的历史文化现象的研究，力度、深度和广度还远远不够，目前已发表了的并有一定学术价值的论文仅寥寥数篇。贾溪涛《哈尼族的“祭龙”节》② 对元阳县黄草

---

① （宋）欧阳修、宋祁等撰：《新唐书 · 南蛮传》，北京，中华书局，2000。

② 贾溪涛：《哈尼族的“祭龙”节》，载《民族艺术研究》，2001（3），53~54页。

岭农历正月“祭龙”节所涉及的哈尼族传统习俗及“长龙宴”做了简单记述。虽然该文提及哈尼族社会与长街宴饮食文化现象之间的关系，但并没有做更深入的研究。陈寿文在《图片纪实》上的一篇题为《哈尼族的长龙宴》的短小论文，也对元阳县哈播村的“昂玛突节”的长街宴饮食文化活动附带提及，并作了简单采访。其他一些有关哈尼族的专著也涉猎了长街宴饮食文化现象，例如哈尼族学者史军超的《哈尼族文学史》《中国哈尼族梯田》、汉族学者王清华的《梯田文化论》《凝视山神的脸谱》、为则的《哈尼族自然宗教形态研究》、李克忠的《寨神——哈尼族文化实证研究》《形·声·色——哈尼族文化三度共构》、雷兵的《哈尼族文化史》，等等，但始终没有对长街宴进行过深入细致的学术探讨并做出有价值的分析。相对而言，笔者 2009 年出版的一部学术专著《欢腾的圣宴——哈尼族长街宴研究》是比较系统地研究哈尼族长街宴的。限于当时我所拥有的知识和研究能力，这部著述还有相当多不成熟、尚未完善的地方需要补足。

云南省西南部礼社江下游红河西侧哀牢山新平、镇沅、墨江、元江、红河、元阳、绿春、金平、江城等地的哈尼族，每年都会举行一次长街宴，借以传承本民族祖先提炼保留下来的精神财富和轰轰烈烈的英雄事迹。笔者希望通过这次的努力，运用符号学的理论知识，采用文化人类学民族志的写作方法，对长街宴饮食文化现象作更系统、更深入的研究，以填补国内外学术界在这方面研究的空白；同时，也希望这种研究能对哈尼族传统文化的保护和发扬做出自己应所能及的贡献。

第一节 哈尼族迁徙的神话记忆

传统的历史学研究结论认为，哈尼族是从西北起源的古氐羌氐族群的一支。古氐羌氐是我国古代民族氐与羌的并称，二者都曾经居住在今西北一带。《诗·商颂·殷武》：“自彼氐羌，莫敢不来享，莫敢不来王。”孔颖达疏：“氐羌之种，汉世仍存，其居在秦陇之西。”《荀子·大略》：“氐羌之虏也，不忧其系垒也，而忧其不焚也。”杨倞注：“垒读为纍。氐羌之俗，死则焚其尸，今不忧虏获，而忧不焚，是愚也。”一般认为，氐人是以繁殖培育新羊种而得名的古代民族，它先在今河北北部的太行山麓同早已分布于此的戎、北狄、东胡等族融合，形成了新的氐族族群，又向西南迁徙至甘南地区，与羌族杂居，互相融合，形成了古代的氐羌族群。

公元前 221 年，秦王朝向四周迅速扩张，居住在青藏高原东部的古氐羌氐族群也受到攻击，被迫流散迁徙，氐氐族群和羌氐族群在这个时期分裂。之后，又出现了若干从古羌氐族群分裂、演变而出的人群。在这个庞大的古羌氐族群系统中，哈尼族是被称为“和蛮”的一支。其实，“和蛮”之内还有今天我们所熟知的彝族、纳西族、白族、拉祜族、白族等今日西南少数民族的祖先，所以这些少数民族实际上都同源自古羌这个族群系统。

哈尼族先民作为古代羌氐族群的一部分，在汉文史籍中始终有记载，他们除曾经被称为“和蛮”外，历史上还有“和夷”“和泥”“黑泥”“窝泥”等族称，这些族称大多是周边民族给予的“他称”。汉文史学家许慎曾在《说文解字》之“夷俗仁”中认为：“夷者，柢也，言仁而好生，万物柢地而生，故天生柔顺，易以道御”；康熙《蒙自县志》卷三《彝俗》中提到：“窝泥……其性柔畏法，不敢为盗贼”；道光《他郎厅志》中说：

“窝泥黑白二种，以衣色分别；性情纯朴，火种刀耕”等等。可见，从史料的记载来看，哈尼族有其独特性，当然，他们也像周边的很多民族一样，是一个崇尚和平、重情谊、好礼严谨、尊老爱幼、谦和亲睦、生命力旺盛、自强不息的民族。在社会交往中，他们懂得相互之间的扶持互助。到了“和泥”“黑泥”“窝泥”时期，基本上就接近今天的哈尼族。

由于历史上的哈尼族没有自己文字，所以他们在记叙自己南迁历史和英雄祖先历史事迹的时候，主要靠口耳相传形成的“神话记忆”素材，这些“神话记忆”素材也是维持族群生命体延续和存在的基础。经过天长日久的积累，形成我们今天看到的卷帙浩繁的神话故事、史诗歌谣和民间传说三类有神话叙事的记忆文本。在这些神话故事、史诗歌谣和民间传说中，迁徙神话历史史诗《哈尼阿培聪坡坡》最为著名，它详细记述了哈尼族祖先的起源史、发展史和变迁史。内中提到哈尼族先民最先生活在一个叫“虎尼虎那”的地方，哈尼语“虎那”是黑色的意思，今天哈尼族崇尚黑色，黑色意味着祖源、祥和、安全等意思。哈尼族弈车支系妇女头戴洁白的帕崇，但多身穿黑色短裤，她们也崇尚黑色，这种穿戴方面的习俗养成有着“神话记忆”方面的复杂原因。除了《哈尼阿培聪坡坡》，关于哈尼族的起源、迁徙的神话记忆叙事还有许多，例如《雅尼雅嘎赞嘎》（雅尼人的迁徙史）、《普里佐亚德亚》（在头人带领下建寨开田）、《普嘎纳嘎》（祖先的迁徙与居留）等，都谈到哈尼族从哪儿来的问题。另外，其他大量的神话故事例如《哈尼先祖过江来》《汗交交本本》（人类从哪里来）、《查勒勒本本》（打猎的歌）、《杜达纳嘎》（祖先迁徙）、《俄表咪表》（天亮地亮）、《寻找祖先的足迹》《祖先的脚印》《哈尼三祖先》《穿黑衣黑裤的传说》《哈尼阿培烟嘎》也都是类似题材的叙事，都特别强调哈尼族祖先有过一段段血雨腥风的自北往南的迁徙经历。这些被迫不断迁徙的过程虽然不断影响哈尼族正常的社会发展秩序，但整个族群却能从历史的沉重负担中走到今天，发展成为人口超过百万的民族，其事迹不可谓不辉煌，这一结果正是哈尼族坚毅品质、不畏困难独特力量的性格所使然（有关这种精神和品质的讨论下面还会谈到）。

研究哈尼族的专家史军超先生曾经提出这样的观点："哈尼族先民诸羌部落自西北高原沿澜沧江、怒江、金沙江、大渡河、雅砻江、安宁河流域高山纵谷'民族迁徙走廊'南迁而来……其时为公元前若干世纪到春秋战国时期。"① 确实，在神话记忆中，"和蛮"曾经历过从"什虽湖"到"嘎鲁嘎则"的这段历史细节在哈尼族神话史诗《哈尼阿培聪坡坡》的第二章中也有讲述：

> 什虽山上成群的野物，像湖边铺满的沙子，先祖敲死了老野猪，把它的小儿逮回住房……遮姒把小猪抱去，从此把野物饲养……动物分出野生家养……哈尼还有一位能人，遮努的名声飞遍八方，她摘来饱满的草籽，种进最黑最松的土壤……草籽发出了粗壮的芽，草籽长出了高高的秆……先祖们吃着喷香的草籽，起名叫玉麦、谷子和高粱。②

《哈尼阿培聪坡坡》另外还记载，在更远古的虎尼虎那高山：

> 先祖的诞生也经过了七十七万年……先祖的人种发芽在老林……最早的人种是父子俩，布觉是腊勒的阿爸，布觉像水田里的螺蛳，背上背着硬壳，腊勒像干地

① 史军超：《哈尼族文学史》，38 页，昆明，云南民族出版社，1998。

② 朱小和演唱，史军超、卢朝贵、段贶乐、杨叔孔翻译：《哈尼阿培聪坡坡》，16~18 页，昆明，云南民族出版社，1986。

> 上的蜗牛，嘴里吐出稠稠的浆。第二对人种是俄比和腊千，她们是亲亲的母女俩，娘两个分不开走不散，走路像分窝的蜂群挤挤攘攘。跟着出来了第三对人种，那是阿虎籍腊尼兄弟俩，他们和前辈不同，走路像蚂蚁排成行……三对人种发芽了，人芽和草芽不一样，一代人用手走路，他们里面有嫁给豹子的姑娘……换过二十三次爹娘，人种像大树成长，二十四代塔婆出世了，她的英名人人敬仰。①

从时间上来说，也就是从“惹罗普楚”和“诺马阿美”开始，为争夺民族的生存空间，哈尼族先民“和夷”（即之前的“和蛮”的重要分支）同周边的土著进行了长期的战争，由于战事失利，他们被迫沿大渡河、雅砻江、安宁河流域向云南高原的红河南岸撤退，有清晰的迁徙路线。《禹贡》载：“华阳黑水……和夷厎绩，厥土青黎，厥田惟下上，厥赋下中三错。”这是汉文典籍中对哈尼族梯田的最早的文字记述。哈尼族先民，此时被称为“和夷”的族群，早在公元前5世纪之前即已进入黑水，即今大渡河、雅砻江、安宁河流域。② 然而“和夷”在此后一个相当长的历史时期内却好像人间蒸发一样，不见载于汉文典籍，直到唐代时才逐渐有对他们的行踪的记述和讲解。例如在《大明一统志》卷八六《云南府·易门县》中这样说：“昔，乌蛮酋仲磨由男所居之地。”“易门县”位于今日滇池西南100公里处的一个地区，居滇中腹地，仲磨由则是哈尼族连名谱系中一位著名祖先的名字。因此，哈尼族先民“和夷”消失的这段历史时间应当处在春秋战国以至唐宋。其不见于史料记载的原因，

---

① 朱小和演唱，史军超、卢朝贵、段贶乐、杨叔孔翻译：《哈尼阿培聪坡坡》，6~7页，昆明，云南民族出版社，1986。

② 史军超：《哈尼族文学史》，369~380页，昆明，云南民族出版社，1998。

在史军超先生看来是由于哈尼族的新兴引发了与周围环境民族争夺生存空间的矛盾，加以瘟疫、自然灾害等等原因，迫使她不得不离弃民族发祥地与发展地，向新的区域拓展。自然，其所迁徙必依稻作农耕民族的路向择地而往，这即是雅砻江、安宁河流域之东南、西南、正南方的迁徙路线，也即学术界称说的“稻米之路”①。可见，哈尼族先民在这段时期内消失的原因主要是因为整个民族正游历在迁徙和战争的边缘，民族正面临着生死存亡的严峻考验，内外部恶劣的环境条件也使这个时期成了各种文化符号盛行、发展，特别是对图腾的膜拜广为流行的必要条件。②

哈尼族的先民定居的大渡河畔是“百谷自生”的平坝，由此他们把农耕生产生活方式作为本民族的主要文化特性。后来，又由于与居住在周边的其他民族的纠纷和战争等原因被迫再度迁徙，最后到了云南亚热带的哀牢山密林深涧之中。据《阿卡》记载，居住在遥远北方哈尼大寨的哈尼族祖先因被敌人追杀，决定分成几路迁到别处去。分寨时，大头人召集全体哈尼人说：今后不论迁到何方，决不能忘记自己是“阿卡”（来自北方的远处的高贵的人）。所以，至今不论是西双版纳的哈尼人，还是澜沧的哈尼人，还是泰国、缅甸、老挝的哈尼人，都称自己为“阿卡”，并为这一称呼而自豪。③ 民间传说《哈尼族来到西双版纳的传说》也叙述西双版纳僾尼人的祖先最先居住在红河、元阳一带，后由女王带领来到澜沧江边，经和傣族的召片领傣王谈判，女王同意做其臣属，才渡到西岸。④

---

① 朱小和演唱，史军超、卢朝贵、段贶乐、杨叔孔翻译的：《哈尼阿培聪坡坡》，39页，昆明，云南民族出版社，1986。

② 按照法国社会学家杜尔干的观点，膜拜同样的图腾象征符号亦具有使个体获得群体认同、群体凝聚个体意识、团结群体的作用。

③ 《阿卡》，未刊稿，文稿由云南省社会科学院史军超保存，16开，4页，1700字。

④ 云南省编辑组编：《哈尼族来到西双版纳的传说》，见《哈尼族社会历史调查》，昆明，云南民族出版社，1982。

总之，哈尼族起源的神话记忆是这样的脉络：哈尼族的祖先们最先生活在一个叫“虎尼虎那”的地方，在这里他们居住了很久。“虎那”是黑色的意思，哈尼族崇尚黑色的习俗从“虎尼虎那”就开始了，现在哈尼族著名的弈车支系的妇女仍然保留头戴洁白的帕崇、身穿黑色短裤习俗。之后，哈尼族的先辈又从“虎尼虎那”来到水草丰美的“什虽湖”边继续从事着游牧业。从实际地名来看，哈尼族祖先居住的“什虽湖畔”可能是今天青海省的青海湖畔，史有考据，早在汉代以前甚或更早的时期，就有羌人在这里游牧；哈尼族祖先的真正发源地正是“什虽湖畔”，大规模迁徙的起始地点可能也是从这里开始。

而根据神话历史史诗《哈尼阿培聪坡坡》的叙述，自然生态灾难导致居住环境的恶化，以及与周边民族争夺资源战争失败是哈尼族先民自北而南长途迁徙的两个主要原因。哈尼族的先民至少走过九个不同的地方，神话史诗明确提到被迫迁徙的次数至少有四次：第一次是从“惹罗普楚”，“六千哈尼告别了家乡”；第二次是从“好地诺马阿美”，战争使哈尼仅剩“七千个”；第三次是从“谷哈密查”，在“谷哈密查”极其惨烈，仅大的战事记录就有三回；第四次在“森林密密的红河两岸”，从“石七”突围出来的哈尼又只剩“七千”，“石七”也是哈尼先民们被迫分寨的地方，从此以后，哈尼族的各个分支“像山水流向四面八方”。[①]

结合汉文史料和各种地方志的记叙来看，哈尼族祖先在历史上曾经有着多种来自周围民族的“他称”：“和夷”“和蛮”“和泥”“离泥”“倭泥”“哈尼”“斡泥”“黑泥”“窝泥”等。其实，这些不同历史阶段有着不同族称的哈尼族先民跟彝族、白

---

① 朱小和演唱，史军超、卢朝贵、段贶乐、杨叔孔翻译：《哈尼阿培聪坡坡》，昆明，云南民族出版社，1986。

族、纳西族、拉祜族、羌族等其他西南地区的少数民族同源于古代氐羌族群，他们的这段南迁历史长达两千年之久。经过长时间的迁徙后，哈尼族逐渐作为一个独立的族群，大部分来到了今日的云南南部的红河两岸定居下来，少部分支系则一直迁徙至西双版纳及德宏地区。今天在西双版纳的“阿卡”就是“我是从远方来的人”的意思。

第二节　天地人起源的神话记忆

哈尼族关于天地人的起源神话充满神奇。神话故事《青蛙造天造地》这样叙述：远古时代，没有天，没有人烟，海龙王命青蛙大臣去造天地；青蛙怀孕后，生下了一对双胞胎，男的叫纳得，女的叫阿依；之后，二人把青蛙吐的唾沫掺在石土里，造出天地、日月、风雨和五彩云霞，以及各种动植物。[①] 神话史诗《十二奴局》说人和动物的始祖塔婆是半人半兽的混合生物，哈尼族今日村寨里的“咪谷”（头人）、“摩匹”、“工匠”这三种能人则是分别由大公鸡、老母鸡、太阳孵出来。这些例子说明，早期的人类这一物种被赋予神圣性，这是他们不同于动植物的地方。但是，当时的人类也被认为有着动植物方面的自然属性。哈尼族的神话故事的讲述正好隐喻了人类来自于大自然，与自然界中的万事万物有着不可否认的共通性这样的价值观和生命观。

在同为古羌氐族群支系的珞巴族、彝族、白族、纳西族等西南少数民族的神话记忆素材及人们今天的讲述中，有很多类似哈尼族天地人的起源神话。例如，珞巴族的苏龙人也曾把虎看作自己的男性祖先，并尊称之为“阿瓦波瓦”（即叔父、伯父、父

① 云南民间文学集成办公室编：《青蛙造天造地》，见《哈尼族神话传说集成》，北京，中国民间文艺出版社，1990。

亲)，因此形成了一系列的禁忌——女性和误伤虎者家的男性被禁吃虎肉，逢年过节或遇到重大的节日活动场合，也不能给其他氏族的人吃虎肉。这些传统的饮食禁忌习俗，与哈尼族历史上在对待自己本民族图腾动物上的相似。① 而彝族留存至今的神话故事《虎氏族》《虎公虎母造万物》《虎神石的来历》，也体现了对“虎”这种图腾象征符号的膜拜。在这些神话故事中，人类把“虎”当作自己的祖先看待，禁止任何人以任何借口猎杀。白族《虎氏族的来历》讲洪荒时期，七姑娘为救全家人性命，嫁给了老虎，后代就成了虎氏族，一直繁衍到现在。②

由于文化特色上类似的崇拜，在哈尼族的神话记忆观念中认为氏族、家族、宗族等血缘群体包括每一个个体成员都是来自远古图腾英雄祖先的“神圣片体”。哈尼族神话《天地人的传说》就提到，远古的时候，大海中那条大鱼的脊背里送出来一对人种，男的叫直塔，女的叫塔婆。③《哈巴卡的传说》讲上天派仰者下凡，教会人们唱四季歌，让人们分年月日，知道按节令栽种，按时过节、祭祀。④《慈姑认年月》中，人的祖先烟蝶蝶玛用大慈姑树教人们：懂得一年十二个月，每月三十天，全年三百六十天，从此人间便有了生活的指南。⑤ 类似的观念也广泛存在于彝族、傣族、白族、傈僳族等其他西南少数民族之中。在彝族

---

① 瞿明安、郑萍：《沟通人神——中国祭祀文化象征》，49 页，成都，四川人民出版社，2005。

② 云南省民间文学集成办公室编：《白族神话传说集成》，北京，中国民间文艺出版社，1986。

③ 《天地人的传说》，见云南省民间文学集成办公室编：《中国民族神话精编》，昆明，晨光出版社，1995。

④ 元江哈尼族彝族傣族自治县文化馆编：《哈巴卡的传说》，见《元江民族民间文学资料》，第一辑，元江哈尼族彝族傣族自治县文化馆，1981 年编印。

⑤ 《慈姑认年月》，见云南省民间文学集成办公室编：《哈尼族神话传说集成》，北京，中国民间文艺出版社，1990。

的神话故事如《创世纪》《始祖的由来》《百家姓的起源》中，讲到洪水退后，兄妹俩依天意成了亲，妹妹生下个大肉团，肉瓜长得太快，担心挤破房子，砍碎后就变出了各种姓氏的人。在《妈佛和爹佛音》里，代表山的祖先格若把自己的姑娘嫁给小花狼，生下一个肉球，从里面蹦出来七对男女娃娃，繁衍成今天的汉族、藏族、白族、苗族、傈僳族、彝族等民族。[①]《天蛋》中，人是洪水过后天蛋孵出的“男孩查窝”的后代。[②] 傣族神话《金葫芦生万物》说人类是从葫芦里走出来的。[③] 在白族神话《开天辟地》里，兄妹二人不得已做了夫妻，十个月后生下一个皮口袋，里面有十个子女。[④] 傈僳族神话《米斯和水神》提到，上天让阿恒扒、阿恒玛兄妹俩种下一粒南瓜种子，结果结出一个房子般大的南瓜，瓜里走出了傈僳族、怒族、独龙族、藏族等各族人，还出来了米斯和代表水的祖先。[⑤] 由此可见，各种民族神话故事里的这些“大肉团”“肉球”“天蛋”“葫芦”“皮口袋”“南瓜”“大鱼”即是衍生人类的“本原”。

此外，哈尼族大量的开天辟地神话、创世古歌、迁徙史诗、传说以及民俗故事如《烟本霍本》《俄色密色》《查牛色》《毕蝶、凯蝶、则蝶》《俄妥奴祖》《雪紫查勒》《厄朵》《塔婆罗牛》《艾玛突》《十二奴局》《天地人鬼》《阿培阿达埃》和《葫

---

① 《妈佛和爹佛音》，见白庚胜、杨诚森编：《中国民间故事全书 · 云南鹤庆卷》，北京，知识产权出版社，2005。

② 陕西旅游出版社编：《天蛋》，见《聂鲁彝族神话故事选》，西安，陕西旅游出版社，1998。

③ 《金葫芦生万物》，见《中国各民族宗教与神话大词典》，北京，学苑出版社，1990。

④ 《开天辟地》，见云南省民间文学集成办公室编：《白族神话传说集成》，北京，中国民间文艺出版社，1986。

⑤ 《米斯和水神》，见云南省民间文学集成办公室编：《迪庆民间故事集成》，昆明，云南民族出版社，1997。

芦里走出人种》等，亦都不约而同地记载了关于天地人的神话起源，其共同点都是反复强调这些文化的特殊性和所谓“真实的历史”。

第三节　节日活动来源的神话记忆

从地理区域上看，今天的哈尼族的分布较为集中，也较为广阔，主要居住在云南南部从礼社江—红河和把边江—李仙江到澜沧江中间的崇山峻岭之中，亦即哀牢山、无量山的广阔山区。元江、墨江、普洱、江城、红河、元阳、绿春、金平等地是哈尼族最集中的地区，而西双版纳州的勐海、勐腊、景洪及普洱市的澜沧、景东、景谷等市县，也是哈尼族支系聚居之地。在滇中，北起禄劝、双柏、易门、昆明、通海、峨山、新平，南至石屏、屏边、建水等县也有少量哈尼族分布。

从史料“唐高宗显庆元年（656 年），有和蛮大首领王罗祁……向唐皇朝贡方物”[①] 的记载来看，公元 7 世纪时，哈尼族的先民就已定居于今红河两岸的哀牢山、无量山区一带，如果从那个时候算起，定居于此的哈尼族至少已历经有上千年的历史。哈尼族著名的迁徙神话历史史诗《哈尼阿培聪坡坡》是这样叙述其起源的：那是在“二月间”，此时，“人人都来祭树”。地点选在了“纳索的大寨”，纳索作为村寨头人，就是今天村寨里的大咪谷（大头人）。节日活动开始前，“全寨男人庄严站好，听那高能的咪谷诵念”。咪谷的致辞：“万能的守护村寨的祖先啊，哈尼站在你的面前，高大的代表树的祖先啊，哈尼来把你祭献。虔诚的寨人献上一片诚意，请你们赐给哈尼一片喜欢，猪鸡牛羊满圈满岭，金谷玉麦站满大田，哈尼儿孙像树叶一样稠密，哈

① （宋）欧阳修、宋祁等撰：《新唐书 · 南蛮传》，北京，中华书局，1975。

尼，唱过天地又唱祖先”。[①] 此处，神话史诗精辟的语言为我们记录了“昂玛突”这个盛大的节日庆典活动。“昂玛突”上，年长者以唱歌或口述的方式将昂玛突的来历、族群的迁徙经历，以及哈尼族文化中的各种习俗、生产生活方面的知识与经验等神话记忆内容讲授给年轻人。[②]

一、神话叙事与哈尼族的重要节日活动

心理学家 J. 皮亚杰在《记忆》中指出，记忆现象有心理学与生物学的特征，是系统的产物，只有组织支持或者重塑它时，它才存在。我们看到，哈尼族节日庆典活动与哈尼族对历史上各种神秘事件及重要符号的记忆紧紧联系在一起，并伴随着哈尼族梯田文明的出现而出现。这些活动也是如皮亚杰所说具有“系统的”、有“组织支持”的特征。另一位历史学家安德烈·勃鲁瓦–古朗（Andre Leroi-Gourhan）在《手势和语言》中又提出了“广义记忆”的概念，将“广义记忆”分为特殊记忆、种族记忆和刻意记忆三种类型。所谓的“种族记忆”即指无文字社会的神话记忆。哈尼族由于没有文字记述，其遗留在神话叙事之中的诸多“种族记忆”自然会一样成为我们今天研究哈尼族历史的素材。著名的杰克·古迪在历史巨著《人类》一书中说，在大部分没有文字的社会以及我们自己社会的许多方面，点滴积累的神话记忆已成为日常生活的一部分。可以说，那些至今仍保留在哈尼族节日庆典活动中的神话叙事及各种象征符号，正是我们今日认识和研究哈尼族的重要依据。

---

① 朱小和：《哈尼阿培聪坡坡》，135～137 页，昆明，云南民族出版社，1986。

② 李克忠：《寨神——哈尼族文化实证研究》，134～135 页，昆明，云南民族出版社，1998。

除上面提到的“昂玛突”节日外，哈尼族著名的节日庆典活动还有我们熟悉的“苦扎扎”和“十月年”等多种类型。“苦扎扎”节一般在农历的五月或六月的属鼠日举行。在特定日子里的下午两三点，身着传统服装的大咪谷，在助手的协助下宰杀专门挑选的牛，奉献给祖先的象征物——磨秋。除用牛血、牛头、牛腿和牛肝祭献天界里的各种祖先外，更重要的是迎接威咀、石匹这两位有名有姓的天界的英雄。在众多有关“苦扎扎”节由来的神话记忆中，有一个是这样叙述的：

> 远古时，有一年六月间天降暴雨，山洪吞没了村寨田地，哈尼人面临灭绝的危险。有家哥妹俩，哥哥叫艾蒲，妹妹叫艾乐，抓起泥土飞上天去补天池的漏洞，泥土用尽，哥妹俩就跳进天池用身体堵住漏洞，天终于补好了，但他们也死去了。为了纪念这哥妹俩，哈尼便年年过“苦扎扎节”。届时，砍来大树做成磨秋，让年轻人打着游戏，磨秋吱吱嘎嘎的响声飞到天上，对兄妹俩诉说人们对他们的思念和感激之情。①

另一个神话故事讲到了阿朗、阿昂兄妹俩牺牲自己求得太阳、月亮自然规律，使人间从此太平安康。② 实际上，“艾蒲、艾乐”或“阿朗、阿昂”兄妹都是留在今天哈尼族集体记忆里拯危救难的英雄祖先。而“十月年”节日庆典活动举办的时间特别选在农历十一月的属羊日，也是因为人们还“记得”这天正是某位英雄祖先的生日，这位祖先也给哈尼梯田带来了丰收，是给人间带来和睦平安的保护者。

---

① 朱小和：《哈尼阿培聪坡坡》，211~212页，昆明，云南民族出版社，1986。

② 刘辉豪等编：《哈尼族民间故事选》，115~138，上海，上海文艺出版社，1982。

二、神话记忆与哈尼族历史的建构

法国的雅克·勒高夫（Jacques le Goff）在《历史与记忆》一书中认为，神话记忆是储存有一定信息的财产，是一个心理活动的集合体，人们因之方可将过去的表达或信息以过去的模样现实化。它主要围绕三件事情展开：关于群体的身份记忆、关于名门望族的记忆以及关于技术知识的记忆。可以说，《哈尼阿培聪坡坡》整部神话迁徙历史史诗就是哈尼族建立在神话记忆基础之上对“历史”的建构，尤其是奠基于神话记忆之上对“群体的身份记忆”及与之相关历史的建构，而关于名门望族历史的建构似可通过神话中的家谱叙事来表达。此外，关于技术知识的历史建构，在哈尼族社会中则是通过神话传说中的三种能人“头人、摩匹（有些村寨称贝玛）、工匠”以极具巫术色彩的实践方式来传承的。①

对哈尼族历史起源的建构，除迁徙神话史诗《哈尼阿培聪坡坡》外，《雅尼雅嘎赞嘎》《阿波仰者》《先祖的脚印》《哈尼三祖先》《普嘎纳嘎》等口述文献亦是重要的“群体的神话身份记忆”素材。

据史学家考证，隋唐以前的哈尼族先民作为古羌人的一支，确实历尽了悲欢离合的辛酸迁徙历程。通过上述神话故事及迁徙史诗的记忆和讲述，我们可以这样来“建构”哈尼族的这段迁徙历史：先民们最先生活在一个叫“虎尼虎那”的地方。“虎那”是黑色的意思，黑色意味着祥和、安全。哈尼族崇尚黑色，今天哈尼族多个支系仍然保留穿黑色服饰的习俗。从迁徙的出发地来看，应该是神话记忆中的“什虽湖畔”。在今天元阳一带的

① 朱小和：《哈尼阿培聪坡坡》，24~91页，昆明，云南民族出版社，1986。

"苦扎扎"节上，每当人们谈起这段神话的历史记忆时，还常常会感叹："以前的日子太辛苦了，我们的先祖经历了很多的战乱和苦难，为了不忘记那段经历，今天才要来举行隆重的节日庆典活动，目的是让后人珍惜现在的幸福。"

"苦扎扎"节上要纪念的"威咀""石匹"两位祖先英雄，其实只是"映射"在哈尼族众多神话记忆里为大家尊敬的英雄祖先中的两位。"从这个传说看，兄妹二人也就融入了太阳月亮之中，成为天上群体中的一员。那么派来的下凡查看人间社会的威咀、石匹可能正是此二位……"①

对"映射"一词，历史学家博格森在《物质和记忆》中解释"它是神话记忆的核心，是实现族群群体从记忆到（历史）认知的途径"。从这样的解释来看，有关"苦扎扎"节日庆典活动由来的神话传说虽然还没有"威咀""石匹"两位祖先的影子，但是如果联系"苦扎扎"节举办的时间及"磨秋桩"和"秋千"等象征符号来看，"磨秋桩"和"秋千"正是远古哈尼族先民图腾文化的象征。这说明在神话叙事中的这个时间段，哈尼族先民的记忆符号中还没有出现人形的祖先英雄，所以"苦扎扎"由来神话故事里还看不到"威咀""石匹"两位英雄。

值得一提的是，至今"苦扎扎"节日活动仍保留有均分"份肉"的习俗。笔者认为，对于经历过迁徙的哈尼族来说，"份肉"是英雄祖先精神特质的表征，它使个体成员能够更容易地受到祖先丰功伟绩的鼓舞，从而认同本民族的历史，这些历史当然有建构的成分在内，从而发挥着积极的作用。在需要的时候，这种对祖先英雄事迹的神话记忆甚至能使人们团结一致渡过

---

① 李克忠：《寨神——哈尼族文化实证研究》，188 页，昆明，云南民族出版社，1998。

历史的难关。

历史学家皮埃尔·诺拉更指出，很多族群的“神话记忆”与“历史记忆”其实早已混为一谈，历史似乎正是遵循着“回忆、回想、记忆”这样的模式来建构的。[①] 在哈尼族有关“十月年”的神话记忆里，先民们为了找到一处好地方，就“转来转去地找，挑来挑去地看，找遍了每一条冲冲，踩遍了每一道山梁，在寨边的凹地上，找到了一眼清澈的龙潭”[②]。其实这就是“惹罗普楚”这个适合开垦梯田的地方：

> 大雨带着阳光的热和，簌簌地洗掉先祖脸上的黄尘；大雨带着雨水的清凉，哗哗地冲掉先祖身上的泥浆。先祖喜欢得呼叫：惹罗！惹罗！从此用惹罗来称这个地方。[③]

相较于哈尼族祖先到过的北方的“什虽湖畔”“嘎鲁嘎则”“丁图”等地来说，“惹罗普楚”自然环境等各方面的生态条件更好，也更有利于稻作活动的进行。今天，哈尼族的神话记忆中仍充满了对“惹罗普楚”这个重要历史迁徙地的歌颂：“老牛忘不了它的脚迹，白鹇忘不了找食的草场，麂子忘不了出生的岩洞，哈尼忘不了惹罗——那头一回安寨定居的地方！那头一回开发大田的地方。”“安寨有了惹罗的式样：上头山包像斜插的手，寨头靠着交叉的山冈，下头山包像水牛抵架，这是寨子歇脚的地

---

① 李克忠：《寨神——哈尼族文化实证研究》，188页，昆明，云南民族出版社，1998。

② 赵官禄等编：《十二奴局》，98~99页，昆明，云南民族出版社，1989。

③ 朱小和演唱，史军超、卢朝贵、段贶乐、杨叔孔翻译：《哈尼阿培聪坡坡》，25页，昆明，云南民族出版社，1986。

方。”[1] 汉文献中也有类似记载。唐朝的《尚书·禹贡》对哈尼族先民“和夷”所居之处“青黎”曾经有着较为详尽的记载：“厥田上下”，“厥赋下中三错”。《蛮书·云南管内物产》还特别提到：“蛮治山田，殊为精好。”清嘉庆年间的《临安府志·土司志》记述：“依山麓平旷处，开凿田园，层层相间，远望如画，至山势峻极，蹑坎而登，有石梯蹬，名梯田。水源高者，通以略杓（涧槽），数里不绝。”等等。

皮埃尔·诺拉还指出，历史不仅仅是由一系列“映像”构成的“事实”或“实体”，神话记忆在一定社会情景之下也会走向“历史”。也就是说，神话记忆是建构今日“历史”的重要素材。“昂玛突”节日庆典期间表演的“巴哈”就提到另一个重要的叫“虎尼虎那”的地方，是哈尼族祖先最早迁徙的出发地之一，在此之后，先民们才来到神话故事里的“什虽湖”畔。有学者认为，古羌人在“什虽湖”的时期应该是春秋战国时代。由于自然环境遭到了破坏，哈尼族的祖先及其他古羌人族群迁徙到“嘎鲁嘎则”，之后又迁到“惹罗普楚”和“诺马阿美”。哈尼族学者史军超认为：“此期内，哈尼族先民诸羌部落自西北高原沿澜沧江、怒江、金沙江、大渡河、雅砻江、安宁河流域高山纵谷‘民族迁徙走廊’南迁而来……其时为公元前若干世纪到春秋战国时期。”[2] 神话史诗《哈尼阿培聪坡坡》叙述的哈尼族迁徙路线也是沿着大渡河、雅砻江、安宁河流域向云南高原的红河两岸转进的。据汉史典籍《禹贡》载，“和夷”此时已到达这些地方，在治理山川方面已有“底绩”，“华阳黑水……和夷底绩，厥土青黎，厥田惟下上，厥赋下中三错”。

---

① 朱小和演唱，史军超、卢朝贵、段贶乐、杨叔孔翻译：《哈尼阿培聪坡坡》，24~31页，昆明，云南民族出版社，1986。

② 史军超：《哈尼族文学史》，38页，昆明，云南民族出版社，1998。

自唐宋以来的数千年漫长岁月里，哈尼族先民在哀牢山、无量山和红河、把边江、澜沧江三江两山进行稳定的耕耘和建设。“哀牢山区因远、思陀、溪处、落恐各部和泥，从10世纪中叶进入封建领主社会，到11世纪中叶，有了进一步发展。因远部最为强大，由山巅因远平坝甘庄城移治礼社江畔筑罗盘城，称为‘罗槃国’，最高领主称‘罗槃主’。其幅员近三万平方公里，包括哀牢山东麓今元江哈尼族彝族傣族自治县和西麓今新平彝族傣族自治县西部、墨江哈尼族自治县、镇沅县、普洱县、思茅县、江城哈尼族彝族自治县及蒙乐山景谷县东部等广大地区。南与越南老挝接壤。思陀、溪处，落恐居哀牢山东麓下段，包括绿春、红河、元阳、金平等县，面积共约二万平方公里，西部和北部与罗槃为邻，南接越南。”① “罗槃国” 正是哈尼族神话记忆中的第一个具有政权性质的政治组织。

三、神话素材所具有的表征意义

自20世纪80年代中期以来，通过对各种叙事与象征符号等“映像”的研究，历史人类学形成了强调历史事实与民族实体“实体论”和强调历史建构与民族想象“建构论”的两种学术派别。王明珂先生在《华夏边缘——历史记忆与族群认同》中把对“神话记忆”的“历史建构”概括为：它是一种集体社会行为，人们从中得到记忆。每一群体皆有对应的凝聚及延续自身的记忆，常常也是有选择性的、扭曲的。它可依赖各种集体活动来保存、强化或重温。等等。

因此，我们至今仍可通过存留在村民心目中的磨秋桩、铜鼓、象征祖先的树、“份肉”、咪谷等各种“映像”符号及与这

① 哈尼族简史编写组：《哈尼族简史》，昆明，云南人民出版社，1985。

些符号有关的神话记忆来还原历史，探讨历史的本相。进一步地说，这些神话素材正是哈尼族历史模式的表征。

这也给我们一个启发：从神话记忆探讨少数民族的“历史”时，我们既要尊重“历史事实与民族实体”，也要参考“历史建构与民族想象”，这样才能真正理解族群“神话记忆”的内涵，并恰当地应用这些素材建构历史，从更深层次唤醒深植于民族集体记忆深处的中华民族共同体意识，进一步从更高层次建构少数民族对于中华民族共同体的感情，以达到民族团结和民族共同进步、铸牢中华民族共同体意识的壮阔目标，实现中华民族伟大复兴的梦。

第二章　神话记忆里的长街宴

哈尼族主要聚居的红河南岸滇南哀牢山区，属于亚热带气候，年平均气温在18℃—20℃之间，全年日照时间长达2000小时以上，可谓“长夏无冬”。而且，由于这一地区山高谷深，海拔悬殊，从山顶到河畔呈现出寒温带、温带、亚热带、热带等立体性气候特征。年平均气温从山顶的11℃到河畔沟谷的25℃，年平均日照时间的变化区间为1000—2430小时。这种复杂多样的气候类型和温度、日照时间等条件，形成哀牢山丰富多样的植被生长发育环境，不同气候带对应不一样的植被，植物品种丰富多样并特色显著。显然，复杂多样的气候类型和立体分布的植被及植物群落，也为各种各样的动物及动物群落提供了生存、繁衍的场所和空间，给哈尼族长街宴提供了展示生命力和创造力的自然大舞台。

第一节　前人对饮食文化现象的研究

饮宴文化的来历和起源是学者们不断关注的话题，多年来众说纷纭，但都来自于学者们对历史考古的发现和神话记忆文本两个方面。

一、西方著名学者的研究与分析

饮食文化的人类学理论和方法，最早来自英国人类学家、文化史和民族学进化学派的创始人泰勒（Edward Burnett Tylor，1832—1917）对圣餐的记述。他在《原始文化》一书中说："崇拜死后灵魂继续存在，是蒙昧人的万物有灵观的必然结论。"[①] 对于圣餐的过程，泰勒是这样描述它的："在印度东北部博德的原始部落中，当人们为死者举行最后的丧葬仪式时，死者最近的亲属将食物和饮料送到死者面前献祭，举行过驱邪象征仪式后，还要准备宴会的吃喝，以寻欢作乐，好像他们永远不会死去。最为持久的影响是阿萨姆的那加人部落，这个部落月月举行埋葬象征仪式的祝典，在死者的墓地放上吃的、喝的。"[②] 至于这种行为背后的驱动力量，泰勒把它归于人们对祖灵的崇拜。他举例说："休伦人认为，当把死人抬去埋葬时，具有人形的死人灵魂走在尸体的前面，大概直到死人的盛大宴会之前都仍然留在那里。在对这死人宴会的期待中，灵魂就沿着村庄游荡，并吃点锅罐中的剩余物。"[③] 在谈到中国人为死者举行的类似的古老会餐时，泰勒明确说："人们点着灯笼来为灵魂指路，然后准备丰盛的飨宴。"[④] 在印度，"人们给死者带来馅饼作礼物，或供饮用的奶，每当新月和满月时，都举行盛大的供献油炸馅饼和其他象征

① ［英］泰勒：《原始文化》，连树生译，410 页，桂林，广西师范大学出版社，1992。

② ［英］泰勒：《原始文化》，连树生译，432 页，桂林，广西师范大学出版社，1992。

③ ［英］泰勒：《原始文化》，连树生译，431 页，桂林，广西师范大学出版社，1992。

④ ［英］泰勒：《原始文化》，连树生译，433 页，桂林，广西师范大学出版社，1992。

仪式”。泰勒总结道：“在古代社会，这些象征仪式就是殡葬宴席和供献食品。”[①]“基督徒仿效古代的习俗，把他们的祭祀变成为教堂供物，用馔肴来抚慰死去战士的阴魂，为了追忆祖先而在坟墓上安放食物的习俗进入了仪典。”[②]“在俄国，举行的慰问宴会（追悼后的宴席），单有一桌供乞丐食用，桌上满摆着鱼肉馅饼，白菜汤盆，装清凉饮料的罐子；有供朋友和神甫们食用的精美餐宴，人们甚至还不忘记在第十天、第二十天、第四十天重复举行宴会；迄今为止，在教堂里还用盘子施舍蜜饭。”[③] 泰勒对一系列案例进行研究：北孟加拉国的科克奇人在每年收获的时候要给自己死去的双亲供献果子和母鸡；勒罗马人举行的“费拉利亚节”和“列母拉利亚节”是在二月和五月；琐罗亚斯德的信徒们举行宴会以纪念死去的亲属，因为死人的灵魂当时在世上从亲属那里接受新的衣服和食物；在保加利亚，人们通常于棕枝主日在陵园举行追悼后的宴会。[④] 可见，无论何地的人，他们举行的这些祭祀宴会背后都有对祖先的追思、缅怀、回忆做支撑。

当然，在《原始文化》一书中，泰勒还列举了北美的阿尔衮琴人、新西兰的毛利人、日本人等民族和地区的类似古老习俗和传说以及天主教的万灵日再现前纪念死人等一系列宴会，认为这些宴会是集中了某些动人的幻想的特征以及最原始的万物有灵

① ［英］泰勒：《原始文化》，连树生译，434 页，桂林，广西师范大学出版社，1992。

② ［英］泰勒：《原始文化》，连树生译，434 页，桂林，广西师范大学出版社，1992。

③ ［英］泰勒：《原始文化》，连树生译，435 页，桂林，广西师范大学出版社，1992。

④ ［英］泰勒：《原始文化》，连树生译，433 页，桂林，广西师范大学出版社，1992。

观的遗留。[①] 泰勒认为，不管是灵魂实际去吃这些食物，还是人们象征性地为此而提供这些食品，情况都是一样的。由于这些圣餐特别容易蜕变为遗留，为纪念死人而供献食物和举行宴会，在发展的最后阶段变成了纯粹的传统象征仪式，大部分变为关于死人的温情回忆的表现，或活人的慈善事业。……后来人们的观念出现了很多变化，因为给死人上供不是为了让他吃，而是为了纪念他。[②] 泰勒将古代中国的“祭神如神在”“尽人事而听天命”“敬鬼神而远之”等观念归结为中国人对“万物有灵”崇拜观念的产物，提出“万物有灵同样也是文明民族的哲学基础”。[③] 按照泰勒的理论，我们今日的现代文明具有与原始人相类似的崇拜，这些崇拜和习俗的核心原理是一致的，都是来自于对某种神秘力量的崇拜和敬仰。

另一位英国著名的人类学家、社会历史学民俗学家 J. G. 弗雷泽（James George Frazer）在他的《金枝》中，以古巴比伦、古代埃及的底比斯古城、古希腊的一些类似城市、北美的阿尔衮琴人、孟加拉国的奥昂人、马尔代夫群岛的居民以及东方的日本和安南等很多范例，论证世界上很多民族的农事节日（例如五朔节、降灵节、仲夏节等等）期间举办的大型盛宴其实都是根据某种象征仪式原理展开的。这些象征仪式的驱动原理是被称为“顺势巫术”或“模拟巫术”的原则，它们是一些为了刺激植物精灵雄雌两性繁殖的象征仪式。在这些范例中，人们奉献各种各样的祭品，这些祭品的功能都是为了祈求天地间那些威力强大的

① ［英］泰勒：《原始文化》，连树生译，437 页，桂林，广西师范大学出版社，1992。

② ［英］泰勒：《原始文化》，连树生译，440 页，桂林，广西师范大学出版社，1992。

③ ［英］泰勒：《原始文化》，连树生译，349 页，桂林，广西师范大学出版社，1992。

精灵在未来的岁月给人间带来福佑，保护农作物的生长繁衍。弗雷泽在研究“以新谷作圣餐”这个典型的案例后指出，“以新谷作圣餐”的本质特征，不管是以人或是以动物来代表谷精，以新谷作圣餐，也就是把它们当作谷精的躯体吃掉，而且在吃掉它们之前首先都要有庄严的准备仪式，因为不举行这些既定象征仪式而胆敢吃它们的人此后有可能会遭受毁灭之灾。因此，尝新作为一种圣餐礼仪，其实是人与大自然在交往。这种人与自然的交往活动无论以何种形式展演出来，人们在交流的对象都是一个有权威的力量。①

弗雷泽发现一个很普遍的有趣的风俗，那就是世界上的很多民族都把追忆对象当作圣餐来吃掉，或者吃代表追忆对象的人或动物，或者“吃人形或动物形的面包”。他进一步指出：“从原始的观点看，这样吃追忆对象的躯体的理由是相当简单的。野蛮人大都认为吃一个动物或一个人的肉，他就不仅获得该动物或该人的体质特性，而且还获得了动物或人的道德和智力特性。”②弗雷泽认为这些习俗表明基督教吃圣餐的做法其实是吸收了比基督教古老得多的圣餐礼，某些原始民族在为农事举行的象征仪式期间所举办的很多圣餐宴会其实来源于我们所知的最古老的“人祭”。由此我们可以说，这些抽象的象征符号系统——类似的习俗及对某些食物的禁忌都是顺势巫术或模拟巫术的结果。我们可以由此得到结论，弗雷泽所说“相似生相似”的巫术原理是古代原始社会及各种时代人们的一种求福纳吉的节日文化礼俗。

总之，弗雷泽对带有巫术性质的圣餐礼这套符号系统的研

---

① ［英］弗雷泽：《金枝》，徐育新、汪培基、张泽石译，702 页，北京，中国民间文艺出版社，1987。

② ［英］弗雷泽：《金枝》，徐育新、汪培基、张泽石译，711 页，北京，中国民间文艺出版社，1987。

究，区分了象征体系中的象征物和象征行为，推论原始人乃是根据这种所谓“相似生相似”的文化认知方式形成礼俗。从逻辑学来分析，我们似乎可以说，这种推理存在的最大的问题大概是在根据错误前提推论而得出错误的结论。

法国犹太裔社会学家、人类学家爱弥尔·涂尔干（Émile Durkheim，又翻译为迪尔凯姆，1858—1917）在其著名的《宗教生活的基本形式》一书里对“祭祀要素”进行了分析，他列举澳洲中部阿兰达和艾利斯斯普林（Alice Springs）地区的“维切提（Witchetty）蛴螬”氏族的“因提丘玛”（Intichiuma）等象征仪式，指出这些象征仪式的两个本质特征：“首先是有关进食的问题，因为实体是食物。其次还是有关进食的问题，那些奉献牺牲的崇拜者与他们所尊奉的追忆对象共享牺牲，牺牲的某些部分是为追忆对象而保留的，而其他部分则由奉献牺牲的人来享用。”① 涂尔干认为，出于“追忆、回忆、缅怀”的原因，圣经才经常把牺牲说成是摆在耶和华面前的筵席。这些祭祀筵宴的功能和目的都是为了使崇拜者与他们的追忆对象相互沟通，通过与追忆对象共同的食物享受来进一步与神交流，目的是在人和追忆对象这两者之间建立起亲密的亲属关系的纽带，这种关系当然有利于人类的生存和发展。于是，“牺牲”也就有了全新的面目，它的基本要素不再是“牺牲”一词在英文中通常所表达出来的“放弃”的意思。归根结底，“牺牲”是一种食物共享的行为。也就是说，一个人之所以能使自身神圣化不是因为他仅以某种方式与追忆对象坐在了同一张桌子旁，而主要是因为他在具有神圣性的进餐象征仪式上吃了某种东西。人们将作为“牺牲”的动物转变成了圣物，这种神圣性又转移到了吃掉它们的崇拜者的身

① ［法］爱弥尔·涂尔干：《宗教生活的基本形式》，渠东、汲喆译，319页，上海，上海人民出版社，1999。

上。这样，人们就同存留在追忆对象（图腾动物）体内的英雄祖先的本原进行了沟通并消化了它。为了保持这种神秘力量，就要周期性地举行一系列象征仪式，这些象征仪式构成了基本必要的社会需要。涂尔干还特别指出："这些象征仪式的许多仪轨还与大量农耕仪式之间存在着许多惊人的相似之处，即使在已经具有高度文明的民族中，这也是一条极其普遍的规则，人们最先收获的果实往往是供进餐象征仪式使用的。"① 涂尔干的理论说明，祭祀中宰杀的动物被当成了追忆对象，被当成了"牺牲"者的近亲。祭祀之所以产生，并不是为了在人与追忆对象之间制造一条人为的亲属关系纽带，而是要维持和更新最初就已经把两者结合在一起的那种天然的亲属关系。供奉者宰杀动物的目的，也是为了让动物体内的生命本原脱离有机体去滋养社会人群。

我们可以说，涂尔干是把圣餐看作原始人世界观、人生观及价值观念符号的表征。他通过对诸多圣餐礼之中各种文化象征符号的分析，确认"牺牲"的作用就是凝聚群体内社会的集体意识和通过团结个人来汇聚集体力量。从社会学的角度出发，他认为社会的"集体意识"或被称为"集体表象"的东西正是那些文化象征符号的源头。"在圣餐中所供奉的其实是人间的祖先，圣餐中的各类追忆对象是人间社会等级制度的象征。"② 这种象征仪式和崇拜之间的关系正是我们研究具有象征仪式性质宴会时需要特别注意的方面。

那么，圣餐礼中的各种符号代表什么，有什么意涵呢？对于这个问题，美国当代著名的文化人类学家、象征人类学代表人物克利福德·格尔茨（Clifford Geertz，1926—2006）曾举一个叫斯

---

① ［法］爱弥尔·涂尔干：《宗教生活的基本形式》，442~452 页，上海，上海人民出版社，1999。

② ［法］爱弥尔·涂尔干：《宗教生活的基本形式》，548~586 页，上海，上海人民出版社，1999。

拉梅坦（slametan）的圣餐礼来论述：

> 融合产生的主要礼仪形式，是一个被称为斯拉梅坦（slametan）的集体宴会。在生命周期的转折点上，在定期举行的节日里，在庄稼生长周期的某个阶段上，在迁居的时候等等，在几乎所有崇拜意义的场合，斯拉梅坦的形式和内容大致相同。对于活着的人来说，举行这种宴会，既是为了向祖先献祭，也是为了以共餐形式整合社会。饭菜是专门准备的，在居室中央的草席上摆开，每一种都象征一个独特的崇拜的概念；做饭的是一个核心家庭的女性成员们……邻居不分居住远近，一视同仁……每个人几乎都是偷偷摸摸地狼吞虎咽几口饭，把剩下的饭菜装进用芭蕉叶做的篮子里，带回去和家人分享。据说，祖先们从饭味、香火和伊斯兰祷文汲取他们的营养；参加的人则从食物的物质材料以及他们的社会互动，汲取他们的营养……象征仪式起到双重作用：祖先得到抚慰，邻里团结得到加强。①

对此，另外的一位英国社会人类学家，埃德蒙·朗奴·利奇（Sir Edmund Ronald Leach，1910—1989）通过研究基督教《新约全书》后，认为基督徒“与上帝交流”的活动在神话中表现为“最后的晚餐”或“主的晚餐”，献祭的中心问题是有关死的隐喻。② 在对《利未记》进行研读后，利奇特意地提醒说：“把献祭礼物供奉给上帝的通道，也是上帝的权力直接传授给人的通

---

① ［英］克利福德·格尔茨：《文化的解释》，韩莉译，170页，上海，上海人民出版社，1999。

② ［英］埃德蒙·利奇：《文化与交流》，卢德平译，83页，北京，华夏出版社，1991。

道……基督教的献祭象征仪式仅仅在涉及基督教神话时才以替代象征符号的形式出现……现在，这一象征仪式已经成为一个持久的通道。经由这个通道，虔诚的教徒可以感受上帝的恩典。在象征仪式中，献祭者代表基督，把面包和酒当作‘基督的肉和血’分给会众的教士，通过暗示，根据上帝的训谕无休无止地重复献祭。”① 在利奇看来，基督的象征献祭仪式中包含着很多的相互参照和符号转换。弥撒是犹太教逾越节的转换，跟被钉在十字架上的基督和逾越节宰杀的羊一样都是“上帝的羔羊”。利奇进一步指出，在隐喻和转喻意义上，面包和酒与献祭动物的肉是相联系的。② 利奇的研究和结论揭开了《圣经》中“主的晚餐”这套餐饮文化符号所具有的象征“意义”：首先，在逾越节时，圣餐里的饼与酒象征着耶稣的身体与血。其次，唯有吃喝耶稣的身体与血的人，才有份于他永远的生命与国度。这就说明了基督与信徒之间的关系是基于生命与灵性上的联合。其三，信徒们信守耶稣基督的圣餐，目的是为了证明能与耶稣共死生、同复活，有份于上帝的国度。

欧洲宗教改革家法国人加尔文（Jean Chauvin，1509—1564）认为圣餐的神圣奥秘包含着两部分：“第一部分是摆在我们眼前的有形表记，这表记是按照我们软弱的能力，向我们表明眼所不能见的事，即前述所谓的‘符号具’的东西；第二部分是属灵的真理，这真理同时是由象征符号表明出来的，即我们惯常分析的‘符号义’的意义。”③

---

① ［英］埃德蒙·利奇：《文化与交流》，卢德平译，90~96 页，北京，华夏出版社，1991。

② ［英］埃德蒙·利奇：《文化与交流》，卢德平译，96 页，北京，华夏出版社，1991。

③ ［英］约翰·加尔文：《基督教要义》，钱曜诚译，1310 页，北京，生活·读书·新知三联书店，2010。

泰勒、弗雷泽、涂尔干、格尔茨、利奇等文化人类学家有关圣餐的描述和分析，对于笔者进行哈尼族长街宴饮食象征符号研究具有深远的理论指导意义。

二、国内学者对知名宴会的研究

从古到今，中国宴席文化经过数千年的发展演变，可谓博大精深，蔚为壮观。从类型上分析，有以事情缘起命名的，如鹿鸣宴、飨宴、养老宴、赏月宴、拜将宴、游猎宴、朝宴、接风宴、送别宴、烧尾宴、千叟宴、孔府宴等；有以时令节日命名的，如清明宴、端午宴、中秋宴、重阳酒宴、春节宴等；有以设宴地点命名的，如明堂宴、曲江宴、船宴、车宴、园宴、田宴等；有以用料或主要食物命名的，如诈马宴、燕窝席、鱼翅宴、百鸡宴、鸭子宴、全鱼宴、狍子宴、粽子宴、饺子宴、豆腐宴、菊花宴、樱桃宴、小吃宴、山珍宴等；有以餐具品质、数量和种类命名的，如沙锅宴、琥珀宴、八大碗、重九席、满汉全席，等等。

国内学者对上述这些宴会的研究，除了鹿鸣宴（一种古代宴请举人的盛宴）、烧尾宴（是大臣拜官而给天子献食的宴会）、千叟宴（清代朝廷宴请千位老者的盛典）以外，曲江宴、诈马宴、孔府宴和满汉全席因其名誉显著而备受瞩目。

曲江宴源于唐代，因位于长安东南的曲江边而得名，有“皇帝赐宴群臣”“朝廷赐宴新科进士”与“民间社交宴会”三种形式。[①] 孔润常在《唐代名宴》一文中讲到“曲江宴”的出现跟当时的经济、政局的发展与蒸蒸日上的社会环境都有关系，是这一时期中国饮食文化的代表。那时，从皇帝到庶民，在一年的某个时节都会到曲江边参与游宴活动。这些活动的名目繁多，

① 王心喜：《唐代“曲江宴”史话》，载《烹饪知识》，1997（6），26页。

细致分类，主要有“宫廷盛宴”“新科进士宴”和“社交活动宴”三种。① 学者张清宏在《唐代的曲江游宴》中说“曲江宴”名声显赫，上行而下效。据《扬州事迹》载：“扬州太守园中有杏树十株，每至花烂，张大宴，一株杏一席，倚其傍，曰‘争春’”，此即“争春宴”，就是从曲江宴借鉴而来的，在江南变为风尚，传为美谈。② 刘思龙在《曲江宴史话》中指出，“曲江宴”伴随着王朝的兴衰成败一共经历有 322 个春秋，至唐昭宗时才慢慢没落，之后永远消失在漫漫的历史长河中。③

“诈马宴”是元代蒙古民族的一种宴飨。“诈马”，蒙古语指退毛的整畜。

> 在蒙古族的历史上，喜庆大典或隆重祭祀，都要摆放诈马宴，它是蒙古族全羊席之一种，全称为“绵揭羊整羊诈马宴”。……制作诈马宴时，以蒙古人宰杀羊的传统方法宰好，把整羊用开水褪毛，拉开胸膛部位，去掉内脏，清理干净，用盐和五香调料腌制腹腔内，然后将开腔处缝好，放入有盖的大海锅或特制的烤炉中蒸制或烤制，上席前要弃其角、直肠、四蹄，再用大木盘或大铜盘把诈马做成站立式或卧式上席摆宴，头朝主客位（一般是年高的长者）献于席前。④

《蒙古风俗录》一书记载：

> 蒙古食谱中最为贵重的膳食是整羊、整牛宴席

① 孔润常：《唐代名宴》，载《名点名菜》，1995（1）。
② 张清宏：《唐代的曲江游宴》，载《饮食文化》，2000（15）。
③ 刘思龙：《曲江宴史话》，载《食话食说》，1993（2）。
④ 王必旭：《蒙古族古老的诈马宴》，载《烹调知识》，2015（12）。

(普通是以羊为主菜的蒙古全羊席，有烤全羊、整羊、羊五叉)，蒙古人统称诈马宴。①

因此，“诈马宴”其实是古代蒙古民族最为隆重的宫廷宴会，它融合了祭祀、宴饮、礼仪、歌舞、游戏和竞技于一体。著名元史学家韩儒林在生前撰文《元代诈马宴新探》中认为：“诈马，这个词，无论用蒙古语和汉语都是解释不通的。诈马一词应来源于波斯语 jumah——衣”。② 纳古单夫在其所著《蒙古诈马宴之新释——对韩儒林师“诈马”研究之补正》中认为，“诈马”一词非波斯语，而是蒙古语，是指褪掉毛的整畜，不仅包括羊，而且还有马、牛、驼等大畜。因此，蒙古语中意为“褪光全毛的整畜”——juma 一词，同波斯语中意为“衣服”（jumaha）一词，是各国语言中常见的同音异义词汇现象，两者毫不相干。纳古单夫还说，元代人及后人，把蒙古“诈马宴”解释为蒙古赛马，这自然是误解，诈马并非赛马之义，但说蒙古“诈马宴”跟上古赛马习俗无任何关系的解释，同样亦是不知蒙古风俗的误解。③ 王文明在《蒙古族古老的宴飨——诈马》一文中也认为：“诈马宴”是一种古朴的分食整羊、整牛的风俗习惯。元朝时则发展为贵族奢华的毡帐或皇帝宫廷里的宴会，举办时气氛隆重，礼仪繁缛，还有座次的排列顺序，而且只有王公贵族才能参加和享用，参加“诈马宴”者均着一色衣服，一般的平民百姓与之无缘。元代，在宫帐中举行“诈马宴”时，“内廷大宴”的气氛极为隆重与肃穆，宫内陈设、家具式样、壁上字画、服侍人员的衣着，甚至美味佳肴等无不紧紧扣住“严”字；乐师、鼓手演

---

① 赵景阳：《蒙古风俗录》，86 页，沈阳，辽宁民族出版社，1988。

② 韩儒林：《元代诈马宴新探》，载《历史研究》，1981（1）：143~147。

③ 纳古单夫：《蒙古诈马宴之新释——对韩儒林师“诈马”研究之补正》，载《内蒙古社会科学》，1989（4）：57~63。

奏喜庆乐曲，彩乐缤纷，仪仗队规模宏大，舞女们婀娜的舞姿，台案上系着红绸、盖着黄绸布的烤牛。烤牛时，要把剥过皮的整牛放在烤牛窖内烘烤两天两夜才可食用。烤熟的牛肉，色泽金黄，香嫩可口。值得注意的是，在“诈马宴”上还有两条禁规：服侍人员必须用面纱或绸布遮住鼻和嘴，防止其呼出的气息触及食物；另外是严禁践踏宫帐中的门槛，踏门槛为不祥之兆。[①] 因此，简单地说，“诈马宴”是在庆典、祭祀或婚礼的时候举行，将牛、羊等家畜宰杀后，用热水褪毛，去除内脏，然后烤制或煮熟上席的蒙古宫廷盛宴。笔者所研究的哈尼族的长街宴跟蒙古族的诈马宴都是在不同时间点举行的节日盛宴，皆是融祭祀、宴饮、礼俗、歌舞、游戏和竞技于一体的隆重宴会，二者具有一定程度上的相似性，所以构成“比邻”的关系。

“千叟宴”是清朝的著名盛宴，顾名思义是为年岁较大的老人举办的筵宴。孔润常在《清代千叟宴》中讲到，康熙、乾隆两朝共举行过四次“千叟宴”。康熙五十二年（1716）三月，各地百姓从几十里、几百里的京畿，或几千里的外省自发前来为康熙祝寿，康熙在万寿庆典的前一日特发谕旨，决定在北京西郊的畅春园宴赏“众叟”，宴后送归乡里。当然，进京祝寿的这些老人，并非全是普通的平民百姓，有些是退休的文武大臣以及在任的有品级的官员。这些人的年龄大都在 65 岁以上，参与者共有 2800 余人。这就是第一次千叟宴。第二次“千叟宴”前数月，皇帝就下达谕旨令宫廷各衙门的官员和工匠做许多准备，老叟们出入的宫门要重新油饰一新，盛宴周围的殿宇房间要布置得光彩照人，御膳房内要增添许多炊具、餐具、饮具及膳桌、坐垫，为老叟们端送膳品的夫役会得到扩充，宫廷筵宴用的凉棚、宴席中的各种主副食品、酒类等更是准备得应有尽有，十分齐全。筵宴

① 王文明《蒙古族古老的宴飨——诈马》，载《民族食风》，2000（6）。

当日，预先摆“千叟宴”桌，宴桌按入宴者的品位高低设摆一等桌张和次等桌张，筵宴盛器和肴馔也有明显的区别，众叟也须遵循一套繁缛的筵宴礼仪。[①] 辰龙在《千叟宴巧对长寿联》中讲了一个故事：1785 年（乾隆五十年），乾清宫开千叟宴，赴宴者有 3900 人，其中有一 141 岁老寿星。乾隆皇帝便以此为题，与纪晓岚对句。乾隆出的上联是：“花甲重逢，增加三七岁月。”两个花甲就是 120 岁，再加上三七二十一岁，正好是 141 岁。纪晓岚稍加思索，便对出下联：“古稀双庆，更多一度春秋。”两个古稀是 140 岁，再加一度春秋，也恰好是 141 岁。[②]

“孔府宴”流行于民国时期。就民国时候记叙的情况来看，由于“尊孔复古”，“孔府宴”不但形式类型众多，而且各种形式类型之间还区别得很严格。张廉明、张隼在《孔府宴席》一文中把“孔府宴”分为结婚、丧礼、寿宾、官、族、贵宾（即迎接官府、族人、贵客的宴会）席，参加者的等级观念较强，既有官职大小的分别，也有族人亲疏的掌控，另外还有礼仪大小、节日重轻的之分。所以，“孔府宴”宴席体现了森严的社会等级制度。宴席的名称，在清代大致还区分有满汉全席、全羊大菜、燕窝席、鱼翅席、海参席、便席、如意席（丧事之席）等。[③]

“满汉全席”似乎是从“孔府宴”中分化出来的。对“满汉全席”颇有研究的国内专家吴正格，著述较多，如《满汉全席研制琐谈》[④]《满汉全席的固有风格》[⑤] 和《满汉全席的历史成因》[⑥] 等，对“满汉全席”从设计、内容、花样、场面等都有较

---

① 孔润常：《清代千叟宴》，载《名点名菜》，1996（2）。
② 辰龙：《千叟宴巧对长寿联》，载《中国气功》，1999（4）。
③ 张廉明、张隼：《孔府宴席》，载《饮食文化》，2003（5）。
④ 吴正格：《满汉全席研制琐谈》，载《厨师园地》，2001（2）。
⑤ 吴正格：《满汉全席的固有风格》，载《饮食文化》，1990（1）。
⑥ 吴正格：《满汉全席的历史成因》，载《饮食文化》，1995（3）。

详细的描述。李自然《论满汉全席源流现状及特点》[①] 一文告诉我们，“满汉全席”是满族传统饮食文化在中原发扬光大的结果。“满汉全席”当然也有着种类繁多、五花八门的特点，例如分类有“小满汉全席”“大满汉全席”以及各具地方风味的“满汉全席”。这些“满汉全席”在各地区都有着汉族各种传统的烹调方式，亦有综合全中国口味的趋势；现在所知，各地的“满汉全席”中较为有名的是晋式、鄂式、川式、粤式这四种类型。

惠法师的《满汉全席》则认为“满汉全席”都是近代才有的种类，并列举出其中的两道名菜“翡翠麒麟蒸鲫鱼”“兰花鹿筋扒驼掌”加以说明。[②] 张奔腾在《满汉全席精选菜品》[③] 与《满汉全席创新菜》[④] 两篇论文中也为我们讲解了“上汤一品鲍”和“孔雀开屏鲍”等名菜。王天的《满汉全席誉为餐饮国粹》回顾了1949年后“满汉全席”被大规模重新挖掘和研究、整理、实验的过程。[⑤] 小林子的《满汉全席民族瑰宝》关注的是“满汉全席”的起源问题。[⑥] 胡忠良的《满汉全席与清宫御膳》[⑦] 以中国第一历史档案馆的清宫秘档为依据，提出“满汉全席”只在重大场合设宴开场的观点。

但是，如果对照笔者所研究的长街宴，它跟历史上的这些知名的宴会却只具有形式上的相似，并没有实质内容上的相同，在规模、参与者的群体范围上都不能相提并论，笔者认为并不能构成“比邻轴”的关系。为什么这么说呢？“满汉全席”虽然有着

① 李自然《论满汉全席源流现状及特点》，载《西北第二民族学院学报》，2003（2）。

② 惠法师：《满汉全席》，载《佛教文化》，2005（3）。

③ 张奔腾：《满汉全席精选菜品》，载《中华美食》，2001（6）。

④ 张奔腾：《满汉全席创新菜》，载《中华美食》，2002（3）。

⑤ 王天：《满汉全席誉为餐饮国粹》，载《国企之路》，1999（6）。

⑥ 小林子：《满汉全席民族瑰宝》，载《中华美食》，2004（2）。

⑦ 胡忠良：《满汉全席与清宫御膳》，载《中国档案》，2000（2）。

菜品丰盛、花样齐全、场面浩大的特点，但它只是一场优质的高级膳食，强调的是烹制技巧，况且只有财力雄厚的人士才有资格享用。千叟宴在更大程度上是皇宫入宴者官阶等级、品位高低的象征，只是小规模特权人群的宴飨。唐朝时为新科进士们临时庆贺或是贵族子弟、巨商富贾们即兴到郊外游玩饮的曲江宴也有类似的特点。所以它们跟长街宴相比，并不像蒙古族的诈马宴那样全民参与、颇具规模，不但构不成同一个“系谱”，甚至也不构成“比邻”。那么，它们之间又是一种什么样的关系呢？实际上，笔者认为它们之间只是一种“平行并列”的关系。

第二节　长街宴考证

长街宴是哈尼族的古俗，是先民们古老农耕礼仪文化的产物，它是伴随着哈尼族祖先们的起源史、迁徙史而出现和发展成型的。在六月年节日活动盛典上的“苦扎扎”长街宴，必杀牛祭祖，这种强调对祖先追思、回忆的风俗习惯与为德高望重的老人送葬时要杀牛的象征仪式一样，具有特殊的礼俗文化意涵。此外，哈尼族大型祭典中的祭品有特定的象征和特别的功用和目的，“不论出于什么样的祭祀目的，祭祀活动中杀白鸡的话，必须把它献给象征银的人形物享受，象征银的人形物居住在天上，其名为‘普通阿都’；接受鹅的祖先是‘咳约阿都’，居住于地上；接受麻花母鸡的祖先是‘玛尼阿建’，居住于地上；接受红公鸡的祖先是‘批摸承建’；接受公鸭的祖先是‘萨拉阿沙’，居住于地下；接受黑母鸡的祖先是‘咳通阿都’；接受白鸭的祖先属于代表银的人形物，其名为‘普博居窝’；接受阉鸡的祖先是‘约义阿三’，属龙王系统，居住于地下；接受鸽子的祖先是‘回扎仰营’，居住于天上；接受狗的祖先是‘萨同民理’，居住于地上；接受猪的祖先叫‘剑玛阿美’，居住于地下；接受山羊的祖先是‘玉通阿都’，它属于玉的象征，居住于天上；接受雏鸡的祖先是‘煞沃克玛’；接受雏鸭的祖先是‘煞罗阿建’，居住于地上；接受黄牛的祖先是‘威嘴、石匹’，居住于天上；接受蛋的祖先是一个‘没有牙齿用舌舔，没有双脚跪着走’的祖先；接受饭团的是一个‘懒得不想挖田，饿了就讨吃的’男性祖先；接受棉线的是一个‘懒得不想拿针线，冷了讨穿的’女性祖先。”①

在过去的哈尼族村寨社会中，牛是最重要的生产工具，它与人们的生产生活须臾不离。但是，在大型且重要的象征仪式场合中，专门挑选来用作祭祀的牛却是英雄祖先的象征。从某种意义上而言，这些被挑选的牛甚至就是哈尼族英雄祖先的转寄体和象征物，具有跟祖先同等的象征地位和一样的象征意义。当然，举行这些活动也在一定程度上反映了稻作农耕民族强烈的心理意识，说明他们从“什虽湖畔”到“嘎鲁嘎则”的神话迁徙历史时期就有着人类学家所说的“圣餐礼”这样的节日活动。而“苦扎扎”类型的长街宴可能正是哈尼族先民们从“什虽湖畔”迁徙到“嘎鲁嘎则”的时候萌芽的，在此后漫长的岁月里逐渐发展、成型。考古学家发现，这个时候大致相当于四千多年前人类发展史上的新石器晚期。从文明发展的阶段看，这个文化的萌芽期大致在人类古老图腾膜拜普遍流行的时期。美国民族学家霍维特在东南澳洲的部落中收集到500多种图腾的名字，彼时的人群膜拜的诸种图腾象征物包括某些植物和动物的名字，还有一些自然物的名称，例如风、雨、云、电、日、月、水、火，等等。霍维特还专门研究了北美易洛魁人的这种文化，之后他认为：“野蛮人的想象共同构成了他周围环境的种种事物，这些事物都

① 李期博：《哈尼族民间神祇及信仰研究》，218～219页，昆明，云南民族出版社，1991。

内在地具有一种潜能……（无论是）岩石、水体、潮汐、植物和树木，还是动物和人、风和暴雨，以及云、雷和闪电……这种潜能被认为是所有事物的属性……由于人们的思维还不完善，它就被看作是导致人所在的环境中的一切现象、一切活动的原因。”①

英国学者罗伯森·史密斯（William Robertson Smith）在《闪米特人的宗教》（Religion of the Setimes）中指出，图腾制是由一种叫“图腾餐”（totem meal）的象征仪式发展而来的。②“图腾餐”正是“圣餐”的一种形式，缅怀仪礼的前提是假设神圣的英雄祖先的存在。那个时期最早实行的是以“人”为最高等级祭品的“人祭”，这种现象在几乎所有古代世界和人类群落中都存在过。对于哈尼族先民们而言，可能已经过渡到以某种动物代替人类并以这种动物图案为祖先象征物的“图腾餐”。《鬼舞》就是这样的神话故事：很久以前，村寨的“六月节”要轮流杀人慰藉妖魔鬼怪。有一对兄妹在寡妇西铁的帮助下，把安慰恶势力象征物由人改变成牛，这样的节日习俗就一直流传至今。③ 值得注意的是，在此之前，一种被称为“哟拉”④ 的神秘象征力量在哈尼族民间得到普遍尊崇，人们认为举凡眼睛看得见、耳朵听得见、脑子想得到、身体感受得到，诸如山川风物、大田水沟、草木树石、村寨房屋、鸡鸭猪狗等皆有“哟拉”驻守其间，“哟拉”一旦离去，就会发生灾变。而“哟拉”也是村寨“粮食满仓、牲畜满栏、添丁增孙”的最大力量之源。

所以，具有“圣餐”礼性质的长街宴可能盛行于神话史诗

---

① ［美］霍维特：《奥伦达与宗教定义》，载《美国人类学家》，33 页，1902。

② 转引自朱狄：《原始文化研究》，536～538 页，北京，生活·读书·新知三联书店，1988。

③ 红河州元阳县舞蹈集成办公室编：《鬼舞》，载《元阳县民间舞资料卷》，1987。

④ 史军超：《哈尼族文学史》，18 页，昆明，云南民族出版社，1998。

和一系列民间传说中。哈尼族先民们从“嘎鲁嘎则”到“惹罗普楚”，再从“惹罗普楚”到“诺马阿美”的时期，相当于春秋战国以至西汉之际。

在神话史诗《哈尼阿培聪坡坡》中，“惹罗是哈尼第一个大寨”，一系列回忆祖先、缅怀先人的活动出现了，“二月祭树的时候，肥猪杀翻在英雄祖先居住过的这座大山上”。[①] 在这个阶段，哈尼族梯田稻作的农耕技术、定居的农耕生产方式、根据自然物候历形成的一整套耕作礼仪和一系列的社会制度和社会结构开始形成并定型。后来，每到一个新的地方，不管碰到什么新的问题，哈尼族先民们都要依据传统的习惯法“选寨址、立寨石、开垦梯田、建新房”。我们知道，哈尼族传统的居住地在半山腰，那里有山有水，有森林有动物，人们把它视为人居、种地、狩猎和采集的好地方。《哈尼阿培聪坡坡》这样描述这些地方：

> 上头山包像斜插的手，寨头靠着交叉的山冈；下面的山包像牛抵架，寨脚就建在这个地方。寨心安在哪里，就在凹塘中央，这里白鹇爱找食，这里箐鸡爱游荡，代表火的祖先也好来歇，代表水的祖先也好来唱。[②]

“立寨门”的日子也是哈尼族举行农耕祭典、摆长街宴的日子。哈尼族神话故事《哈尼人为什么要造竜巴门》记述，稻花飘香、瓜果发甜的日子，人们把砍来的两棵竹子立在村外路口上，再挂上驱逐邪恶的辟邪物，搭起象征性的寨门，并取名“裸扛”。哈尼族是一个热爱和平的民族，整个民族之中的每一

① 朱小和演唱，史军超、卢朝贵、段贶乐、杨叔孔翻译：《哈尼阿培聪坡坡》，24~37 页、31 页，昆明，云南民族出版社，1986。

② 云南省少数民族古籍整理出版规划办公室：《中国少数民族古籍丛书——云南省少数民族古籍译丛》，第 6 辑，26 页，昆明，云南民族出版社，1986。

个家庭、每一个人都希望从此安定地生活下来。因此，“昂玛突”型长街宴最早可能出现在“惹罗普楚”时代。时至今日，长街宴早已成为哈尼族古老历史的象征和本民族的成功标志，哈尼族长达两千多年的辉煌历史也可以从绵亘浩荡的长街宴的各种饮食文化符号之中淋漓尽致地得到表现。《谷哈密查》这样描述“昂玛突”长街宴：

> 日子像谷哈的大水，转眼淌到二月间，九山九寨的哈尼，染新衣用去成倍的蓝靛，扎密穿戴得像满坡的鲜花，伙子打扮得像攀枝花树样矫健，那最怕羞的女人，也装扮得比彩霞鲜艳；各家各户来啰，人人都来祭树，在这热闹的日子，哈尼祭祀祖先。最热闹的地方，要数纳索的大寨，香香的菜大碗抬来，甜甜的酒大壶提来，竹兜里装满金黄的糯米饭，老老小小坐在象征树的祖先旁！肥肥的胖猪献上，三筒的清水打来，全寨男人庄严站好，听那高能的咪谷诵念：“万能的守护村寨的英雄祖先啊，哈尼站在你的面前，高大的象征树的英雄祖先啊，哈尼来把你祭献。虔诚的寨人献上一片诚意，请你赐给哈尼一片喜欢，猪鸡牛羊满圈满岭，金谷玉麦站满大田，哈尼儿孙像树叶一样稠密，哈尼人人像大树一样雄健！祭祀已经结束，哈尼摆开酒饭，精致的篾桌排好，像一群高飞的大雁。”咪谷阿波又唱起哈八，哈尼端起亮亮的酒碗，萨——喙——萨——好喝的酒有了，好听的歌有了，有英雄祖先护佑的哈尼寨人，像喜鹊一样喜欢。快拿尖嘴的花雀，来做喝酒的天上的祖先，雀嘴插上黄饭，雀脚伸进竹筒，献过的雀头放进碗，它把喝酒的令来传，雀嘴对着哪一个，哪个就把碗喝干！好听的哈八不歇口，唱过天地又唱祖先，咪谷的喉咙干了

又润，祝福的话把寨人耳朵装满，欢乐的哈尼放声唱，萨——哝——萨——歌声飞上白云间。①

从史诗中我们“看”到，哈尼族先民在“祭树”的日子里摆开形状“像一群高飞的大雁”的颇为壮观的长街宴，前来赴宴的人群里有“穿着蓝靛染成新衣的男人”、“打扮得比彩霞鲜艳的女人”，“全寨男人庄严站好，听那高能的咪谷诵念”，祭坛上的牺牲和人们宴席里的各种食物丰富多彩，如“胖猪”“三筒清水”“甜甜的酒”“尖嘴的花雀”等大碗的菜以及“金色的糯米饭”“黄饭”等主食。而人们盛放这些菜肴食品的容器也是取之于大自然的材料制成，如竹兜、竹筒、大壶，还有摆设碗碟的篾桌，等等。从喜庆的气氛来看，哈尼寨人像“喜鹊一样欢喜”，“欢乐的哈尼放声唱”，身边还有“好听的歌”（哈巴、独打）。如果把这样的场面与今日我们所能看到的各种类型的长街宴相比，仪式的过程和热闹欢腾的程度几乎没有什么改变。正是由于这个原因，笔者认为，即使只从神话记载的“谷哈密查”时算起，哈尼族长街宴也如哈尼族的历史一样悠久，是哈尼族绵亘浩荡古老历史的象征。

长街宴对以“昂玛突”为代表的英雄祖先的追思、怀念，是此后这种节日文化的特征。作为具有“圣餐礼”性质的宴会，它的进一步发展必然是伴随着对英雄祖先追思的活动，长街宴也正是这种节日文化发展的表现。《哈尼阿培聪坡坡》《雅尼雅嘎赞嘎》《阿波仰者》《先祖的脚印》《哈尼三祖先》《普嘎纳嘎》等大量的神话史诗都对这种村寨社会生活和此时成形的层级社会结构有过记录：

---

① 朱小和演唱，史军超、卢朝贵、段贶乐、杨叔孔翻译：《哈尼阿培聪坡坡》，135~137 页，昆明，云南民族出版社，1986。

> 惹罗的哈尼是建寨的哈尼，一切要改过老样……阿烟家三父子，是哈尼最早的木匠……寨里出了头人、贝玛、工匠，能人们把大事小事分掌……贝玛阿波兰“呸呸”地吐着唾沫，连连把撵鬼的背词诵念……诺马阿美的四面，四个大寨依偎山边，哈尼立起四个石墩，一个石墩代表一寨，每年祭寨的日子，头人就带领寨人来祭奠。①

在哈尼族神话《为什么哈尼族聚居在半山腰》中，一个叫阿山的头领决定建寨，并召集所有人讨论相关事宜。女人说应该建在山头，这样砍柴时不用走太多的路；男人说住在山头离田远，应到山脚建寨；头领想，建寨是一件大事，需得男女都同意，村寨才能和睦相处，最后他提出“折中”的办法，把村寨建在山腰，男人去种田，女人去砍柴，都是一样的路程。果然男人和女人都同意了。② 也就是说，以“昂玛突”为代表的哈尼族文化是以哈尼族先民们对祖先的崇拜文化为基础形成的，还体现于哈尼族的父权制社会政治制度、建立村寨的习惯法、父系家庭关系结构等内容中。③

如果说隋唐以前的哈尼族先民历尽了悲欢离合和辛酸的话，

---

① 朱小和演唱，史军超、卢朝贵、段贶乐、杨叔孔翻译：《哈尼阿培聪坡坡》，24~91页。

② 《为什么哈尼族聚居在半山腰》，见白祖额收集、整理：《哈尼族民间故事（四）》，昆明，云南民族出版社，1992。

③ 严格说来，各种类型的长街宴饮食文化现象可能是从哈尼族祖先从“嘎鲁嘎则”迁徙到“惹罗普楚”时代得以成熟、定型的。这可以从之前史诗当中的“惹罗是哈尼第一个大寨”中读到，因为只有有了定居的大寨、和平的生活，才能发展出较高等级的梯田农耕文明，也才可能有各种农耕祭祀活动伴随左右。而长街宴饮食文化现象正是这些农耕祭祀文化之下的特有现象，它正式成为哈尼族定期定时举行的盛宴。由此也可看出，在“惹罗普楚”时代，哈尼族梯田稻作的农业生产技术可能就已经达到相当高的水平。

从唐宋之后直到中华人民共和国的成立一千多年的漫长的历史期间，由于哀牢山、无量山和红河、把边江、澜沧江三江两山长期稳定的耕耘和社会建设，哈尼族各部落、各支系的文明不断发展和提高。对此，汉史文献多有记载：滇南哀牢山、无量山、六诏山哈尼族先民“和泥”崛起——哀牢山区“和泥”因远、思陀、落恐、溪处四部和六诏山“和泥”维摩、强现、王弄三部成为宋代大理国云南“三十七部”中的佼佼者。强现部首领龙海基与宋王朝关系密切，他们均受封于宋室，世领于六诏山，成为滇东南（今文山州）的最高领主。“哀牢山区因远、思陀、溪处、落恐各部‘和泥’，从10世纪中叶进入封建领主社会，到11世纪中叶，生产有了进一步发展。因远部最为强大，由山巅因远平坝甘庄城移治礼社江畔筑罗槃城，称为‘罗槃国’，最高领主称‘罗槃主’。其幅员近3万平方公里，包括哀牢山东麓今元江哈尼族彝族傣族自治县和西麓今新平彝族傣族自治县西部、墨江哈尼族自治县、镇沅县、普洱县、思茅县、江城哈尼族彝族自治县及蒙乐山景谷县东部等广大地区。南与越南老挝接壤。思陀、溪处，落恐居哀牢山东麓下段，包括绿春、红河、元阳、金平等县，面积共约二万平方公里，西部和北部与罗槃为邻，南接越南。”①

在这里须指出的是，“罗槃国”是哈尼族先民“和泥”在历史上建立的第一个地方政权。“罗槃国”的文明和文化在哈尼族的历史发展中已经到了一定的高度，必然有着与之相对应的祖先崇拜，这种崇拜正是文明进步和哈尼族文明发展的另一个新时代来临的象征。从哈尼族社会历史发展的情况来看，我们确实能够找到跟这一崇拜相对应的文化，那就是祖先力量象征。在哈尼族诸多的神话故事、史诗歌谣、民间传说中，我们找到很多以资佐

① 《哈尼族简史》编写组：《哈尼族简史》，昆明，云南人民出版社，1985。

证的资料，例如从“罗槃国”时代就流传下来的哈尼族迁徙史诗《阿波仰者》和新神话史诗《阿波仰者》，虽然是讲述同一个神话人物，但是二者的遭遇却大相径庭，从分析比较中我们不难看出时代进步、阶级国家出现以后，整个社会文明发生的巨变在哈尼族知识分子心理上形成的巨大反差。迁徙史诗《阿波仰者》中的“阿波仰者”只是哈尼族一位颠沛流离、被迫经常流浪祖先的名字，其形象猥琐、怯懦、无能：

哈尼人第一次安家，是在北方的深山密林，他们在那里过着摘野果、撵野物的生活。

第二次安家是在“河北、河南”，这里水源丰富、地肥沃，哈尼人在此开出大片良田，后因洪水泛滥难以安身，于是迁离。

第三次安家在“广东、广西之间”，在此阴雨连绵，战乱频繁，哈尼人于是迁徙他往。

第四次安家是在“云南的滇池边”，这里水土丰足，生活安定，是哈尼的美好家园。然而强大的敌对部族前来进犯，哈尼人虽然奋起抵抗，但势单力薄，只好在“族长仰者”带领下，撤到“洪特古主山”，而敌人把他们围困在山上，幸亏一位叫“多科月满阿博”的姑娘设计，哈尼人装扮成魔鬼的样子，擂响牛皮鼓，冲出了包围，向南迁徙。

第五次安家是在今石屏县的异龙湖边，但是“狠毒的土官不让哈尼人居住”，对哈尼欺压奴役，哈尼人作了一次激烈反抗后又复迁移。

第六次安家是在元江坝，这里自然条件优厚，栽一年够吃两年。此间，阿波仰者曾到“带家罗锯阿邦”地方探求新的发展，但因环境恶劣，又迁回元江在此安寨定居，开辟家园，使不毛之地变成良田沃土，人们生活美好富足。

但是仰者有个美貌、懒惰、贪婪、阴险的妹妹吉色，她一心想独占元江坝子。恰好来了个“汉家的小伙子”，两人一见钟情，汉家小伙子央求住一夜，接着又央求在仰者家帮工一年，不讲工钱多少，如此耍赖直待了七年。

这时吉色提出要分一份地糊口，仰者叫她自己开口要，吉色居心叵测，说不多，够一只狗跑一圈即可，仰者答应了。谁知吉色在狗尾巴上点上火，烫得狗把整个元江坝子全跑遍，于是吉色霸占了元江坝，仰者成了无地立足的“独野猪”。吉色的刻薄引起哈尼的公愤，长者们纷纷谴责她，为了平息众怒，吉色提出和哥哥比赛射箭以决胜负，结果她略施小计，用蜂蜡涂箭头射在靶上赢了仰者，仰者只好离乡背井流落他方，而把大好家园元江坝子拱手让给吉色和她的汉家小伙子。

仰者四处漂泊，到过“罗海抬拉阿鲁”“熬扫老代麻”“欧合代麻取提”“浪内过草阿排带”等地，这些地区在今元江县、绿春县、红河县一带。途中他因气候恶劣得了重病，多方寻觅之后，得饮狗肉汤方痊愈。他在颠沛流离的长途中，找到一位美丽的姑娘欧色为妻。后来他俩生子七人，各到一个地方去生息，这就是今日聚居于元江、红河、绿春县境内哈尼人的直系先祖。

最后仰者在最高等级祖先力量的指引下，带领众人打到一条大鱼，由此起兴了一整套规矩古礼，如何时祭某位英雄祖先，何时过“黄饭节”，何时过“六月年”，何时过“十月年”等等，开启了哈尼人的文明。①

可是在新神话史诗《阿波仰者》里，这位“阿波仰者”摇身一变成了一位具有宏伟大略、能够经天纬地创造世间万物，甚至无所不能、无所不知的一位伟大的祖先。这里的“阿波仰者”成了天之子的名字，新神话史诗是对他旷世伟绩的礼赞：

> 远古的时代，天地破烂不堪，既无星辰日月，又无风雨云雾，天地漆黑一片，宛如黑色锅底。这破烂的天地补不堪补，补不胜补，于是祖先们决定将它毁弃，另造新天地。他们以玉石、蓝花烧制了九万块蓝色大砖，铺就了蓝天，又用金玉之柱支撑它，然后从这蓝天上降下大雨，把大地冲得高低参差，使成高山大川、湖海丘峦。代表大地的祖先对这高低不平的大地表示抱怨，但代表天的祖先告诉他，“就让大地如此模样，显示它的巍峨绚丽”。
>
> 接着代表天的祖先（女性，又称天母）派小儿子仰者“到大地把万物繁衍”，给了他花草、大树、禽畜等等的种子，并由代表地的祖先的三个女儿陪同前去撒播。仰者在三个女儿协助下，使大地生长了草木，有了家禽牲畜和飞鸟野兽，大地从而生机勃勃。代表地的祖先为感谢仰者，将其招为姑爷，仰者与三个妻子生育七男七女，他们又结为夫妻，把人烟繁衍。天母把七个孙子招上天庭，教他们说话、写字、唱歌、跳舞，他们就是汉、彝、傣、纳西、苦聪（拉祜）、白、哈尼的祖先。

① 杨伙吉演唱，黑嘎翻译，宋自华记录整理：《阿波仰者》，未刊。

后来大地上出现一个魔怪，变成一棵遮天蔽日的巨树，给世界带来黑暗，人们生活生产难以进行，收割时需以葫芦去碰庄稼，葫芦唰唰响，说明庄稼还在生长，葫芦嚯啰啰响，说明庄稼成熟了。人们用手去收割，手指分出了指节，掌心生了掌纹。这时天母告诉仰者，用这巨树分出年月日，魔法就会破除。仰者派各种动物去数，树有十二条根、三十根枝、三百六十片叶子，于是分出一年十二个月、一月三十天、一年三百六十天的历法。仰者又叫人们砍树锯树，树渣变成毒蛇、苍蝇、蚊虫、老鼠，仰者最后把大树焚烧，大树才倒塌了。

仰者为人类造下无数幸福，随着年月流逝，他也衰老了。他最后的业绩是唱出一首四季歌，为人们分出春夏秋冬，使人们得以按节候耕作生产，在这歌声中，他溘然逝去，化为北斗，在遥远的天际永恒地关注着人间。①

另一部故事《哈巴卡的传说》，也说是代表天的祖先派仰者下凡，教会人们唱四季歌，才让人们分年月日，知道按节令栽种，按时过节、祭祀。② 据调查了解，在哈尼族民间和人们的心目中，除代表天的祖先之子“仰者”这样著名的等级较高的祖先外，哈尼族信奉的等级较高的祖先还有很多，从职能上来分类，他们几乎囊括了世间的万事万物和人间社会生活的方方面面，例如《慈姑认年月》里提到的祖先烟蝶蝶玛，她教人们以

① 龙浦才演唱，杨国定翻译，宋自华记录整理：《阿波仰者》，见元江哈尼族彝族傣族自治县民族事务委员会、文化馆编：《阿波仰者》，昆明，云南民族出版社，1985。

② 《哈巴卡的传说》，见元江哈尼族彝族傣族自治县文化馆编：《元江民族民间文学资料》，第一辑，内部资料，1981。

慈姑树识年月。①

在汉文典籍的记载中，哈尼族先民“和泥”曾经建成过地方政权“罗槃国”，这对于凝聚本群体的社会意识是极有利的，并为其经济文化的发展带来空前有利的条件。而且，对于“和泥”之内的每一个个体成员来说，这也是值得骄傲和荣耀的辉煌伟业，这种自豪感也有利于族群群体的团结和个体家庭的发展。所以，“罗槃国”这段辉煌的业绩必然会折射到哈尼族先民的意识之中，激发出像新神话史诗《阿波仰者》这样的民间故事。

另外一方面，迁徙史诗《阿波仰者》也可以说是哈尼族为追思英雄祖先的活动举行的古老节日文化的表征，它的出现肯定要早于新神话史诗《阿波仰者》。史军超先生在《哈尼族文学史》中推断“新神话史诗《阿波仰者》和迁徙史诗《阿波仰者》……是罗槃时代及其后若干时期（先后出现的）……”笔者认为这种推论是值得商榷的。从“十月年”类型的长街宴饮食文化来看，这种文化特征是以代表天的等级较高的祖先作为主要祭献的对象，对包括代表天的祖先在内的所有住在天上的高级祖先进行崇拜，这种饮食现象表征的崇拜文化表明“十月年”类型的长街宴极有可能产生于“和夷”建立“罗槃国”政权时期。从祭献的对象来说，他是代表天的祖先，是最高等级的祖先神。哈尼族的代表天的祖先“莫米”，跟彝族的代表天的祖先“格兹”、傈僳族的代表天的祖先“木布帕”、傣族的代表天的祖先“桑嘎西和桑嘎赛”等有类似的特征。在之后的发展进程中，对各种动植物和自然、对阶序地位较高祖先的尊崇和对阶序地位较一般英雄祖先的追思，以及带有图腾特征的原始膜拜相混杂并共存于哈尼族的历史社会之中，为我们展示出异彩纷呈的哈尼族

① 《慈姑认年月》，见《哈尼族神话传说集成》，北京，中国民间文艺出版社，1990。

节日文化大观。

所以，作为古老农耕祭祀文化的产物，我们今天所熟知的长街宴饮食文化现象是伴随着哈尼族祖先、历史上有名的“和蛮”“和夷”“和泥”“黑泥”“窝泥”等族群的兴起史、盛衰史和迁徙史而不断变化、逐渐发展的。今天，在哈尼族的三大传统节日“苦扎扎”“昂玛突”“十月年”里，三种类型的物质飨宴交替登场，为我们展示了哈尼族不同历史发展时期的文化形态。从神话记载的历史时间来看，长街宴饮食文化现象至少已有一千四百多年的历史；从出现的时间先后次序来说，“苦扎扎”类型的长街宴是在哈尼族先民“和泥”从“嘎鲁嘎则”迁徙到“惹罗普楚”时期后的产物，“昂玛突”类型的长街宴是哈尼族的先民们从“惹罗普楚”到“诺马阿美”时期形成的，“十月年”类型的长街宴可能产生于“和泥”建立“罗槃国”之初。

第三节　长街宴的类型

笔者在调查中发现，仅从长街宴举办时间来看就可数出多种类型，如传统节日“苦扎扎”，祭某位英雄祖先的“昂玛突”以及“十月年”。

第一种类型的长街宴是“苦扎扎”类型。“苦扎扎”是哈尼族三大重要节日之一，在“苦扎扎”类型长街宴饮食文化活动开宴前，“咪谷”致辞希望四方的英雄祖先前来保佑哈尼族各村各寨“稻谷丰产、人畜两旺、村寨平安”，这种美好的期盼和祝愿与梯田农事活动密切相关。而在哈尼语中，“苦扎扎”有“五黄六月，雨水频繁、气候湿热、形容枯槁、青黄不接，度过艰苦岁月”的意思。哈尼族古诗《虎珀拉珀卜》里说“五月是属马的月，五月的饥荒也骑着马来到”。[①] 从一定意义来讲，“苦扎扎”节日里举行的长街宴就是要在“枯槁月”里模拟丰收丰产的图景。根据不同地区的不同气候条件等实际情况，也有少数一些哈尼族村寨选在更早的四月期间举行“苦扎扎”长街宴饮食文化活动，但无论如何都联系着“青黄不接”的时节。

哈尼族村子里的人们为什么会如此看重“苦扎扎”呢？村民告诉我们：“主要是因为过去人间的日子太苦，所以才要每年举办一次这样的大型宴会来纪念那些苦日子，以使后人不忘本。”所以，无论是在“枯槁月”里模拟丰收，或者是为了纪念过去的那些苦日子，人们对“苦扎扎”这种类型的长街宴饮食文化活动的记忆，都是对过往的纪念和对美好生活的期盼。

第二种类型的长街宴饮食文化活动，即“祭某位英雄祖先”（“昂玛突”）类型，这种类型的长街宴在哈尼族的另一个重要节日“昂玛突”期间举办，具体时间是农历十二月到次年的三月之间，活动时间为2—3天。跟“五荒六月，雨水频繁、气候湿热、形容枯槁、青黄不接”不一样，此时哈尼族的各村各寨正处在春耕播种之前，所以这种类型的长街宴带有明显的农事祭仪的性质。

实际上，哈尼族的春耕活动是从所谓的“开秧门”开始的。“开秧门”是农业生产风俗，插秧前举行“开秧门”象征仪式。哈尼族神话史诗《哈尼阿培聪坡坡》在“惹罗普楚”这一章中专门提到开秧门：

大田是哈尼的独儿子，大田是哈尼的独姑娘，西斗

---

① 《虎珀拉珀卜》，见西双版纳傣族自治州民族事务委员会编：《哈尼族古歌》，昆明，云南民族出版社，1992。

领着先祖去挖田，笑声和沟水一起流淌。[①]

正所谓：“小孩望过年，大人望栽田。”在秧苗开插前，哈尼族都会以鸡鸭鱼饭食等“牺牲”酬稷神（庄稼守护的象征），然后由大“咪谷”或某位德高望重的长者至水田中插第一棵秧苗，晚辈跟随，始得拔秧，全村寨正式进入春播。大家边唱插秧歌边插秧，年轻人还泼洒泥水，打起泥巴仗，这一系列的活动就叫做“开秧门”。神话史诗《哈尼阿培聪坡坡》把“大田”作为“哈尼的独儿子”和“哈尼的独姑娘”看待，这种拟人化的比喻在哈尼族神话故事、史诗歌谣和民间传说等民族集体记忆的“神话文本”中随处可见。

哈尼族是最早从事农耕的民族之一，“史迹”可见于诸多文献。唐朝《尚书·禹贡》有“厥田上下”“厥赋下中三错”的记述；《蛮书·云南管内物产》载“和夷”“蛮治山田，殊为精好”；明末农学家徐光启将哈尼族先民创造的梯田列为我国农田史上的七种田制之一；明清以来，对哈尼梯田的记述更多了。在日常生活当中，哈尼族村民们处处注意举行与梯田农业稻作生产有关的各种追思、怀念、回忆活动，至今仍保留着选种、育秧、开秧门等特定的习俗。所以，在农历十二月到次年的三月之间，哈尼族梯田稻作生产活动的全过程，始终伴随着哈尼人对梯田、稻谷展开的民俗活动，例如“德龙活”（祭田坝）、“嘎玛通”（祭代表谷物的祖先回家的道路）、“伙白龙”（希望害虫不会危害庄稼的祭献）、“虾候候”（祭献代表田亩的祖先）、“卡哪地”（祭献危害稻谷的凶恶的祖先）、“车拉枯”（呼喊谷物的象征）、“车施咂”（吃新谷）、“车机罗”（祭谷仓）、“车机阿哈昔”

① 朱小和演唱，史军超、卢朝贵、段贶乐、杨叔孔翻译：《哈尼阿培聪坡坡》，24~37 页，昆明，云南民族出版社，1986。

（杀鸡献谷仓）、“石月特”（做糯米团祭献）、“宗咪吾”（祈望人、粮、畜兴旺发达的综合祭祀）、“木阿纳”（祭献牛马牲畜、锄头犁耙等农具）、“卡拉枯”（呼喊庄稼的象征）等，具有祈福的功能，它们的目标都是拜求各方祖先前来保护“稻谷丰产、人畜两旺、村寨平安”。这样的美好愿望寄托在人们对已逝祖先和各方神话传说中的祖先的追思、怀念、回忆等活动中，人们总是希望祖先和各种各样的吉祥象征能够经常前来保佑村寨社会，实现“人口增殖、作物丰收、禽畜兴旺”，跟“稻谷丰产、人畜两旺、村寨平安”一样的这三大愿望已成为村寨人们最基本的求吉纳福愿望和诉求。

从“祭某位英雄祖先”（“昂玛突”）类型的长街宴饮食文化现象，我们可以看到，村民们的这些“诉求”活动其实跟村寨性或跨村寨性的其他象征仪式和祈求活动有着同等的功效和目的，例如在献祭某位英雄祖先的同时，各家各户要同时举行一种叫“户祭”的象征仪式活动。我们在元阳县的哈尼族村寨里看到，“祭某位英雄祖先”（“昂玛突”）节日来临的时候，人们相信每一家户的英雄祖先都会跑回家来与人们一起同欢共乐。这种信念为村民们举行一系列的祭祖活动提供了依据，人们乘机请求祖先的象征要不失时机地回来保佑春耕播种等人间万事万物的顺利进行，这种祭祀活动在哈尼语中被称为“扎候候”。由于土壤、降水条件和气候等自然因素的影响，各地区不同村寨的哈尼族在举行这类长街宴的时间不尽相同，例如元阳县的哈播、哈达、陌多、海格、辛枯、蚂扎等村子多在每年农历十月至十一月份举办，绿春县的车里村在每年的农历十二月举行，而元阳县的全福庄、箐口，绿春县的新寨、东哈、则东，普洱市的哈尼村寨却定在农历二月或三月间过“昂玛突”节。但从文化变迁的角度来看，是同样的文化特质和丛体进入到哈尼族不同村寨里时发生的某些改变：

对全省哈尼族地区分支系、选典型的村寨调查了解，考察国外哈尼族村寨的情况看，“昂玛吐”活动时间不一，举行活动时间长短有别，依各村寨具体情况、占卜吉凶而定，活动时间一般在三天、五天、七天之间不等甚至有的村寨活动时间持续九天。根据地区分类、支系归类的“昂玛吐”活动，玉溪地区、思茅地区、西双版纳地区的“昂玛吐”活动时间一般都在三天内，而红河地区的红河、元阳、绿春、金平等县的“昂玛吐”活动持续时间也不尽一致，有三天、五天，也有七天、九天的，依支系不同、村寨有别而确定，有的一个村公所同时举行，有的以一个村寨为单位单独举行，也有的则是一个乡镇确定时间同时进行，即一个地理区域范围或一个支系内同一时间进行。

从“昂玛突”活动进行的具体时间看，有的地区、支系是在每年农历十月至十一月份进行，如元阳县哈播村“昂玛突”活动在每年农历十一月举行，有的地方在每年的农历十二月进行，有的地方则在春节之时或之后进行。

从“昂玛吐”活动的区域范围形式看，同一区域、同一支系的“昂玛吐”活动，有分别在不同时间进行的，如车里村格角人在农历十二月份进行，而新寨、东哈、则东的格角人则在汉族春节后进行；同一区域的同一支系有在同一时间内进行的，如绿春县大兴镇的哈尼人都居于县城周围范围内，“昂玛吐”在春节之后举行，思茅地区的“昂玛吐”活动与西双版纳的哈尼族（爱尼人）“耷卡轰”也在春节之后举行；不同地理区域范围、不同支系的哈尼族“昂玛突”有在同一时间进行的，如绿春县车里村格角人和绿春县三勐乡的腊咪人的“昂玛突”在同一时间进行。①

与前面两种类型长街宴饮食文化现象不同，第三种类型的长街宴即“十月年”长街宴，必须选在农历十月的第一个属马日举行，根据村寨户数、人口数量的多少，举办时间也为1—3天，有些村寨会联合举办。普遍来说，联合举行长街宴的村寨在历史上曾有过子母寨的关系，即由一个寨子分出来的两个或三个寨子，这些村寨的村民历史上都有着血缘或拟血缘关系，不同村子的村民以亲属的称谓称呼那些没有血缘关系的人，把他们当作亲属对待。

哈尼族“十月年”开始的第一天为属羊日，在村民们看来，属羊日是代表天的祖先的生日，“十月年”在哈尼语中被称为“莫咪无独同”或“摩咪罗”或“俄玛罗”。在哈尼族古歌《虎玛达作》（年轮树）的第十二章中有“认过年月日，先祖好在了，人不像牛马一样过了，人不像野物一样在了”的讲述。这一天，要给代表天的祖先磕头或宴请他共度节庆。此时秋收已经结束，长街宴饮食是人们为感谢包括代表天的祖先在内的各位祖先的护佑而特别宴请各种祖先一起来到人间共享喜乐的“丰收宴”。因此，此时此刻举行的长街宴也具有休养生息、整合村寨、调节人们生产生活节奏和稳定村寨社会秩序的功能。

翻了，不单山坡上的樱桃树翻过年头，寨子里的哈尼也翻年了；樱桃树翻年，是戴上红花的包头翻年，哈尼翻年，是穿起新衣裳翻年……年轮树发到十月这枝，哈尼翻年的时候就到了；十月是哈尼一年的岁首，像一条大路的起头，一年的日子要上路了；十月是一年的根

① 李克忠：《寨神》，63~64页，昆明，云南民族出版社，1998。

根，像藤子最粗的下边，一年的日子要爬起来了……①

另外，要提一下的是，在举办的具体时间上，长街宴一般选在哈尼族三大节日“苦扎扎”“昂玛突”“十月年”的第三天举行，也有个别的村寨推迟到第五天或第七天，要依各自特殊的节日时间长短和不同习惯法而定。我们可以看出，无论是“苦扎扎”节的六月年，还是“昂玛突”节，或是感谢代表天的祖先庆丰收的“十月年”，联系着各种追思、回忆、怀想活动的举行，农耕节庆活动的特点非常明显。如：“苦扎扎”节追思的是两位农业的保护象征；“昂玛突”怀念的是集庄稼的保护象征、人间的生育象征，有些是集村寨的保护、生育、守护于一体的祖先英雄；“十月年”纪念的是代表天的祖先、代表水井的祖先，也是哈尼族农业梯田最重要的守护象征。开宴时，要先以酒、肉等“牺牲”追忆梯田农业的最大保护者——土地的象征。这种仪式虽然有祭奠先人的涵义在内，但在村寨性的大型宴会上祖先英雄总是会得到优先的供奉。此外，开宴前“咪谷”的致辞也总是希望英雄祖先保佑“稻谷丰产、人畜两旺、村寨平安”，可见，这些祭祀活动都跟哈尼族梯田的农耕活动有关。

当然，在各种梯田农耕追思活动基础上创造出来的哈尼族梯田文明，还表现在选寨、建寨、盖新房、婚姻、家庭的各种礼仪和各类祈福求吉的风俗习惯中。简单地说，作为哈尼族梯田文明创造出来的带有纪念性质的大型饮食文化现象，无论是“苦扎扎”“昂玛突”还是“十月年”的长街宴，饮食文化活动与诸多的农业梯田祭祀活动如影随形，成为举世瞩目的哈尼梯田文明的象征。

---

① 《虎珀拉珀卜》，见西双版纳傣族自治州民族事务委员会编：《哈尼族古歌》，昆明，云南民族出版社，1992。

表面上看，长街宴似乎只是村民们逢年过节满足倾诉情感、强化人际关系、增进彼此友谊的需要。从这个角度讲，它只能被当成一次普通的聚餐活动来看。然而，正如前面分析的那样，它的意义绝不仅于此，这样一场大型盛宴，由于它跟哈尼族的各种农事象征仪式活动紧密相连，作为传统祭祀文化和各种节日活动的具体形式，它也有着神话、节日和追忆的另外一面。通过深入考察，我们发现哈尼族的长街宴绝对不是常人想象的那样简单，它既不是爱凑热闹者随意游戏的场所，也不是一次简单的饭局。长街宴饮食文化现象始终伴随着哈尼族村寨社会中的传统习俗礼仪、思想观念以及生产生活经验的互动交流而展开，伴随着农事祭祀活动而进行，它有着深厚的农业文化内涵。作为哈尼族家庭和哈尼族村寨传承社会伦理道德规范和年轻人受教育的重要场所，人们也把长街宴饮食文化现象看作是哈尼族传统文化的传承象征……

作为一种特殊的象征符号系统，长街宴摆出的长长的形状，而且还历时如此久远、持续举办时间如此长，是举世罕见的。从它的长长形状，我们可以窥见哈尼族古老历史以及丰富的象征意义。

第四节　长街宴表征的社会文化心理

长街宴是哈尼族非常明显和特别突出的文化表征。笔者通过田野调查发现，生活于红河两岸的每一个哈尼族家庭对于每年一度的长街宴有着极为强烈的主动性和期待感，这种对节日活动的期待就像周边的汉族期待一年一次的春节那样充满渴望。不管距离多么遥远，在外的家庭成员都自觉地悉数回到村寨来参加这场村寨性的、集体专属的宴会。

一定程度上，当地人为举办宴会活动的花费是不计成本的。

有的时候，浪费甚至不计后果。在过去，哈尼族人家即使耗费其一年的家庭积累和全部收入也在所不惜。以经济发展程度较好的红河县甲寅村“十月年”长街宴的情况为例，从《红河县志》有关甲寅村的记载来看，民国时期，即使平常舍不得用、舍不得吃穿的普通人家，也会在长街宴时倾其所有，决不吝啬。甲寅村现在有一千多户家庭，按照习惯规定，摆长街宴要一家出一桌酒席，总桌数一千余桌。可以肯定的是，不管是历史上还是今日，长街宴的消费现象重心并不全在于“吃”，也全不在于活动参与者喜爱聚餐热闹的个性使然，这样的消费形式不由自主令笔者联想到人类学上定义的“夸富宴”。“夸富宴”（potlatch）的词义是“散尽”，是由美国人类学家博厄斯（Franz Boas）最初给以描述，后来经由本尼迪特克（Ruth Bened：ct）再度解释的夸克特人的夸富宴仪式，后来的人类学家把它看成是一种再分配的经济制度。西方著名的人类学家莫斯认为，在这些土著的“夸富宴”上，烧掉、毁坏财产的原因，是因为大家觉得这是一场人与祖先英雄的象征联结，因为这些财货最初都是来自于英雄祖先，毁坏它们的过程只是把财货归还到那些英雄祖先的手上。因此，这也是一场人跟祖先神灵之间的礼物交换。从这个角度上来看，哈尼族长街宴具有的对远古祖先的缅怀、追思、回忆以及对哈尼村寨社会的重塑作用等内涵似乎含有“夸富宴”的成分。“长街宴”是否具有“夸富宴”的性质呢，我们可以将它与太平洋上美拉尼西亚、波利尼西亚土著的“夸富宴”进行一下比较分析。

一、对“库拉”的分析

很多著名的人类学学者很早就对消费习俗进行过考察，这种考察和研究比马塞尔·莫斯还早。例如，马林诺夫斯基在有关

“库拉”（Kula）这种土著的“经济贸易制度”中提到这种“夸富”式宴席的性质和目的。“库拉”是他在《西太平洋上的航海者》一书中以特罗布里恩群岛为中心讲述的一种贸易体系。

> 那里还有另外一个非常广泛、高度复杂的贸易体系。该体系及其分支不仅覆盖了新几内亚东端附近的岛屿……这个贸易体系叫库拉，就是我在本书描述的对象。我们将会看到，库拉是一种具有相当大理论价值的经济现象。库拉圈是一种跨岛群交易圈。同时以顺时针和逆时针方向进行两种物品的交换，可是这两种物品却不具备实质上的功用，但土著却愿意冒着相当的风险进行这种无限循环的交换……①

简而言之，“库拉”是土著部落内部及部落之间的一种经济贸易制度。但是，在这种经济贸易制度中，一次“库拉”交换的结束并不意味着双方与“库拉”再无关系。因为“库拉”的规则是“一次在库拉，终身在库拉”，所有参与过“库拉”的人都将终生处于“库拉”之中。除此之外，“库拉”的规则还有受赠者必须回礼以及回礼等价与否由回赠者决定等。每一次“库拉”的交换细节“都由一套传统的规则和惯例来决定和约束，有些库拉行动伴随着复杂的巫术象征仪式和公共典礼”。马林诺夫斯基为此特别指出：“库拉”交换的背后是各人的社会身份以及各部落的荣誉和地位，“库拉的交换关系具有炫耀、共享和给予的基本功能”。也就是说，通过这种交换，它能将许多部落联系起来形成一个紧密相连的区域共同体。

---

① ［英］马林诺夫斯基：《西太平洋上的航海者》，弓秀英译，北京，商务印书馆，2016。

在马林诺夫斯基“库拉”研究的基础上，法国人类学家马塞尔·莫斯更直接地表达“夸富宴就其本身而言不过是交换礼物的制度”的观点，这种“礼物交换的制度”也会涉及其中对“库拉圈”等社会人际关系网络的分析。马林诺夫斯基和马塞尔·莫斯的论述为笔者的分析打开了“脑洞”，我们也能够理解和接受跟哈尼族长街宴社会心理结构相关的那些社会事实。基于以上的事实论据，我们可以得出肯定的结论：长街宴饮食文化活动所表征的“面子”或“夸富”等社会心理特质对于哈尼族文化习俗的探讨也是一个自然而然的话题，对此的研究也能为笔者提供以前没有发现过的有关哈尼族对空间、时间，甚而人生价值观念的新证据。

二、哈尼族村民的消费观

《窝泥图》题记：“窝泥，或曰斡泥。食无箸，以手搏饭。勤生啬用……秉性俭朴、食茹饮淡。”可见，“攻苦食淡”是哈尼族人们日常饮食生活中的基本格调，反映了哈尼族传统而真实的日常消费观念和日常消费状态。在过去生产力低下的社会发展阶段，煮、蒸、炖、烧、烤等是常见的烹饪方法，白煮清炖的食物中只放盐，少放或者不放油。一般的家庭都不会浪费任何肉菜或粮食。哈尼族老人们还常常将“吃饱饭时要想到饿肚皮的岁月，穿暖衣时要想到光身子的岁月”挂在嘴边，教育子孙后代勤俭节约。与这样的消费意识和消费习惯形成强大反差的是，为了在长街宴上表明自己积极参与的态度，表明自己的实力，显示自己的面子和在社会中的地位，很多哈尼族人家宁愿把一年到头舍不得吃的东西都拿出来吃，把舍不得穿的衣服都拿出来穿，不惜余力地参与到这场活动中。当然，从另外一方面讲，这样“夸富”的目的也是为了博来年的吉运。在村民们看来，同英雄祖先共享的宴会不但具有家庭及个人的精神特质，而且因为英雄祖先和来自四面八方贵宾的眷顾无形之中也具有了神圣的性质。无论哪户人家，为了获得来自英雄祖先的真正佑护，即使把一年的经济收入都用光也会在所不惜。也就是说，人们是祈望通过“夸富”的形式建立起人与英雄祖先之间的和睦关系。从前面的阐释可知，太平洋上美拉尼西亚、波利尼西亚土著的“夸富宴”以获得来自于神圣世界赋予的荣誉、地位、权力为目的，它同追思的象征仪式在本质上就是一回事。

来自田野调查点的考察进一步验证了笔者有关长街宴的观点。在参加元阳县哈播村“昂玛突”的长街宴时，笔者多次暗地里问村民们参加这种宴会有没有竞技和跟别的人家比赛的意思在内。他们基本上会腼腆一笑，但都不否认，有人还会自夸他家的这个或那个菜比其他人家的好吃，并叫笔者多吃一点。可见，村民们心里的较技是确实存在的，嘴上不直接说出来是为了给别人家留面子，以利于搞好团结和睦邻里关系。

长街宴上的社会消费现象还可以从胜村乡麻栗寨的情况看出来。在笔者多年前调查的 56 户哈尼族家庭中，人均现金年收入 300—1000 元的家庭有 18 户，1001—2000 元的有 28 户，3001—5000 元的有 5 户，5001 元以上的只有 1 户，不足 300 元的还有 4 户，占被调查户总户数的 7%左右。彼时山区村民的生活其实还处在贫困的边缘，家庭的现金收入普遍不多，很多家庭甚至连日常的生活开销、给小孩上学的学费都很困难。可这并不影响大型节日宴会时的消费，需要参加长街宴摆设宴席时，每家每户直接用于长街宴的现金开销竟有 180 元之多，这样的开销约占当年全家年收入的 11%左右。

其实，哈尼族村寨每一个家庭和社会成员所具有的“夸富”社会消费心态并不只表现在耗资甚大的长街宴上，他们在村寨其他大型的文化活动的消费也不少。绿春县车里村每年村寨性的祭祀英雄祖先活动共 7 天，要用到大猪 1 头约 150 公斤，按 2008 年的市场价活猪每公斤 15 元计，共需 2250 元；小猪 6 头左右，每头 20 公斤共 120 公斤，计 1800 元；鸡鸭每天 3 只计，每只 1.5 公斤小计 4.5 公斤，7 天共 31.5 公斤，每公斤 60 元小计 1890 元；酒每户每天 1 公斤，每天耗酒量 84 公斤，7 天共需量 588 公斤，每公斤按 10 元计为 5880 元。2008 年，在“昂玛突”活动期间，全村总支出 1 万元左右，每户平均摊费 100 元，加上自家自支的其他部分，平均开支 200 元，100 余户人家累计开支总计就在 2 万元以上。2008 年“苦扎扎”节，祭典用 1 条水牛要花 4000 元左右、猪大小 3 头 200 公斤小计约 7000 元左右、酒 300 公斤计 3000 元左右，这样计算下来，每户就需支付现金 100 元左右。

这些大型的村寨活动，形成了以家庭为中心、以个体成员应负职责的消费习俗。显然，这些活动所支出的物料、生产工具和供奉牺牲所消耗的现金都非常庞大。对山地农耕民族来说，水牛是主要生产工具，羊、猪、鸡等家养的畜禽是财富的象征，一般不会轻易拿来宰杀。因此，这种在村寨大型祭祀活动时表现出的“夸富”式和“在所不惜”的社会心态，体现和表达了后人对英雄祖先最高程度的敬意、对英雄祖先最大限度的尊敬和对美好生活最大的渴望和追求。除此以外，哈尼族村寨涉及各个家庭及个人的礼仪活动还很多，平均一个家庭每年要举行的家庭祭礼有二三十次之多，有的甚至超过 30 次。每次祭祀至少 1 只鸡或鸭，如果每只鸡或鸭以 1.5 公斤左右算，年累计 2700 元左右的现金开销。① 可以看到，与哈尼族每户人家年现金收入相比，这些表面是“不理性”的开销在哈尼族的日常生活中竟如此必须和必

① 这样的计算是以 2007 年 5 月份的物价指数为基准，猪、鸡、鸭等实物的消费数量，如大猪 1 头、小猪 6 头，等等。

要，二者形成了强烈的反差。

以现在每户平均消费约200元计算，对于大多数的村民来说，也意味着每年有超过11%以上的家庭现金收入花在了与长街宴有关的消费中。这种情形，相似于太平洋上美拉尼西亚、波利尼西亚土著的消费习俗，具有“夸富宴”的性质。

三、村寨社会中人们之间的交往活动

笔者在田野调查开始的时候就已经发现了以上的社会事实并收集了许多这方面的材料来诠释今天普遍存在于哈尼族村寨中的这种社会消费心态。但是，对比平日家庭里极为节俭的消费习惯，很多外面的人还是不能理解为什么村民们要把全年约11%以上甚至更多的家庭收入用在一次节日期间举行的宴会上。有一次，笔者在元阳县全福庄村“苦扎扎”节的长街宴问一位哈尼族男子：“如果你今年不来参加宴会，会怎么样？”他先是怔了一下，不好意思地回答：“除非是真的来不了，不然的话心里会感到不安。”旁边的人替他补充说：“不是哪个叫他来的，是老祖宗叫他来的。”“他如果今年不来，就得不到老祖宗的保佑了。”当地人认为，一个哈尼族的男人如果找借口不来参加一年一次的集体性的宴会，他和他的家庭就有可能失去英雄祖先的眷顾，甚至会有更大的“风险”，就是他和他的家庭在村寨里的声誉和社会地位也可能受到影响。也就是在参加了许多次不同类型的长街宴活动以后，笔者才开始慢慢体会到隐藏在哈尼族这一特殊的社会饮食消费习俗背后的那股强大的社会文化力量，这股力量存在了上千年。

毫不夸张地说，尽管没有哪个哈尼族的家庭和个体村民是在别人金钱的帮助下或强制下参加长街宴的，但无故不来参加长街宴的家庭在村寨里是会被另眼相待的。我们今天看到，几乎所有的哈尼族家庭都认为不参加这场村寨大型的宴会活动是不行的，似乎有一股强大的力量迫使每一个男性成员必须到场。正是这样的观念及那种背后的精神力量，让村民们觉得不但不应该缺席，还得不遗余力。这就是为什么每一个哈尼族的家庭会在必要时倾其所有地把平常舍不得吃的、舍不得用的、辛辛苦苦积攒起来的积蓄都拿出来吃、拿出来用、拿出来消费的原因。不过，尽管哈尼族人家在长街宴中奉献了他们力所能及的食材和烹调手艺，但是，竞技的因素显然早已经不是参加宴会的重要因素。

这种最大程度上向往美好生活的社会心态，还表现在哈尼族跨家庭或跨村落的人际交往活动之中，例如，他们婚礼、葬礼的社会交往活动也常常以耗资甚大的饮宴活动为主要内容。红河哈尼族奕车支系流行一种叫“阿巴多”的爱情盛宴，这种盛宴也具有长街宴中类似“夸富”的消费现象。在这些饮宴活动中，烹饪过程及其菜色品种的繁简程度、价格的高低、数量的多少和宴席时间的长短等因素，会被作为主客双方情感深浅、信任程度高低的象征性指标展示在社会大众面前。元阳县果统、果期一带哈尼族举行隆重葬礼时要宰杀 12 头水牛，丧家在外寨的亲友都要来奔丧，上百人的奔丧者至少要吃住两天；红河县架车村等哈尼族村寨，“莫撮撮”葬礼场景壮观，耗费之大，令人触目惊心。当然，这样耗资巨大的消费并非全由丧家独自承担，当地人说“一个人的父母是不会经常死的，但全寨人的父母则会经常死，今天你帮他，以后他也会帮你”。基于这种观念，寨子里的每一户人家此时此刻都会伸出援助之手，把奔丧的客人分散到各家里食宿，以减轻丧家的负担。奔丧者则带来牛、羊、猪、鸡等，就在住宿的那一家共同食用，迎宾的主人家还要购买酒、菜来招待客人，而这些费用丧家是不必支付的。孝子孝女们在祖先的遗体入葬后，还需带着亡父或亡母的“灵魂”到各个村落的所有亲戚家中挨家逐户地吃一餐，让亡父或亡母的“灵魂”与亲友最后诀别。所到的亲戚家均要杀牲见血（一般是杀鸡）。有的死者亲戚众多且分布较广，亡灵和孝子的告别餐长达一个月以上。

正是出于诸多崇拜的原因，这些在重大场合里类似于太平洋上美拉尼西亚、波利尼西亚“夸富宴”式的消费习俗，在哈尼族日常生活中的也不乏其见。例如，过去的哈尼族男子们狩猎后，所获猎物要拿回山寨与大家分食；如果在路上走，无论遇到谁，也不管他是哪个民族的人，更不论这个人是相识或不相识或男女老少，哈尼族猎人都会慷慨地分送一份猎物给他。同一个哈尼族寨子里的男人们一同出去打猎，猎获岩羊、老熊或凶猛庞大的野兽后，首先要割下头来奖励第一个打中野兽的人，然后砍下一只前腿奖给整理脚印的人，其余的兽肉要背回寨子；在回家的路上还要砍七支竹筒，边走边敲，同时吹着牛角号，呼喊大家来一起分享猎物。可以说，这种“见者有份”共同分享猎物的习俗也是哈尼族“夸富”式社会心态的体现。一般家庭在非节庆期间，如果碰到外来的客人也会主动相邀回家，这种“有客必食”的风俗习惯在哈尼族村寨里很普遍，而且无论来访者饿不饿，都要准备一桌饭食请客人享用，这也早已成为惯例，因为它是祈望未来美好生活心态之下主人对来访者热情欢迎的一种表示，意味着主客之间以后也要彼此多多地相互关照。

除了“有客必食”的消费习惯，“有钱必花”也是哈尼族家庭和哈尼族个体男人的传统消费习俗，因为对于哈尼族社会中的每一位成员来说，出外能结交到众多朋友是非常荣耀的一件事情，也会被大家认为是个人魅力和能力的显示。因此，在外碰到认识的熟人或朋友，每个男人几乎都会毫不吝啬邀请朋友去“吃喝”消费。这些消费方面的毫不吝啬、一点儿不“小气”，不仅反映了所谓哈尼族“有酒同喝，有饭同食”的社会交往观念，更是“越吃越多，越喝越涨”“饮食有余，财源不断”这种

“夸富”式社会交往心理的体现。在长街宴“哈巴”唱的《收桌祝词》歌中，我们听到这样的内容：

> 先上“咀莫”盐碟子，再上纵横交叉筷，摆上玲珑光滑的饭碗，摆上镶有花花蝴蝶图案的菜碗，碗底留福，碗中留下口福；兜底留福，兜中留下口福；甑底留福，甑中留下口福。妇女手上留下口福，妇女手指撒下福种；姑妈回来会经吃，姐妹回来会经喝；吃不尽甑底留下的口福，喝不光碗中留下的口福；越吃越多，越吃越涨，千百个傣家客人来吃吃不尽，千百个普米客人来喝喝不光。①

综观哈尼族村民在长街宴饮食文化活动及在大型村寨活动中耗资甚大的消费习俗，伴随着这种“夸富”式社会交往心态的正是哈尼族传统圣俗二元对立的思维结构和价值观念。在传统的哈尼族村寨社会内部，彼此交往的成员大多认为他们是有亲属血缘的纽带关系的，尽管这一纽带的性质已经变得非常特殊，出现了拟血亲关系甚至没有血缘关系，而且这种生理上的特征早已不完全等同于他们祖先彼此之间原有的那些血缘关系了。民俗人类学理论明确指出，有着规则性质的神话世界中的两极始终对应着社会基本单元也要经历的两种相对立的状态——吉利的圣物与不吉利的圣物的对比，就如同健康与生病的集体状态的对比一样。涂尔干曾经说，节日活动所具有的社会性，由我们从社会角度出发在内心唤起的各种观念和感情构成，它是氏族等原始群体表达

① 龙元昌：《浅谈哈尼族祝词文化》，见李期博主编：《第四届国际哈尼/阿卡文化学术讨论会论文集》，272页，昆明，云南民族出版社，2005。

集体实在的一种方式，并不完全来自于对物质世界的感知。[①] 笔者考察中所看到的无论是在长街宴消费活动中或是在平时人与人之间的社会交往活动时，哈尼族体现出来的“夸富”式的社会心理结构，其观念和感情均来自于他们的神话故事和民间传说。可以说，正是在这种二元对立的思维结构和传统观念的引导下，长街宴和人们之间的社会交往活动才具有它们更多的社会价值和象征意义。其最大社会价值恐怕就在于每一个村寨里的每一个家庭中的成员都能够借此重申或强调自己为村寨社会成员及来自共同的祖先体系，有了这种基础，才能缔结并加强与亲族朋友、村寨成员之间那种传统的血缘、拟血缘，甚至不同村寨之间的地缘关系的亲密纽带和链接。

由此可见，作为哈尼族梯田文明的重要产物，哈尼族祖先在长期迁徙的历史过程中形成的一年一度的长街宴饮食文化活动，它必然经历萌芽、成长、成熟、定型的过程，其演变也是受着自然环境、周边民族文化以及哈尼族自身文明进程的影响。三种类型的长街宴饮食文化现象，正是哈尼族历史上各个阶段文明发展的象征。长街宴饮食文化现象作为哈尼族最重要的象征符号系统，是哈尼族民族性格的象征，是哈尼族区别于其他人群的重要标志。

---

① ［法］爱弥尔·涂尔干：《宗教生活的基本形式》，渠东、汲喆译，109 页，上海，上海人民出版社，1999。

第三章　长街宴美食的制作

哈尼族生活的云南南部红河两岸山区和半山区，海拔在1500—2000米之间，土壤类型多种多样，地形复杂，气候横跨亚热带和北温带。这种海拔、土壤和气候为长街宴食材的选择和准备提供了非常优渥的条件。

第一节　食材用料的准备

三江两山之间的立体气候、立体植被和不同的土壤类型，决定了野生动植物种群异常丰富、饮食生态环境异常复杂。这种独特的条件扩大了人们日常的饮食范围，无形之中为改善生活条件提供了非常广阔的资源。在直连云天的梯田里，哈尼族广种稻谷以及包谷、豆类、荞麦、高粱、小米、红薯等杂粮和各色蔬果，经济作物咖啡、可可、柠檬、香蕉、菠萝、李、桃、梨样样齐全，草果、八角、胡椒等食用香料产量大质量优，飞禽、走兽、野菜、菌类、鱼类等野食种类众多，这些大都是长街宴的常见食材，普及于"十月年"类型的长街宴之中。

哈尼族以大米、荞子、包谷和旱谷为主食，他们喜欢吃酸、辣的食品，善腌酸菜和咸萝卜。尤其讲究用各种野菜做汤，用带有香味的叶子例如薄荷、香蓼、芫荽放在蔬菜中做调味品。肉食方面以家养的牛、猪、羊、鸡、鸭、鹅为主，"阿泥花猪"最有名。

在过去，无论“苦扎扎”“昂玛突”，或者“十月年”类型长街宴，传统习俗上都只能使用野生的动植物为主要食材原料。现在长街宴上所见，野生食材仍然是绝对主角，例如元阳县的麻栗寨、全福庄等村子的长街宴，来自田里的鲫鱼、泥鳅、鳝鱼或江鳅，来自天上的云雀鸟干巴，油炸糯米饼、竹笋以及红色梗米饭、“生旺”等多彩多样。但是，狗肉、鸡肉、鸭肉等家养的畜禽菜品是被严格禁止上桌的。这种“禁忌”也算是长街宴饮食文化的重要特色和内容。

“禁忌”（taboo）作为专有名词，它原先是南太平洋波利尼西亚汤加岛人的土语，意思是为避免遭到来自神圣世界的惩罚，要禁止使用跟神圣世界有关的一切东西，特别是禁止触犯和接触“不洁”的人和事。[①] 实际上，存在于已知的很多“圣餐”礼里面的诸多禁忌禁规与一般日常生活里的巫师个人的某些巫术行为二者常常被“混淆”在一起使用。哈尼族平时没有任何禁忌禁规的饮食习俗，但在重大节日场合的长街宴上，有些食材原料却具有某种神秘性或神圣性，这种神秘性或神圣性来自于哈尼族传统上的对世界、对人生的认识和看法，以及他们对自己英雄祖先的怀念。具体来说，哈尼族传统文化中有对天、地、人（英雄祖先）、邪恶势力、人类各自所居住的三元空间和谐统一宇宙观的独特认知。我们可通过一个有趣的案例来说明他们的这种认知：墨江哈尼族自治县水癸大寨在举行纪念村寨守护神仪式前一定要先清洗水井，认为只有洁净的泉水才能用于纪念这位英雄祖先。这样的泉水也是长街宴上的饮用水，它可用于烹制茶饮。人们特别注重长街宴使用的“水源”的纯洁性和神圣性，在有些

① 田成有：《法律的起源——从禁忌、习惯到法律的运动》，载《法学研究》，1994（6）；田成有：《民族禁忌与中国早期法律》，载《中外法学》，1995（5）。

村寨，祭献给“昂玛突”饮用的水要从特别的神秘之地汲取。同时，神秘之地“泉水”的位置或场域也被看成是村寨保护神的象征，这个地方也成为“咪谷”主持仪式的场所。值得一提的是，哈尼语“咪谷”既是大山的筋脉，也有“水”的意思在内。正因如此，所以只有“咪谷”才能代表守护村寨的英雄祖先，只有他才有资格主持象征仪典，代表英雄祖先传达天界的信息给地上的人们。

不过，在现在的“十月年”长街宴席桌上，野生的、家里种的和市场上买来的应有尽有，种类来源异常丰富：野生植物性食物类有菌类的香菇、银耳、木耳、鸡㙡、冬菇、干巴菌、牛肝菌、菜花等，草本类的水芹、鱼腥草、蕨菜、黄花菜、野魔芋等，木本类的多依果、野竹笋、刺竹笋、黄泡刺果、橄榄树皮、鱼腥草、车前草等；野生动物性食物有昆虫类的大土蜂、大黑蜂、蚱蜢、竹蛹、田蛐蛐等，水产类的鱼、龙虾、泥鳅、青蛙、田鸡、石蚌、江鳅、田螺、蟹等，飞禽类的山鸡、竹鸡、斑鸠、鹧鸪、野鸡等，走兽类中的野猪、麂子、鹿等；耕种性食物类有主食类的稻米、糯米、荞子、玉米、小麦、高粱等，蔬菜类有韭菜、苤菜、白菜、薄荷、葱、姜、蒜、辣椒、胡椒、草果、香蓼、芫俙、八角、甜笋、萝卜、丰收瓜、南瓜、冬瓜、土豆、黄豆、四季豆、豌豆、蚕豆、芋头、魔芋、芹菜、藕、西红柿等，水果类的梨、李、柿、苹果、香蕉、芭蕉、核桃、板栗、酸木瓜等；驯养的动物性食物主要是鸡、鸭、鹅、鸽下的蛋和牛、马、猪、羊、狗、兔等家畜。其原料来源真正体现了“天上飞的、地上跑的、水里游的、家里养的”，具有包罗万象的特点。

原先的禁忌色彩已发生了很大的改变，这种对筵宴食材选择上的改变不但体现出长街宴食材原料的丰富性，也体现了哈尼族饮食结构的复杂性以及饮食内容和饮食种类的多样性。不得不说，正是因为有这些丰富多彩的食材物料，才成就了今日哈尼族长街宴非凡的意义。

第二节　佳肴的烹制

从主食品类来看，长街宴上有生蒸饭、染黄饭、糯米饭以及荞子粑粑和糯米粑粑，人们在制作这些食物时往往不觉辛劳，反而情趣多多。

荞子粑粑在过去是哈尼族山区和半山区传统的冬夏主粮，在生活中占有重要的地位。俗语谓："阿扎罗策比把比密，策扎罗阿扎把比陶。"意思是说，愿荞子能吃到稻谷成熟，祝稻谷能吃到荞子归仓。可见，荞子是仅次于稻谷的重要主粮。糯米粑粑，将浸泡过的糯米装入米甑蒸至熟透，再碓或石转磨臼中舂细，再捏成圆饼状，用芭蕉叶包裹起来。无论荞子粑粑或是糯米粑粑，在制作时都需要众人的分工合作，关键还在于碓或石转磨的操作和使用技巧。制作荞子粑粑和糯米粑粑时，村寨里的男女老少都会前来参加，捶打之声伴随着欢声笑语，成为愉快的节奏和优美的旋律，增添了无比欢乐的节日情趣。我国古代儒家思想家荀子曾经提到，乐是合和人心的，礼是分辨人伦区分的，两者对政治和教育异曲而同工，对于社会的和谐团结都是必不可少的。《荀子·儒效》有："礼言是其行也，乐言是其和也。"这里的"乐"就是能使内外上下"相和相通"的道理。

由此可以看出，哈尼族村民并不重在"吃"荞子粑粑和糯米粑粑的"口腹"之欲，而重制作过程所得到的无限乐趣，加之粑粑圆圆的形状象征着年节的团圆、幸福、吉祥的喜庆气氛，传达的是和谐圆满的亲情、友情等人情关怀。

村民们是如何安排和操持一场长街宴的呢？

一、主 食

制作香喷喷的“生蒸饭”。将煮至半熟的大米加水再蒸，既要保持米饭的原汤（米汤）原味，又不能使米的营养价值浪费掉，所以水跟火候的掌握是最要紧的，难度也正在于此，何时用大火、何时用小火，全靠累积出来的经验。《诗经·生民》中“或舂或揄，或簸或蹂。释之叟叟，烝之浮浮”，生动形象地描写了这种“生蒸饭”的制作过程。[①] 做“生蒸饭”会产生一种重要副产品——醇香可口的米汤，这是哈尼族佐餐时必不可少的饮料。“染黄饭”也是长街宴必制的主食，把黄色植物汁液洒在糯米上，其他跟“生蒸饭”的制作过程相似。

米线、卷粉、豌豆凉粉是长街宴的风味小吃。卷粉和米线都是大米制品，关键成分是粉浆与米浆的麦胶蛋白和麦谷蛋白，也就是平常所熟悉的米筋，只要从粉浆与米浆中提出米筋，就可把存下的淀粉制成时鲜的卷粉和米线。具体做法是：在磨出的米粉中加水，反复揉搓成米团，用清水浸泡米团 20 分钟使米团中的米筋吸水膨胀，形成网状黏性物质。然后继续在水中反复搓洗，待水的浓度达到一定程度时，用箩筛过滤，筛下物变成粉浆，其中包括淀粉、麸皮和水溶性物质，筛上是米筛、麦麸混合物。反复搓洗三四次，淀粉基本上洗净，沉淀备用。筛上用清水冲洗，去除麦麸和少量淀粉，直接放入清水中不发生混浊为止。然后待淀粉沉淀，可以加些明矾水，使其进度加快，约 1 小时左右，除去多余清水，使粉浆浓度适宜（和米制卷粉浓度基本一致）。再用卷粉盘在铁锅中蒸制卷粉，和蒸米线、卷粉一样操作，可得湿

---

① 参见李克忠：《寨神——哈尼族文化实证研究》，505 页，昆明，云南民族出版社，1998。

卷粉、米粉。蒸制米线、卷粉时，锅内的水要沸腾，但水蒸气不能进入卷粉盘内。只是须注意粉浆浓度要适宜，太浓卷粉开裂，太稀则不能成型。

二、菜　肴

在主食之外，就是富有哈尼族特色的民族传统菜。制作脆酥嫩香的干巴需要较多大牲畜的肉，但也只在逢年过节或喜庆日子时才消费，量也不大。肉松，即把牛、猪、麂子、鸟、鳝鱼、泥鳅的肉干巴烧制成特殊的下酒菜。在过去，由于哈尼族梯田农耕生产和山区的生活方式，大家认识到牛、马等在耕地、运输方面的功用价值，因此吝于宰杀这些大型牲畜。制作肉松也受到客观条件的限制，这种制作习俗和消费习惯一直沿袭至今。蛋壳烧肉，制作方法是把苤菜、葱、蒜、辣椒、芫荽、盐等塞入鸡或鸭、鹅的蛋壳里烘烤。蟹肉煮圆子鲜甜香醇，制作方法是把蟹肉和苤菜根加配料搓成的肉丸子在锅内煮熟。

“煮”是长街宴用得最多的烹饪方式，用这种方式加工制作的菜肴具有既酸又辣、既清香又自然的口感，例如螺蛳煮酸笋、鱼煮酸笋、鸡肉煮酸笋、牛肉煮酸笋等。另外，苦辣辛香、酸凉解热的炒苦菜、炒小米菜、炒树头菜、炒苤菜、炒羊奶菜、炒芹菜、炒苦刺花等，是用“炒”的方法制作出来的。而用“炖”的方式制作出来的美味则以鲜甜香醇的清汤炖橄榄鱼、螃蟹炖蛋清为代表。“炸”“溜”又不同于以上的烹调技术，它以外红内白、外焦里嫩的油炸鸡纵、油炸蚱蜢、油炸竹节虫、油炸糯米粑粑、油溜蕨菜、油溜黄花菜最具代表性。其实，哈尼族在过去纯粹使用“炖”“炸”“溜”等方法制作出来的菜肴少之又少，今日长街宴上这三种手段烹制的菜品显然是从周边民族借鉴而来的。

长街宴中“凉拌”的食品有凉拌魔芋、凉拌水芹、凉拌柴花、凉拌笔色菜、凉拌橄榄树皮、凉拌生菜等。值得提及的是凉拌生菜，制作方法是将瘦猪肉、瘦牛肉、萝卜叶、苤菜、韭菜、葱、蒜、辣椒、鱼腥草、车前草等主料爆炒后，再加肉汤、蔬菜、野菜和其他调料搅拌而成。还有一道看起来红通通、吃起来清凉润滑的“白旺”，是以相当多的生食做成的，这些生食有生猪血、生狗血、生蔬菜和生野菜等。①

三、汤　类

哈尼族做汤的方法是将肉或菜煮熬出汁，再加调料。看似简单，但要调和五味、去腥、去臊、保持本味，没有较长时间的经验积累和敏锐的辨别能力是不行的。长街宴的肉汤一般用鱼、猪或其他牲畜的肉来做，菜汤是用青菜、韭菜、苤菜、白菜、甜笋、萝卜、丰收瓜、南瓜、冬瓜、土豆、黄豆、四季豆、豌豆叶、蚕豆叶等做的纯菜汤，有时要加入豆豉、蘸水或蚂蚱酱、肉松酱等调味。也有在菜汤里面搭配肉类的，例如嫩豆叶配上牛肉、青菜配羊肉、苤菜配狗肉、甜笋配鸡肉，等等。

四、调味料

豆豉、蘸水、蚂蚱酱②、肉松酱等是非常富于哈尼族特色的调味料。

其中，值得一提的是“豆豉”。哈尼族平常喜吃烧、烤、炒

---

① 参见李克忠：《寨神——哈尼族文化实证研究》，506 页，昆明，云南民族出版社，1998。

② 参见李克忠：《寨神——哈尼族文化实证研究》，504 页，昆明，云南民族出版社，1998。

出来的食物，这些食物还须加咸味调和口感。过去，哈尼族居住的山区和半山区多产岩盐，但是，跟岩盐相比，人们更喜爱以豆豉作调料，因之它可以协调蘸水中的苦味，正是所谓“大苦咸酸，辛甘行些”[①] 的意思。东汉刘熙在所著《释名》解释中说道：“豉，嗜也。五味调和，须之而成，乃可甘嗜。”今日哈尼族地区还有“宁可三日不吃油，豆豉顿顿不能少”“不吃豆豉，不会唱山歌”的说法。哈尼族用餐，几乎每餐都有蘸水，而在诸多调味品中，豆豉是最重要、最不可少的。用哈尼豆豉调配出来的蘸水，百味交织，哈尼族把其称为“菜母”或“菜王”，上菜时首先要上的就是蘸水，而且把蘸水放在桌子的中心位置。在哈尼族村民日常的饮食习惯中，豆豉既可作调味品，亦可单独做菜。像煮青菜或南瓜叶、竹笋、山茅野菜等，如掰一小块豆豉在火炭上或电炉上烘脆捏碎拌进去，菜和汤既香又鲜。在锅里放油把豆豉炸透后，铲到碗里再加点汤，配些佐料，就是上好的蘸汁。如果没有别的菜，临时烧一块豆豉也可下饭。哈尼族民间甚至还用豆豉做药，将其烧焦后碾成末用温开水服下，治疗肠胃疼痛、腹泻和隔食腹胀等，效果非常不错。在制作“蘸水”时，除用到豆豉外，还要配上盐巴、辣椒和其他天然植物香料。天然植物香料有薄荷、韭菜根、葱、姜、蒜、胡椒、草果、香蓼、芫荽、八角等，[②] 它们不仅能祛除异味，还能激发鱼肉等菜肴的美味，正是达致“和之美者”不可缺少的原材料。

---

① 见《楚辞·招魂》，这儿的“大苦”即豆豉。

② 参见李克忠：《寨神——哈尼族文化实证研究》，505~506页，昆明，云南民族出版社，1998。

第三节 具有民族特色的美食

长街宴的主食既有炫目多彩的生蒸饭、染黄饭、糯米饭、荞子粑粑、糯米粑粑，也有口感细嫩鲜美的蒸米线、蒸卷粉、蒸豌豆凉粉、煮蛇圆子，这些主食不但有色香味俱全的特点，而且极富营养价值。

除了主食之外，长街宴的荤菜、素菜和汤菜酸、甜、苦、辣、咸五味俱全，极具民族特色。荤菜中，“白旺”清凉润滑，肉松麻辣干香，烤干巴肉脆酥，清汤炖橄榄鱼、蟹肉煮圆子鲜甜香醇，酸肉、螃蟹炖蛋清、酸笋炒麂子、螺蛳煮酸笋、鱼煮酸笋、鸡肉煮酸笋、牛肉煮酸笋等既酸又辣，既清香又美味，油炸龙虾、油炸鲜鱼、油炸蚱蜢、油炸竹节虫，外红内白、外焦里嫩……给人新奇和炫目的感觉。

素菜中，凉拌魔芋、凉拌水芹、凉拌柴花、凉拌笔色菜、凉拌木耳、凉拌橄榄树皮、凉拌生菜等微甜甘辛、清凉，酸菜生津润口；炒苦菜、炒小米菜、炒树头菜、炒茎菜、炒羊奶菜、炒芹菜、炒苦刺花、素炒黄花菜苦辣辛香，清凉解热；油炸鸡㙡、油溜蕨菜、油炸糯米粑粑等鲜腴甘香，配上蘸水一起吃，具有“香、脆、嫩、鲜、滑”的特点，是开胃的美味。

汤菜有肉汤和菜汤之别，其中的竹笋汤鲜香无比，令人回味无穷。

此外，“份肉”“龙猪肉”或“生轰”是全村寨家庭共同分享的，外人不能染指，显得异常神圣而独特。

特别需要指出的是，长街宴上有众多凉拌的生菜。在哈尼族看来，这个时候正处在万物待萌发的深秋时节（即哈尼族历法中旱季向雨季的过渡时期），凉拌生菜中的韭菜、葱、蒜、辣椒等调味料正是新的一年即将来到的象征，所以有着“迎新”的意思在内。

此外，水果、“闷锅酒”[①] 和茶在长街宴筵席中亦是不可或缺的。在这里，笔者想特别提一下最富特色的哈尼族“闷锅酒”。哈尼族的“闷锅酒”以稻谷、高粱、玉米或荞子等为原料酿制，是纯粹的“粮食酒”，清爽甘甜，余味无穷，可说是哈尼民间“扶衰养疾之具，破愁佐药之物”[②]。

笔者认为，长街宴上的这些饮食文化符号，其重要的意义在于其象征了哈尼族崇尚和平、重情谊、好礼严谨、尊老爱幼、谦和亲睦等优良的民族性格。哈尼族“好礼严谨”的民族性格，在神话故事和民间传说中也多有讲述。例如《哈尼族为什么好客》，心地纯善的哈尼小伙子将无家可归的疯老人领至家，为其换衣奉食，与其同床共眠，因此得到一堆闪闪发光的金子，正所谓“好心有好报”，哈尼族从此形成只要客人进寨就争相迎请的习俗。[③] 民间传说《格朗和的由来》讲有个叫“南互”的地方，庄稼经常颗粒无收，人们的日子过得十分清苦。这里的阿散夫妇接待了一位化了装的神仙老爷爷，他留下来的烟盒给南互寨带来了福气，后来人们就把南互改成了格朗和（意即福气大）。[④] 而“谦和亲睦”的民族性格特征，在民间传说《穷家寨的由来》中表现得淋漓尽致：送门铺（富家寨）有个名叫甲康的财主死后，他“唯一的”妻子就叫来全寨子的人，把财产分给了大家。[⑤]

---

① “闷锅酒”是哈尼族村民自酿的一种酒，其制作法可参见李克忠《寨神》506页。

② （明）谢肇制：《五杂俎》：“酒者扶衰养疾之具，破愁佐药之物。”

③ 《哈尼族为什么好客》，见《西双版纳哈尼族民间故事集成》，昆明，云南少年儿童出版社，1989。

④ 《格朗和的由来》，见《西双版纳哈尼族民间故事集成》，昆明，云南少年儿童出版社，1989。

⑤ 《穷家寨的由来》，见《哈尼族民间故事》编辑组编：《哈尼族民间故事（五）》（哈尼文汉文对照版），昆明，云南民族出版社，1993。

从一定程度上来说，今天长街宴上的那些外红内白、外焦里嫩、鲜美、清凉润滑、麻香辣、脆酥自然、酸凉解热等兼具"色香味"的佳肴菜品，不仅仅给予人们味觉上的享受和满足，从它们之间的关系来考察，这些可口的美味佳肴既是民族性格的象征，也是哈尼族世界关于热/冷、熟/生、咸/淡、甜/酸、辣/凉这一套二元分类体系的表征，因而具有非常丰富的文化象征意义。

第四节　长街宴美食的社会文化意涵

从知性人类学（符号人类学的另外一种说法）的角度出发，食物符号的属性虽然与物性和用途密切相关，却并非只具有内在属性（inherent properties）那样简单。文化参与者的多重感官经验也是体验这些食物符号并从中获得意义的关键，所以，长街宴各种美食的属性也成为这些文化符号象征意涵建构的基础。因此，经由长街宴中的身体感形成的"共感"（synesthesia）不只是纯粹的个人生理反应，还是认知长街宴文化符号意涵并建构哈尼族婚姻家庭等社会文化意涵的基础。

红河两岸哀牢山、无量山一带的哈尼族长街宴上，各种各样的民族特色菜肴成为人们共同关注的焦点。这些宴会上的食物有"淡"有"咸"有"甜"，仔细区分，它们跟村民们在日常饮食中多侧重"咸"（甚至是重"咸"）的口味有些不同，尤其"甜"（或"甘"）是必不可少的第三元味觉元素。在此，每个人以最基本的"咸""甜""淡"之味觉经验，从起初享受美食时个人身体的兴奋之情，逐渐激发出集体的欢腾感，最终达到相互认同的集体团结意识。在此过程中，个体亦受到重视，获得强烈的成员身份感，"咪谷"作为寨神的代表则备受尊崇。由此可知，从长街宴上每个人对各种美食符号的个体感官经验出发，得出具有沟通性的成员身份感、认同感、集体团结感等，成为哈尼族社会关系结构或者说社会秩序建立的基础。首先，我们要通过描述长街宴食物的色、香、味、形给予我们五官的知觉体验，探讨村民们的身体经验与美食符号属性之间的关系，尤其是要分析“咸”“甜”“淡”如何成为哈尼族理解食物、分类食物以及日常生产生活行为的准则。其次，从哈尼族对食材的选择、分配、烹制，对美食的共享、食物的交换、消费过程中，探讨他们“咸”“甜”“淡”的三元分类系统（而不只是二元的味觉属性）如何成为人们建立社会秩序的主要依据。再次，探讨长街宴上参与者“咸”“甜”“淡”的知觉体验所象征的等级权利地位关系，揭示哈尼族社会最本质的要素和结构。最后，从长街宴饮食文化叙事（习俗）与食物符号内涵的建构，评估每一个文化参与者于宴会情境中如何通过共享食物形成的“边界”来区分、形成群体认同的机制。

2004 年，笔者在传统的“昂玛突”类型长街宴的举办地墨江哈尼族自治县那哈乡格牙村居民做调研。① 哈尼族有自称哈尼、卡多、雅尼、豪尼、碧约、布都、白宏、糯比、糯美、各和等 30 多个支系。墨江县那哈乡格牙村主要由自称“雅咪”的村民组成，也有少数自称“雅约”的人群。从语言分类来说，哈尼语属汉藏语系的彝语支，又分哈雅、碧卡、豪白三个方言，哈雅方言有哈尼和雅尼（僾尼）两个次方言，“雅咪”属“雅尼（僾尼）次方言。“雅咪”的社会结构包括最基本的父系血缘亲属结构、村寨地缘式社会关系结构。父系血缘亲属结构体现在家庭和家族里，家庭以父子为主轴，以父子连名制串联；一个家族

① “昂玛突”类型的长街宴还在元阳县俄扎乡的哈播、哈达、陌多、海格、辛枯、蚂扎，绿春县的车里村，墨江县的奄普，建水县的坡头乡之黄草坝、普古鲊举办。不过，这些地方摆长街宴的时间、祭品等规定与格牙村并不完全一样，形式上还是有些差别。

叫"启波然"，由族长和成员组成。村寨地缘式社会关系结构除体现于竜头等几个"拿事的人"与普通村民外，更体现于家庭之间婚礼等仪式的交换过程之中。因为这些礼仪过程，如同长街宴一样，也是一种在特定文化情境之下以食物为关注点的符号交换与符号消费互动，及其所形成的象征符号意义体系之间的关系。

一、长街宴美食符号的性质

格牙村的长街宴饮食习俗（the food ways）与食物（food）及文化参与者的身体经验密切相关。从长街宴表征的文化——社会情境出发，到村民们对食材的选择、分配、烹制，对饮食的共同关注与享用，到食物象征意涵的形成，伴随着载歌载舞的节日欢腾气氛，参与者不但能体验到个体的兴奋感，还能体验到由诸多神圣食物带来的道德感、尊崇感，以及恰如迪尔凯姆所说的团结感等"集体意识"。显然，长街宴饮食习俗具有诸多的社会象征文化意涵。然而，传统人类学对仪式与食物的研究路径，主要是从既存的文化分类体系出发，以预设的文化认知来强调一般性的社会行为，把仪式作为象征系统、把仪式中的食物作为象征符号来对待，这种研究路径完全忽视了个人的感官知觉体验对符号意义的形成机制，忽略了个体不可缺少的身体经验赋予宴会食物符号内涵与意义形成的基础。因此，笔者从云南哈尼族长街宴感官世界的民族志事实出发，通过饮宴情境的分析，研究不同文化背景之中的个体成员如何安排和操弄食物以获得需求满足的事实，了解单一族群从建构食物符号属性、符号类型到符号意涵形成的全过程，进一步比较不同族群的饮食习俗与社会变迁程度之间的关系。

例如墨江县那哈乡格牙村的村民在长街宴上以"咸""甜"

和“淡”的饮食口味为主要特色，除甘香的茶、酒等饮料外，重要的豆豉、蘸水等调味料除具有特殊的视觉效果外，亦具有喷香诱人、和谐浓郁的嗅觉和味觉效果。一般来说，山地民族在平日辛苦的生产劳动过后，必吃重咸的东西补充身体盐分的不足，这些深具咸性的食物亦是长街宴宴席的必备菜肴。宴席中还有着平日难得见到的“份肉”——全寨所有家庭聚在一起杀牛祭祀寨神“昂玛突”时均分得来，因尚未作任何的加工处理，味淡而神圣。因此，“甜”“咸”“淡”的滋味，是哈尼族长街宴上最基本的味觉体验。

（一）对“酸”“苦”“辣”食材的体验

当然，并不是说除了“甜”“咸”“淡”这三味外，我们就没有体验到其他更多的味道。其实，长街宴中绝大多数的菜食也像日常生活里的饮食一样，由各种荤菜、素菜、汤料组成，酸、甜、苦、辣、咸五味俱全。“酸”味的菜品有酸菜炒肉、酸笋炒麂子、螺蛳煮酸笋、鱼煮酸笋、鸡肉煮酸笋、牛肉煮酸笋等，它们在制作时必加入酸菜做原料。此外，在炒小米菜、炒树头菜、炒茎菜、炒羊奶菜、炒芹菜时也要配上酸菜一起炒。哈尼族的酸菜，是将自家农地里长条形青菜用盐、小米辣一起腌制而成。这种以“咸”盐腌制出来的酸菜吃起来生津润口、满齿飘香，即使加汤熬煮，仍然散发出浓浓的酸辣味和清香味，是开胃的美食。

哈尼族长街宴中“苦”的菜品以炒苦菜、炒苦刺花为代表，蘸水刚配制出来时也是非常“苦”的，但加入豆豉、辣椒和其他的天然植物香料——例如薄荷、韭菜根、葱、姜、蒜、胡椒、草果、香蓼、芫荽、八角等后，在一定程度上祛除了“苦”味，因为这些配料正是“和之美者”。另外，此时正是荞子收割归仓的时节，略为“苦”涩的荞子粑粑便成为了长街宴的主食之一。

吃辣椒是中国西南少数民族地区共有的饮食习俗，正所谓“无辣不成餐”。云南哈尼族地区出产的小米辣性味辛，这样的小米辣常被用作烹调、配菜的佐料，如小米辣炒牛肉、小米辣烧豆腐鱼。长街宴中的名菜“白旺”，凝固的红色血块拌入捣碎的小米辣及豆豉后，有着辣甜凉润的口感。而肉松、蚂蚱酱、肉松酱等调味料加入小米辣、花椒等搅拌，兼具麻辣的口感和非同一般的香味。此外，凉拌魔芋、凉拌水芹、凉拌柴花、凉拌笔色菜、凉拌木耳、凉拌橄榄树皮、凉拌生菜以及其他炒菜，都要加入小米辣调味。在哈尼族的传统饮食习俗中，还单独食用小米辣。居住在山区、半山区的人们，收割小米辣后，将新鲜的小米辣用盐水泡制生食，使人浑身发汗、身体舒坦，帮助恢复体力。

（二）“咸”“甜”“淡”味觉属性

在长街宴饮食习俗体验中，“酸甜苦辣咸”这五种味觉均有，但相对而言，人们更看重“咸”“甜”“淡”三种味觉属性，这是跟当地的地理、季节、土壤等自然环境因素以及人们的生活方式有关。例如，墨江县那哈乡格牙村，地处那哈乡东南部，东邻红河县，南邻绿春县，西邻坝溜乡，北边是红河。境内崇山峻岭，全村面积 56.03 平方千米，海拔 1200 米，属典型的亚热带季风性气候，年平均气温 20℃，年平均降水量 1200 毫米，但全年降雨分配不均，主要集中在湿季中的 7、8、9 三个月。[①] 举行长街宴的四月份，恰处在“形容枯槁、青黄不接，度过艰苦岁月”的“苦拉”“枯萎”“枯槁月”的干季。由于气温较高，降雨很少，山区的人们以梯田耕种为主，每天要爬很多的山，“日出而作、日落而息”，田间劳作的辛苦使得人流汗量很

① 哈尼族历法中把一年分为“干、冷、湿”三个季节，每个季节四个月。“干”季指 3、4、5、6 四个月，举办此种类型长街宴的 4 月份正处在“干”季里。

大，如不及时补充盐分，身体就会出现脱水现象。所以日常的饮食——小米辣炒牛肉、小米辣烧豆腐鱼、泡凤爪（鸡爪）、白旺、肉松、蚂蚱酱、肉松酱等，以及凉拌魔芋、凉拌水芹、凉拌柴花、凉拌笔色菜、凉拌木耳、凉拌橄榄树皮等凉拌生菜——都会添加大量的盐巴。代替蔬菜鲜食、干食的小米辣，更常以咸的盐水泡制食用，也可归入哈尼族“咸”类型食物之中。而与“苦”有关的菜食，诸如炒苦菜、炒苦刺花及调味料蘸水等，亦是如此，加上早已咸中寓苦的山区特产岩盐，都可以归入咸性的食物类型之中。此外，酸菜虽然生津润口，但是以大量的咸盐加以腌制，且不加糖，故酸菜类酸性菜肴也与咸的食物类型有关。由此可见，哈尼族“辣”“苦”“酸”的三种味道都跟“咸”的味觉属性密切相连。

在“甘”或“甜”的食物之中，值得玩味的是“豆豉”。与中国其他地区的制作方法不同，哈尼族的豆豉是用煮熟后的黄豆晾冷、发酵，配以小米辣、青蒿、藿香、佩兰、苏叶、荷叶，加盐腌制而成。制成后的豆豉颜色金黄，又辣又香并且香中带甜。长街宴上烧、烤、炒出来的食物——诸如油炸鸡枞、油溜蕨菜、油炸糯米粑粑等鲜腴开胃的美食——均加入豆豉调和口感。哈尼族居住的山区和半山区多产岩盐，岩盐带有苦味，所以平常做菜也要以豆豉调和。以上说明，豆豉不但能协调蘸水、岩盐中的苦味，还可激发各种菜肴（尤其鱼肉）的美味，正是“大苦咸酸，辛甘行些”，具有“甘”“甜”的显著特性。

除豆豉可归入“甘”“甜”类型外，茶、山泉水和酒等饮品亦有这种性质。生活在山区和半山区的哈尼族，补充体内水分是十分重要的，因此茶水成为不可缺少的饮品，茶水的甘甜沁人心脾，有消渴解暑之功效。哈尼族地区的纬度、海拔、气候、河流、山脉走向、降雨量、土壤的酸碱度以及植被等地理环境条件，非常适合茶树的生长——这些地区常年多云雾，湿度大，酸性红黄壤尤其适合大叶种茶树的栽培。茶树是从古地质时代遗留下来的热带亚热带的被子植物之一。从茶树近缘植物分布的角度来看，云南是茶树近缘植物分布面广量多的地区。在云南哈尼族生活的滇南和滇中 20 余个县境内的深山密林中，有着成片的野生大茶树分布其间，有的野生大茶树距今已有 1700 年的历史。唐代樊绰《云南志》有如下记录：“茶，出银生城界诸山，散收无采造法，蒙舍蛮以椒、姜、桂和烹而饮之。”所谓银生城即今景东县城，所辖的区域包括今日澜沧江以东、红河以西的广大地区，《云南通志》也曾提到这些地区的人当时“衣食仰给茶山”。可见，从历史上看，茶业为哈尼族的主要谋生手段，当时名满天下的毛尖茶、蕊珠茶、芽茶、女儿茶以及小满茶输往京城专供帝王公卿饮用，在采摘时间和制作工艺上都有严格的要求。同时，外地茶商纷纷涌入这一地区采购贩运，曾形成马帮塞途、商旅充斥的繁华热闹场面，清檀萃在《滇海虞衡志》曾记：“入山作茶者数万人，茶客收买，运于各处，每盈路，可谓大钱粮矣。”

格牙村出产的“银针茶”，又名“玉露茶”，是名茶中的一个品种，采用云南大叶种头发春芽中的一芽一叶和一芽二叶的嫩茶叶，经过做形、揉、理条、干燥等工艺而成。其外形条索紧直如针，毫尖显色如银，油润光滑。长街宴上，将清澈山泉水和茶放入土锅中，架在燃着熊熊烈火的火塘锅庄石或者铁三脚架上——锅庄石或者铁三脚架乃是家的具有象征意义的符号，对此还形成了很多禁忌，例如不准跨越、不准在其上烤晾衣物等。烹煮出来的茶汤颜色黄绿明亮，炫人眼目。茶汤的口感、陈韵，一百个人会有一百个人的感受。不过，联系着长街宴特定的情境气氛，在尝尽了长街宴各种酸辣苦甜咸之美食的滋味以后品味用“银针茶”炮制出来的茶汤，给人甜鲜爽和回香的口感。银针茶水除能消除疲劳、补充身体流失的水分外，更是成员个体与村寨互动的重要媒介物之一（另外一种重要的媒介物是甘甜香洌的美酒)。欢腾而神圣的宴会氛围中，常能带人进入到一种脱离了日常世俗时间与空间的奇妙“阈限”与“交融”的状态中。[①]即使宴散曲终，其鲜爽回香的甜味还会弥久不散。

另外，长街宴上的“闷锅酒”，甘甜香洌，给人回味无穷的感觉，对于参加长街宴的外地人来说，畅饮之后，有“此中有真意，欲辩已忘言”[②] 的“醉中趣”，是一种难得的体验。

长街宴的“甜”有其本身的固有角色，但更重要的，它还是长街宴食物分类系统中“咸”“淡”二味元素之外的第三味觉元素，具有转化或调和一般食物由“咸”到“淡”的作用，即“大苦咸酸，辛甘行些”的功能。例如，豆豉的甘性可调和食物中过多的酸苦辣咸，茶、泉水、酒等甜味饮料亦是长街宴饮食中不可缺少的重要饮品，调和着人们欢宴时的味觉体验。从象征意义上说（后面还要论及），这些食物甘甜的属性不仅可以把各种食物的咸性转化为淡，还具有能够转化参与者个体之经验符号（例如个体生理上的满足感、快乐感、欢愉感、幸福感）而为社会的经验符号（例如集体的欢腾感、团结感等）之功效。

（三）味觉属性与社会时间空间的关系

哈尼族重视“咸”“甜”“淡”三种味觉属性，并以之作为食物分类的原则，这除了受长街宴宴会特定的祭祀氛围影响外，也跟这一地区的季节、生产生活空间、劳动休闲的时间密切相关。

哈尼族的历法把一年分为干、湿、冷三季。“咸”对应

① 赵荣光主编：《饮食文化研究》，87~91 页，哈尔滨，黑龙江科学技术出版社，2009。

② 见陶潜的名诗《饮酒》：“山气日夕佳，飞鸟相与还。此中有真意，欲辩已忘言”。参见徐慧珍，彭公亮：《“沉醉”与“心远”——陶渊明“饮酒”诗的哲学解读》，载《理论月刊》，2002（6）。

“干”的季节，此时正是农忙时间，人们须在食物中多加入一些盐分才能快速补充身体流失的盐分。“淡”对应“冷”的季节，此时是不宜从事生产劳动的季节，村民们多围坐火塘烤火、休闲，品茶饮酒，聊天闲谈，婚嫁和生儿育女多在这个时间。多雨的“湿”季则对应“甜”的属性，因它是处在“干”“冷”两季的中间过渡季节，人们正好从农忙、外出打工挣钱的时间逐渐向农闲、回家休息与婚丧嫁娶的时间阶段过渡和转移，恰与长街宴上“甜”的调味料和饮品把“咸”的食物转化为“淡”的符号味觉属性，以及“甜”的调味料和饮品把参与者的关注焦点由“咸”性美食符号转向神圣的“淡”性“份肉”和跟象征寨神的“咪谷”的交流有关。伴随着参与者与神圣供物和带有特殊身份“咪谷”的互动，参与者的个体意识逐渐与群体意识一致，并以共同的舞蹈和共同的唱歌来表现这一致性。越来越多的村民甚至外来人群渐渐加入到兴奋的欢腾歌舞之中，形成团结和相互认同的集体观念。同时，周围的环境气氛也在创造和推动这种集体感，烘托出欢腾的氛围。

因此，从品味美食符号的个人知觉经验出发，村民们在宴会仪式的情境下，不但以美食为互动媒介进行着“咸”“甜”“淡”味觉属性时间与空间的共享与转换，甚至还形成与外来陌生者之间的区分界限。在尊崇象征本群体之美食符号的同时，也赋予食物公正、合法及道德标准的符号特征，形成“集体观念”。值得注意的是，这些美食符号所具有的社会“集体观念”意涵，还会通过一年一度周期性的长街宴饮宴过程得到更新和加强。

二、社会文化意涵的形成

可以说，正是从长街宴食材的味觉特质之“咸”“甜”

"淡"的属性出发，哈尼族建立起一套三元分类标准，这套分类标准正是我们理解这些食物符号所具有之社会文化意涵的基础。显然，在长街宴情境之中，"咸"的属性意指范畴不仅仅是我们实际体验到的"辣苦酸咸"性质的食物，还包括村民们在食物共享及载歌载舞等互动形式中迸发出的自信、兴高采烈、有力量、满腔热忱、主动进取等个体情感。"淡"的属性意指范畴除了我们实际体验到的"淡"性食物及其所衍生的尊崇感外，还包括村民们于宴会互动之中得到的身份感、集体团结感、认同感以及从各种神圣象征符号中感受到的道德感、权威感等意涵。"甘"或"甜"的属性意指范畴除了我们实际体验到的"甜"性食品外，还包括人们于宴会情境互动中由欢乐的集体情感向集体团结感、集体观念转化的行动。因而，"咸""甜""淡"乃是相对的符号属性，既可以指代不同类型和性质的食物，又具有不同的内涵和象征意义，是一套三元对称的关系。这种通过感知体内与体外世界并形成认知方式的途径，在具有集体记忆的哈尼族神话世界中亦时常有所表现，例如《祖先鱼上山》：

> 古老的时候，哈尼族的祖先是一些大鱼，身躯滑如青苔，亮如金银，手像棕扇，脚如蕉叶，尾巴宽且大。它们尝过天下的三股水，一股是甜水（山泉水），一股是淡水（江河水），一股是咸水（海水），认为咸水有味道，就住进有盐的大海里。后来祖先鱼开始生下后代，老大是天，老二是地，老三是"有"，老四是"无"，老五是"黄"，老六是"绿"，老七是"白"，老八是"黑"，老九是"生"，老十是"死"，第十一个是"大"，第十二个是"小"——共生了七十七个，

最后一个是"半"。[①]

在这个神话故事中，当"甜"的山泉水汇聚到"淡"的江河水中之后，"山泉水"随后就与"江河水"一起流入了"咸"性的"海水"之中，在此，"甜"性的山泉水实际上具有中介的转化功能。由于哈尼族古时候的祖先多生活在"有盐的大海"之中，并生下了"七十七个"后代，因而，"咸"味的"海水"是世俗空间的象征，相对来看，"淡"味的江河水则成为与世俗空间相对应的神圣的空间，两者须以"甜"的山泉水为媒介始能混合在一起。笔者以"世俗—过渡—神圣"的意涵来表达三者的关系，因此，从一定意义而言，"咸""甜""淡"的三元味觉属性不只是哈尼族把天下所有的"水"进行划分的标准，也是他们分类宇宙世界及建立秩序的总原则。

按照古规，长街宴桌席上必须要有盐碟。但是，食"咸"多出现在宴会刚开始时，因美食色香味的刺激，"咸"食可补充人体生理所需之盐分，满足饥饿疲劳的个人生理需求外，其意义与日常生活中酒足饭饱的目的没有两样。与此相对应的，则是一年之中的"干"季，以及农忙与外出打工挣钱等世俗的日常生产活动。在各种美食满足了身体的生理需求以后，豆豉、茶、泉水、酒之"甜"性，尤其是通过茶、酒为媒介跟神圣象征物互动往来，在载歌载舞的宴会情境之中容易激发起集体的欢腾感、团结感，逐渐向"淡"的味觉经验过渡。"淡"是人们在美食共享基本完成以后，由世俗的酒食向欢腾感、团结感阶段过渡后的味觉经验。从知觉体验来说，此时人们已不再追求美味，不再为绚丽多彩的美食所吸引。也就是说，酒食符号此时已不再是人们

---

① 杨批斗：《祖先鱼上山》，见云南省民间文学集成办公室编：《哈尼族神话传说集成》，65页，北京，中国民间文艺出版社，1990。

关注和谈论的焦点。进入“淡”的阶段，人们向祖先神灵表示虔诚之心，希望祈祷能成为现实。此时，每一个个体成员在跟别人的节奏达成一致的情况下，很容易获得别人的认同而成为社会的一员，从而能够体验到作为村寨社会成员的集体自豪感。与“淡”相对应的则是一年之中的“冷”季，以及村寨祭祀、农闲、外出者回家休息和婚丧嫁娶等季节性生产生活活动。因此，“咸”“甜”“淡”已经从我们对符号的感知经验发展出“咸”的“世俗性”——“甜”的“过渡性”——“淡”的“神圣性”等象征内涵。实际上，这种内涵的形成也是我们理解哈尼族村寨社会关系结构的意象基模。

从各种“咸”性长街宴食物的烹制过程来看，每一个参与的家庭都基本会用炒、烧、烤、炖、炸、溜、凉拌、煮等方法烹饪食品。“甜”性食物主要是用“蒸”“煮”的方法来制作。“淡”性的“份肉”是祭祀祖先神灵的，不作任何加工，要保留其“生”的本色。用“炒”和“煮”的方法用来烹制“酸”味菜品；“烧”和“烤”等特殊加工手段做出来的食物脆酥嫩香，如干巴、肉松和蛋壳烧肉；“炖”出的菜肴则以鲜甜香醇的清汤炖橄榄鱼、螃蟹炖蛋清为代表。“炸”“溜”的技艺可使菜肴达到外红内白、外焦里嫩的效果。据考证，“炖”“炸”“溜”方法并不是哈尼族传统的烹饪方法，今日长街宴上这三种烹制方法应该是借鉴了周边民族尤其是汉族的。长街宴上“凉拌”的食品有微甜甘辛、口感清凉的凉拌魔芋、凉拌水芹、凉拌柴花、凉拌笔色菜、凉拌橄榄树皮、凉拌生菜、“白旺”等。“煮”出来的菜肴有螺蛳煮酸笋、鱼煮酸笋、鸡肉煮酸笋、牛肉煮酸笋等，这些菜有既酸又辣、既清香又自然的口感。前述已知，“甜”性的豆豉、“玉露茶”和“闷锅酒”均是“蒸”或“煮”而成的。

从加工过程来看，笔者认知到长街宴食物“咸”“甜”“淡”的差别主要在于“复杂加工”“简单加工”与“未加工”

的区别及其衍生出的象征对比关系。对于绝大多数的长街宴美食来说，必须运用一系列复杂的烹制技术才能转换食物从“淡”到“咸”的性质。但是，于宴会情境之中，从“淡”的生肉、生菜转换到“咸”的熟肉佳肴，再从“咸”的熟肉佳肴转化到“淡”的生肉、生菜时，却必须以简单加工过的“甜”豆豉及茶、山泉水、酒饮料为中介。显然，与同样“复杂加工”的“咸”性食物的不同之处，在于“甜”性调味料及饮品不仅数量少，加工程序也相对较为简单。

同时，豆豉、茶、山泉水、酒等调味料及饮品所具有的“转换力”，与哈尼族婚丧嫁娶的礼仪制度也有很多联系。例如，在哈尼族缔结婚姻的三个程序中，娶妻者给女方的每一次礼物都是“复杂加工”的物品和“咸”性物质，而女方的还礼一般都是生鸡、活鸭等“未加工”的“淡”性物质。具体从第一个提亲的过程来看，首先是讨妻者的父母要请能言善道的媒人去女方的家里提亲，测算男女双方的生辰八字，互对家谱，看两人是否有命结合。其次，提亲一般不会一次成功，需有二至三次的反复，媒人每次都须提一瓶“简单加工”的“甜”酒去。[①] 媒人第二次或第三次去的时候，如果女方家同意这门亲事，就接受媒人敬的酒，并仍然以“未加工”的“淡”性生猪肉、活的小鸡回赠。第二个过程是送彩礼。按照哈尼族古规，聘金以“复杂加工”的金银首饰、银元等钱财为主，无论总额多少，都要当着女方家人父母的面用秤象征性地称一下，表示女方家庭确实有体面，姑娘确实“值钱”。在民国时候，讨妻者给出的聘金最少几块银元，多的有几百块。第三个是婚礼的过程。首先，讨妻者去接新娘时要带上一只“未加工”的活小鸡，女方家里也要准

---

① 因为习俗认为，如果给妻者的家庭不加婉拒爽快答应，会让人觉得自己家的姑娘不尊贵，有失自家的面子，到了夫家也会被轻视。因此，即便是给妻家十分满意，也不会在第一次提亲时允诺，而是要推三阻四。

备这样的小鸡一只。当新郎到新娘家时，将两只小鸡一起宰杀，用“简单加工”的“甜”的山泉水洗净、煮熟，新郎新娘双双端着鸡肉向给妻者家的祖宗祭坛磕三次头，然后再向新娘的父母磕三次头，把“复杂加工”的“咸”性鸡肉敬献给他们。新娘的父母接过鸡肉也要先向祭坛磕三次头，然后再把鸡肉分给新娘新郎食用。其次，在女方家中举行婚宴。婚宴开始前，新娘新郎要端着装有一个大碗、四个小碗的小簸箕向舅舅敬“简单加工”的“甜”酒。① 舅舅代表女方家庭把事先准备好的“简单加工”的粗糙银子或缺口的环钱放在小簸箕的大碗或小碗里表示祝福。婚宴完毕后，新娘随讨妻者离开娘家时要用新织的背箩背上一只“未加工”的活公鸭和装满“未加工”的“淡”性的生肉、米、蔬菜等食物的用女方家屋顶上的茅草堵塞紧的金竹筒（必须是新砍的金竹竿）。同时，媒人用背箩背着“复杂加工”的“咸”性食物如熟鸡腿、糯米饭、“甜”酒等食物跟在后边，最后面还会跟着七八个高唱“送嫁歌”的姑娘。到了新郎家，祭师为二人举行一些象征性的仪式，例如两人要共同掐断拦在门口的黑白两股线。讨妻者家人当晚还要杀一只母鸡，加一个鸡蛋煮熟，把熟鸡蛋剥开后分成两半，给新郎、新娘分别吃下，以再次强调由“未加工”到“复杂加工”、由“淡”到“咸”角色的转换已完成，婚礼正式结束。

此过程中，从提亲到完成婚礼，讨妻者家庭都是以“复杂加工”的金银首饰、银元等钱财表达“咸”性的或“世俗的”迎亲进门与传宗接代的人口再生产意涵，所谓“生米煮成熟饭”的意思。而给妻者家庭则以“简单加工”的礼金（例如粗糙的银子或缺口的环钱）、“甜”酒为媒介，以“未加工”的活公鸭、新砍来的金竹竿、生肉、米、蔬菜、唱“送嫁歌”的姑娘、新

① 因为哈尼族认为：天上是雷公最大，地上是舅舅最大，所以要先向舅舅敬酒。

娘（此为最高等级的礼物）来表达“淡”性的或“神圣的”生育、性和良好的祝福之意涵。在婚礼过程中，讨妻者去接新娘时则要带上“未加工”的活小鸡，是为了表示婚姻交换以后两家人必须倒转关系的社会事实，实际是与当地一直流行的交表婚习俗有关。

在给妻者家里，经过了“简单加工”的“甜”性山泉水的作用，煮熟的小鸡变成为“复杂加工”的祭物，由此象征讨妻者从“未加工”到“复杂加工”角色和身份的转换。因此，在缔结婚姻的三个程序中，“简单加工”的那些“甜”酒、山泉水或茶——媒人提亲的酒，清洗、煮制小鸡的山泉水，敬舅舅的酒等，实际上发挥了转换力的作用，最终将最高等级的礼物——“未加工”的“淡”性女人送到讨妻者家庭之列，以实现家庭人口再生产目的。而媒人用背篓背的“复杂加工”的熟食和“简单加工”的酒，象征下一次缔结婚姻时双方家庭关系（讨妻者与给妻者的关系）将要再次倒转的意涵。与此用意相同的是，哈尼族“十月年”期间的“扎候皮”祭祖灵仪式，哈尼族父系家庭中的儿子要把祭品背到母亲家祭献。祭品的份数，要由母亲家亲戚的户数和人口数量来决定，每家一份，不能遗漏。祭品里有“复杂加工”的糯米粑粑、熟肉和“简单加工”的酒。亲戚要给一定的回礼，一般是回送一个“未加工”的鸡蛋或一只活小鸡。在这里，以儿子做代表，以“简单加工”的酒为中介，讨妻者家庭用“复杂加工”的食物主动去交换给妻者家庭“未加工”的回礼，其实是为了进一步稳固双方家庭或家族之间早已缔结的姻亲关系。

三、结　论

本小节从食物符号的属性出发，探讨云南省南部哈尼族长街宴各种美食符号的互动和形成哈尼族社会婚姻关系的事实。

在日常生活中，人们参与长街宴的吃喝和欢娱，是很普通和寻常的事情。其实，我们所处的世界存在着大量的文化符号，它们之所以没有受到我们特别的关注，是因为我们已经把注意力集中到文化符号的解释方面，从而偏离了社会行动过程对文化符号意义形成起到的作用。也就是说，若我们不经由文化的方式制作、消费与感知这些美食符号，并于长街宴宴会的文化情境中呈现，我们难以明了与体会美食符号从“世俗”“过渡”到“神圣”的象征意涵。其实，类似于长街宴宴会的场域，民族集体的社会行动及人们的感知于日常生活、社会关系的建立，甚至对于象征仪式的展演、社会阶级或阶序（hierarchy）的分野和建构等等，都扮演着重要和关键的角色。

所以，从长街宴上感知“咸、甜、淡”的美食符号属性出发，笔者认为是了解哈尼族对万事万物的分类原则的条件。这套分类原则不但是哈尼族社会中个体与群体之间符号互动与意义形成的基础，也是我们理解哈尼族社会之中的婚姻关系、家庭伦理、生产生活作息规律、村寨社会等级结构以及哈尼族跟周边其他民族差异的区分等象征意涵形成的机制。

第四章　举办长街宴的准则

红河甲寅乡、浪堤乡的“十月年”长街宴从泉水井设首席“龙头”开始，然后各家各户按照传统习俗和规定依序摆放自家的宴桌，一直延续到街子中心，再继续往下延伸。这样的宴桌有时可达数百米长，如蜿蜒辗转的长龙。所以，长街宴由于其长长的形状有时又被称为“长龙宴”。甲寅乡、浪堤乡一带过“十月年”一般从农历十一月属羊日开始。哈尼人认为，“十月年”是天神的生日，而摆设长街宴的具体时间是属羊日后的第三天下午，从这天开始，长街宴饮食文化活动一般要延续1—3天。

笔者调查发现，生活在云南省南部红河南岸哀牢山、无量山和红河、把边江、澜沧江三江两山一带元阳、红河、绿春三县的哈尼族，无论在庆丰收的“十月年”，还是“六月年”（“苦扎扎”）、缅怀护寨神灵的“昂玛突”，各村各寨都要举行隆重而欢腾的长街宴饮食盛宴。“苦扎扎”“昂玛突”“十月年”这三大节日是哈尼族一年当中最热闹、最有意义的传统节日。从传统习俗上来说，在这些节日，无论离家多远的村寨成员都要按规定回家过节。过节前，人们一起动手把寨子打扫得干干净净、漂漂亮亮，换上典雅庄重的民族节日传统服装，除旧迎新，准备过节。

第一节　寨址的选择

据统计，甲寅乡的龙泉水井有11口之多。传说，水井里的水有延年益寿的特殊功效，民间就有“喝一口甲寅泉水，延寿五十年”的说法。其中的一口大水井就是每年“十月年”长街宴开始时的地方，也是缅怀守卫水井英雄的圣地。为什么人们会把龙泉水井作为长街宴饮食文化活动的“龙头”呢？这还要从其迁徙的历史和选址的经历说起。

汉文史籍和哈尼族神话史诗《哈尼阿培聪坡坡》《雅尼雅噶赞嘎》等都不约而同地提到哈尼族先民作为古代氐羌族群的一部分，曾经有过“和蛮”“和夷”“和泥”“黑泥”“窝泥”等族称，由于跟周边民族经常的战争和一系列自然灾害等外在因素的影响，哈尼族先民不断迁徙。这些不停的迁徙打断社会发展的秩序和文明发展的进程，但哈尼族先民却以坚毅的精神从历史的重负中走出来，民族机体和文化一直得以发展并沿袭到今天。这种从历史之中走出来而又没有被历史湮灭的良好结果，哈尼族坚毅的民族性格起到了重要的作用——生命力旺盛、自强不息是这个民族最大的特点。

神话迁徙史诗《哈尼阿培聪坡坡》叙述了当哈尼族的先辈“和夷”一路来到“嘎鲁嘎则”时被“好客的阿撮”误解时的应对方式：

好客的阿撮拿出竹鸡竹笋，远来的哈尼拿出玉麦酒浆，两个人像火塘一样热情……阿撮教哈尼破竹编篾，哈尼换上滑亮的竹筐；阿撮教哈尼织帽子，笋壳帽轻巧又凉爽。哈尼把鸡鸭分给阿撮，雄鸡帮阿撮叫起太阳；哈尼教阿撮种五谷，阿撮的篾箩装满玉麦高粱；酿酒的方法阿撮也学会了，阿撮男人们天天喝红脸膛。①

专家考证，神话史诗《哈尼阿培聪坡坡》里提到的“阿撮”为古老的百越族群，跟来自古羌人的“和夷”在族群系统上并不同源。由于习俗和文化上的诸多差别，哈尼族的先民在与周边的“阿撮”和平共处了两代人以后，和谐被打破。据《哈尼阿培聪坡坡》讲述，“阿撮”头人的女人死亡成为“阿撮”挑动两个族群战争的起因，他们“咒骂哈尼人带来不祥，发誓要把哈尼撵走，像把鹿子撵下山冈”。但是，爱好和平的哈尼人力避与“阿撮”冲突，关键时刻哈尼的“七十七个老人出来说话：和和气气地来和和气气地走，不要把眯细的眼睛变成睁大的眼睛；喜喜欢欢地来喜喜欢欢地去，不要用抬酒碗的手去抬弓箭棍棒”②。于是，哈尼族先民们主动退出了“嘎鲁嘎则”这个富饶的地区。关于这段神话记忆的历史，在现今元江一带流传的另外一则哈尼古歌中也有讲述：哈尼族先人来到“嘎鲁嘎则”住了两代人，形成一个王族和四大部落的部落联盟，但与周围的百越民族相比，力量还是弱小。离开“嘎鲁嘎则”的时候，“哈尼没有把阿撮的好意遗忘，挖一蓬龙竹背上呵，让哈尼不管走多远，都有嘎鲁嘎则的竹林遮太阳”③。

《哈尼阿培聪坡坡》讲到，从“嘎鲁嘎则”出来，哈尼族的祖先们又迁徙到“惹罗普楚”。史诗描述“惹罗普楚”相较于之前住过的什虽湖畔、嘎鲁嘎则、丁图等地，土壤肥沃，气候等自

① 朱小和演唱，史军超、卢朝贵、段贶乐、杨叔孔翻译：《哈尼阿培聪坡坡》，21页，昆明，云南民族出版社，1986。

② 朱小和演唱，史军超、卢朝贵、段贶乐、杨叔孔翻译：《哈尼阿培聪坡坡》，21页，昆明，云南民族出版社，1986。

③ 朱小和演唱，史军超、卢朝贵、段贶乐、杨叔孔翻译：《哈尼阿培聪坡坡》，22页，昆明，云南民族出版社，1986。

然生态条件更好，更适合建寨，更有利于应用积累的梯田技术以及举行一系列跟稻作农业生产有关的各种农耕活动。当然，这些有利条件也为各种形态的长街宴提供了良好的物质资料。《哈尼阿培聪坡坡》用惊喜和赞叹描述这个可以选址建寨的好地方：

> 大雨带着阳光的热和，簌簌地洗掉先祖脸上的黄尘；大雨带着雨水的清凉，哗哗地冲掉先祖身上的泥浆。先祖喜欢得呼叫：惹罗！惹罗！从此用惹罗来称这个地方。①

然而，像“嘎鲁嘎则”遇到的“阿撮”一样，“惹罗普楚”周边原先就住着强大的“托落”部族，两个族群之间也相互学习、和谐相处过一段短暂的时期，处在较弱小地位上的哈尼族先民低调谦和，为了生存努力进取并向相对强大的“托落”部落学习了很多先进的生产技术和生活技能，哈尼族的农业梯田技术和文明也得到了发展。从这个意义上说，经历从北方的游牧、狩猎、采集生产方式到梯田稻作农业发展的漫长转变岁月而出现的长街宴饮食文化现象，正是哈尼族农业文明的象征。选址定居以后的哈尼族先民，不仅长街宴饮食文化活动的类型发展出多种形式和类型，整个村寨的社会结构、家庭婚姻制度、政治组织体系、民主选举和村民们的知识结构、认识大自然的能力也得到极大发展，社会和文化变得越来越复杂多样。例如在社会组织结构方面，《哈尼阿培聪坡坡》记述“惹罗普楚”时期“阿烟家三父子……筑起的泥墙，像早晨的太阳一样金亮”。② 在这个文明发

---

① 朱小和演唱，史军超、卢朝贵、段贶乐、杨叔孔翻译：《哈尼阿培聪坡坡》，25页，昆明，云南民族出版社，1986。

② 朱小和演唱，史军超、卢朝贵、段贶乐、杨叔孔翻译：《哈尼阿培聪坡坡》，28~29页，昆明，云南民族出版社，1986。

展阶段，“寨里出了头人、贝玛、工匠，能人们把大事小事分掌”①；而伴随着较高等级文明形态的成长，“开秧门”②、“吃新谷”③ 等农事纪念活动，“苦扎扎”“昂玛突”“十月年”等村寨性的大型节日象征仪式活动在时间、周期上都有明确固定的规定。由此也可见，作为大型农耕象征仪式重要组成部分的长街宴饮食文化活动早已是哈尼族生产、生活中不可缺少的重要一环，而“苦扎扎”“昂玛突”和“十月年”三种类型的长街宴作为符号学讲述的“符号具”，所呈现出的“符号义”也具有丰富的特点。

几乎跟“嘎鲁嘎则”一样的原因，哈尼族先民还是离开了“惹罗普楚”。《哈尼阿培聪坡坡》中提到，此后的他们又来到一个叫“谷哈密查”的地方，并继续在这儿选址建寨。“谷哈密查”在哈尼语中的意思是“埋藏兵器的地方”。经过了千辛万苦，好不容易迁徙来到“谷哈密查”的哈尼族先民们异常珍爱和平，为了表示与当地民族“蒲尼”永世友好的美好情谊，先民们把迁徙带来的各种兵器埋置于地下。在生活逐渐安定下来以后，“哈尼又把新事增添，谷哈有大大的红石，蒲尼背来炼铁，哈尼族会烧石化水，也学会造犁铸剑”④。当他们新到一个地方，都会主动跟周边的民族修好、示善，甚至委曲求全以求和平。史

---

① 朱小和演唱，史军超、卢朝贵、段贶乐、杨叔孔翻译：《哈尼阿培聪坡坡》，32页，昆明，云南民族出版社，1986。

② 朱小和演唱，史军超、卢朝贵、段贶乐、杨叔孔翻译：《哈尼阿培聪坡坡》，30页，昆明，云南民族出版社，1986。

③ 朱小和演唱，史军超、卢朝贵、段贶乐、杨叔孔翻译：《哈尼阿培聪坡坡》，30页，昆明，云南民族出版社，1986。

④ 朱小和演唱，史军超、卢朝贵、段贶乐、杨叔孔翻译：《哈尼阿培聪坡坡》，26页，昆明，云南民族出版社，1986。

料记载，“窝泥（哈尼族先民）……其性柔畏法，不敢为盗贼”①。汉文史籍的描述则是“窝泥黑白二种，以衣色分别；性情纯朴，火种刀耕”②。

所以，尽量避免跟周边民族的冲突和战争，崇尚和平、重情谊、好礼严谨、尊老爱幼、谦和亲睦、扶持互助、好客成为哈尼的民族性格，从一定程度来说，这也是从游牧到农耕的人类生态方式选择的结果。实际上，不光古羌族群系统的诸多民族经历了如此脱胎换骨的变化，百越族系的很多民族如壮、傣、水、布依等的先民，也像哈尼族、彝族、纳西族、白族等西南少数民族的先辈们一样，历史上都是“仁而好生”“天生柔顺，易以道御”的性格。③

从一定意义上来说，在一年中特定的日子举行长街宴饮宴盛会，邀请别的民族的首领或村寨头人同欢共饮，其实也是哈尼族先民与周边其他民族建立友好关系并巩固和平友谊的联欢象征。今天，我们仍然可以从“十月年”类型的长街宴饮宴盛会上看到，哈尼族要邀请居住在哈尼族村寨周边的其他民族——彝族、瑶族、苗族、傣族代表前来赴宴，这似乎已经成为一项惯例，把周边的民族当作“一家人”看待：“一家人就要像一家人，一碗饭一人吃一点……客客气气地对他们吧，不喝够酒不要让他们上路；亲亲热热地对他们吧，不包好饷午不要让他们回转。”④ 由

---

① 康熙《蒙自县志》卷三《彝俗》，见《中国方志丛书目录（华南地方）》，台北，成文出版社影印，1966。

② 《他郎厅志》，载王崧编（道光）《云南通志》，云南鉛印局，1835年刊刻版。

③ 引许慎《说文解字》之“夷俗仁”，郑州，中州古籍出版社，2006。《说文解字》是中国第一部系统地分析字形和考究字源的字书，东汉许慎于安帝建光元年（121）写成，其中有“夷者，柢也，言仁而好生，万物柢地而生，故天生柔顺，易以道御”的解说。

④ 朱小和演唱，史军超、卢朝贵、段贶乐、杨叔孔翻译：《哈尼阿培聪坡坡》，32页、186~187页，昆明，云南民族出版社，1986。

此可见，这个时候的哈尼族呈现出好客、“宁人负我，毋我负人”、崇尚和平、重情谊、好礼严谨的民族性格。

一、建寨选址的要求

从哈尼族迁徙的历史过程和传统习俗来看，龙泉水井是哈尼族祖先选寨定居的重要因素，今天的龙泉水井亦成为村寨重要的神圣之地。除龙泉水井外，地形也是选址要考虑的重要因素。哈尼族有“要种田在山下，要生娃娃在山腰”的祖训，因此，今天我们所见的哈尼村寨多位于半山腰，海拔大概界于800—1500米之间。这种建村安寨的传统习俗，在《哈尼阿培聪坡坡》中有讲述：

> 哈尼人哦，牢牢记住吧，哈尼是老祖母塔婆的爱子，大寨要安在那高高的凹塘；寨头要栽三排棕树，寨脚要栽三排金竹……转来转去地找，挑来挑去地看，找遍了每一条冲冲，踩遍了每一道山梁，在寨边的凹地上，找到了一眼清澈的龙潭。①

因此，这一眼“清澈的龙潭”经过人们的挖沟引渠，往往就形成村寨人们赖以为生的龙泉水井。

至今，红河县的他撒村寨子仍保有汩汩喷涌的十二泉眼，即著名的“十二龙泉水井”，这些水井位于他撒村西边，美丽的民间传说为我们娓娓地讲解了它们的由来：

> 相传很久很久以前，他撒村有一个长得很美丽的姑

① 赵官禄等收集整理《十二奴局》，98~99页，昆明，云南民族出版社，1989。

娘，心爱的人死后，她悲痛难忍，每天晚上只身一人来到村边蓄水池边恸哭。蓄水池周围是一片茂密的树林，住着一位神灵。姑娘哭了整整12个月，她的忠贞感动了神灵，神灵便让她心爱的男子变成一条龙游到蓄水池。水池发出了一阵哗哗的声响，姑娘不由感到一阵头皮发紧，抬头一看，是一条龙，再一瞧，那条龙变成了心爱的人。为了与心爱的人常相守，姑娘跳进水池淹死了。神灵又把她变成一条女龙，最后两条龙变成了十二泉眼。姑娘变的六个泉眼的水让他撒村人喝，小伙子是邓脚村人，他变的六个泉眼的水让邓脚村人喝。人们非常崇拜十二泉眼，认为神灵是丝毫不能亵渎的。①

二、缅怀祖先的场所

为了充分实现人与各路英雄祖先“共享”的效果并达到等价交换的目的，在一些村寨，参与宴会的每户哈尼族人家还会拿来自家的一把米，在主持者的指导下，大家把这些米连同缅怀用的公鸡煮成一大锅稀饭，村寨里的每一户家庭都分一碗煮好的稀饭带回去，给家里的每个人尝上一口。这种习俗是希望借由品尝祖先的圣物求得天神俄玛给予未来一年护佑，同时也强调自己哈尼族身份以及本家庭作为村寨大家庭成员一份子的认同感。

开宴前，要举行纪念活动。主持纪念活动的大“咪谷”致词：“村寨里的所有人今天在这儿庆丰收，祈求天上的祖先、守护村寨的祖先、守护龙潭的祖先、保护水井的祖先等各方英雄祖先前来一起保佑全寨平安，来年风调雨顺，大家同心同德再夺丰

① 李松梅：《哈尼梯田水资源及管理方式——以红河县甲寅乡为例》，见李期博主编：《第四届国际哈尼/阿卡文化学术讨论会论文集》，第163页，昆明，云南民族出版社，2005。

收。”致词罢，村寨及外来的众人纷纷来到“龙头”处向大“咪谷”敬酒祈福，再相互敬酒祝愿。在元阳一带的哈尼族村寨，开宴前参与这种全村寨性活动者主要是村里各户人家的男性长者。按照规矩，无论人多人少，在缅怀地点只安放 3 张祭祀专用桌子，每张桌上点 3 盏自始至终不能熄灭的香油灯，每桌还要摆放 3 碗茶、3 碗酒、3 碗大米、3 个荷包蛋、3 碗炒黄豆。全过程具体又分活祭、生祭、熟祭共三次，参加仪式的人分三次磕头。同时有专人到寨子里收集破布、臭蛋、臭果子、烂碗、糠灰等，用篾箩抬到祭祀地点，由参加祭祀的老人们把破烂送到村子外边去，然后老人们再回到宴会中与大家共饮。在各种不同类型的长街宴饮食文化活动上，人们开宴时要以酒、肉等各种祭品纪念跟梯田生产最直接相关的保护者——象征土地的英雄祖先。“咪谷”的祭词总是把“稻谷丰产、人畜两旺、村寨平安”作为期盼英雄祖先恩赐的三大愿望，“稻谷丰产”总是摆在第一位。有趣的是，人们观念中，如果象征仪式活动没有达到目的或者是相反的结果，英雄祖先也要接受人间的处罚。

除龙泉水井边，延续宴席的寨子中心也是哈尼族村寨的纪念用地，因为寨子中心历史上是哈尼族祖先举行安寨象征仪式的地方，埋有象征村寨平安、人畜庄稼旺盛的三块奠寨石。这种安寨时埋下三块奠寨石的习惯由来已久，如古歌中有“定居的基石是寨子的父母”的说法。① 此外，元阳县的另外一些寨子，村民们会把磨秋场或象征村寨英雄祖先居住的山林（寨神林）当作首席，从这里开始摆放长长的街宴。磨秋场、泉水井、代表英雄祖先居住的树林、街子中心等地方其实都是哈尼族村寨缅怀祖先、祭树或祭天地万事万物的地方，恰如磨秋场上的磨秋房一

① 朱小和演唱，史军超、卢朝贵、段贶乐、杨叔孔翻译：《哈尼阿培聪坡坡》，46 页，昆明，云南民族出版社，1986。

样，人们认为这些地方都是远古的祖先英雄们与人共同欢庆时暂时居住的住所。可以说，对于哈尼族村寨的人们来说，这些地方不同于平时用餐时的场所，是极为神圣和严肃之地。正因为如此，有很多习俗和禁忌：避免一切跟世俗有关的事情，例如大小“咪谷”们在节日期间不得行房，任何人都不能跨越宴席，不能在长街宴上打骂小孩或做其他任何不敬的事情。实际上，哈尼族在这些场合里奉献给英雄祖先的并不是摆放在祭坛上或宴桌中央的“牺牲”和祭品，而是自己的理想、心愿和愿望。由于被缅怀、纪念、追思的各类英雄祖先存在于参与活动者的意识之中，人们还必须通过这些周期性、经常性的活动，才能保持与英雄祖先之间不断的沟通，从而维持一种积极向上的、双向的关系。哈尼族神话故事《马鹿村的由来》就提到元阳的石头寨和马鹿村，人们按年节缅怀一对象征英雄祖先的马鹿石，这对象征英雄祖先的马鹿石也把福气赐给哈尼族而使当地的哈尼山乡年年五谷丰收、人畜安康。① 不言而喻，这种使祖先英雄的世界与现时的人的世界不断沟通，并经常维持一种积极向上的、双向的良好关系的习俗，是哈尼族村寨里周期性举办长街宴会的重要驱动力。

三、作为“大田”的母亲

长街宴饮食文化活动与哈尼族的农业生产活动相伴相生，所以具有农耕纪念礼仪的性质。哈尼族梯田具有悠久的历史，这从哈尼族神话史诗《哈尼阿培聪坡坡》“惹罗普楚”一章可证：“大田是哈尼的独儿子，大田是哈尼的独姑娘，西斗领着先祖去

---

① 《马鹿村的由来》，收入《元江民族民间文学资料》，第二辑，元江哈尼族彝族傣族自治县文化馆，1982年编印。

挖田，笑声和沟水一起流淌。”① “大田”被作为“哈尼的独儿子”和“哈尼的独姑娘”，这种拟人的比喻对于“万物有灵”的哈尼族来说，并不奇怪。在哈尼族村寨，除了长街宴饮食文化活动上要缅怀代表水井的祖先等各方英雄，一些与生产生活紧密相关的带有自然或半自然性质的诸多英雄祖先，在其余农事纪念活动中也占有很重要的地位。奇拉胡西，举办时间在农历正月初一，人们缅怀守护天地日月的祖先和专职风雨雷电的祖先，缅怀他们的目的是为了求得一年的风调雨顺。里玛主，举办时间在农历二月，村民们认为布谷鸟是天上的祖先英雄派来传达栽种节令的使者，故要对其纪念、追思。罗活索，凡水井、山泉、沟水、河水、龙潭水、田水，皆有四时的缅怀活动，以二月“罗活索”最盛，人们纪念水的保护者的象征物螃蟹、蟹、石蚌等，以祈求田水丰足。有名的卡沃朋（开秧门）的举办时间在农历二三月，人们纪念保护秧苗的祖先，纪念守护田埂的祖先。宗米乌的时间在农历三月，纪念保护人的祖先、守护庄稼的祖先、守护牲畜的祖先。密斯罗（请密斯）的举办时间在农历七月，人们宴请保护土地的祖先英雄密斯·嘎玛妥，这个时候谷子将熟，所以要举行缅怀活动以备秋收。实际上，“十月年”上纪念的祖先英雄是最多的，例如大地的守护者、象征太阳的祖先、象征月亮的祖先以及塔婆、龙王欧罗的祖先等哈尼族的人间英雄。

总的来说，远古时期的哈尼族先民结合迁徙地的自然、地理、气候等环境因素，创造了梯田文明，这个文明体系中不仅有村寨的守护者、象征天的祖先等各类英雄，还有哈尼族高级文明时代的知识体系和价值体系。人们将梯田农业生产的结果、人间社会的旦夕祸福、每一个家庭甚而每一个人的命运，统统归结为

---

① 朱小和演唱，史军超、卢朝贵、段贶乐、杨叔孔翻译：《哈尼阿培聪坡坡》，29页，昆明，云南民族出版社，1986。

祖先英雄意志的使然。在村民日常生活当中，随处可见与梯田稻作生产活动有关的各种象征仪式活动，如选种、育秧、开秧门的习俗。也就是说，梯田稻作生产始终伴随着对梯田、对稻谷的纪念活动，如“德龙活”（纪念田坝）、“嘎玛通”（缅怀保护谷物祖先）、“伙白龙”（希望害虫不会危害庄稼的追思活动）、“虾候候”（缅怀象征田埂的祖先）、“卡哪地”（驱离危害稻谷的邪恶势力）、“车拉枯”（叫谷魂）、“车施哑”（吃新谷）、“车机罗”（纪念谷仓）、“车机阿哈昔”（杀鸡追思谷仓）、“石月特”（做糯米团缅怀）、“宗咪吾”（祈望人、粮、畜兴旺发达的综合纪念活动）、“木阿纳”（缅怀保护牛马牲畜、锄头犁耙等农具的英雄祖先）、“卡拉枯”（叫庄稼魂）等。因此，无论是“苦扎扎”节的六月年，还是缅怀英雄祖先的“昂玛突”，或是感谢象征天的英雄祖先的庆丰收“十月年”，其在长街宴饮食文化活动的农耕纪念活动绝对是第一重要的——“苦扎扎”缅怀的两位英雄祖先都是农业的保护者，“昂玛突”缅怀的村寨守护者则是集保护庄稼的祖先、保佑人间生育的祖先、[①]守护村寨的祖先于一身的英雄。同时，那些象征天的祖先、守护水井的祖先等从四面八方来的英雄都是哈尼梯田最忠实的守护者。

从文化符号学的角度，无论是在“苦扎扎”节，还是在“昂玛突”，或是在“十月年”，长街宴里极为普通的水、酒和米饭三种饮食符号并不普通。作为缅怀英雄祖先不可缺少的三种食物，它们正好象征着父权村寨统治阶层中的三类人物。从纪念活动主持人“咪谷”这个名词的语义来分析，“咪谷”在哈尼语中的含义就是大山的筋脉，即“水”这种符号的意思。据了解，墨江哈尼族自治县水癸大寨有两棵象征村寨守护者的大树，一个

① 我们还能经常看到有求子的夫妇得到特别许可参加缅怀某位远古祖先的象征仪式。

在寨子头，另一个在村西上方。象征村寨守护者的大树在哈尼话中叫“夫玛”，汉族称“龙树”，村西据说在祖先们住的树林里有一位象征村寨的守护者，相传她是个女性，而且来自元江县的多莪地方。人们在“昂玛突”缅怀象征村寨守护者的英雄前要清洗水井，再用洁净的泉水纪念这位村寨守护者。作为纪念活动必须用的“水”，其符号象征意义不正是活动主持人“咪谷”的象征吗？因此，“咪谷”作为长街宴饮食文化活动村寨大型仪式活动的主持人，在哈尼族崇拜的英雄祖先的体系当中，只有他才有资格代表祖先，“咪谷”俨然早已成为村寨之内人们跟英雄祖先们沟通或向这些祖先英雄传递人间信息的唯一使者。我们从有关的神话传说中甚至还能了解到，哈尼族天上的英雄也有“咪谷”和“摩匹”两位祖先的名字——古歌中的“大囡恰乞形”，他的称号是“得摩诗匹”，即大摩匹。不仅如此，他还是世上的第一个“咪谷”。[①] 事实上，在哈尼族的传统社会中，由于“咪谷”的这种特殊地位，决定了他所说的每一句话、做的每一个动作都产生社会影响。当他在长街宴饮食文化活动宴会上致辞时，参与宴会的每一个哈尼族男子都会表现出极度敬畏的表情。在传统的“苦扎扎”节长街宴饮食文化活动上，有的人脸上甚至充满恐惧和敬畏，坐姿极为认真严肃。“咪谷”跟祖先英雄们沟通的时候，没有任何人敢站起来随便走动。

哈尼族日常生活中离不开水或茶，可以说茶水与人同在，也与祖先们同存。作为缅怀祖先英雄时不可缺少的祭品，酒也是协调远古祖先们与人之间关系的媒介，它所具有的甘甜香洌属性正好发挥了这种功能。其实，它也正是专职人员“摩匹”的象征和职责。农闲的时节，有很多家庭忙着邀约巫师“摩匹”充当

---

① 《毕蝶、凯蝶、则蝶》，是朱小和演唱的《窝果策尼果》（古歌十二调）中第一章的内容，见西双版纳傣族自治州民族事务委员会编《哈尼族古歌》，昆明，云南民族出版社，1992。

说亲媒人，张罗儿女婚事。前文已述，哈尼族缔结婚姻的程序中，“摩匹”的酒具有特别的象征意义，收下了酒就意味缔结了婚姻关系，酒在这里正是“摩匹”的象征。除当缔结姻亲的媒介人以外，平时无论事情大小，例如举行“盖新房”启动象征仪式、祭田、祭稻谷等，村民家庭都会请“摩匹”帮忙。

在长街宴缅怀英雄祖先的祭祀活动中，主食是重要的祭品。新生儿的“诞生礼”上，主人家要准备好糯米饭和红酒，迎接大家的祝福。在为老人庆祝寿辰日之时，同族晚辈和外村亲戚要用芭蕉叶包着的糯米饭祝寿。

“十月年”每户家庭举行“私祭”祖先的时候，也要特别准备好茶、酒、糯米饭各三碗，排列开来，外加一大碗米。祈祷词很有意思：“请保护三层人丁、三类庄稼、三种牲畜，管粮的色关阿收来，管人的天的代表欧户农博来，管畜的天的代表奎么阿热来，一天不能来一次，三天一次一定要来……”在这儿，茶、酒、糯米饭三种食品对应的正好是“管粮的、管人的、管畜的”三个不同分工的祖先英雄。这三位天上的英雄也就是神话故事里所说的哈尼族社会中的三种能人“直、批、爵”，他们不但占据最高的地位，于村寨社会中的权责也非同小可。传说，“惹罗普楚”时期，“寨里出了头人（即咪谷或竜头）、贝玛（摩匹或巫师）、工匠（即则昂，能工巧匠），能人们把大事小事分掌”①。在“诺马阿美”时代，人们按照“惹罗普楚”的模式安村建寨，继续选出“三个能干的头人，轮流把诺马掌管”②。也就是说，正是“头人、贝玛、工匠”这三种“拿事的人”形成了哈尼族父权制村寨社会的等级象征。此外，在神话迁徙史诗《哈尼阿

---

① 朱小和演唱，史军超、卢朝贵、段贶乐、杨叔孔翻译：《哈尼阿培聪坡坡》，35页，昆明，云南民族出版社，1986。

② 朱小和演唱，史军超、卢朝贵、段贶乐、杨叔孔翻译：《哈尼阿培聪坡坡》，32页，昆明，云南民族出版社，1986。

培聪坡坡》中也专门提到“水、酒、米饭”三种食品的象征关系：“……香香的菜大碗抬来，甜甜的酒大壶提来，竹兜里装满金黄的糯米饭，老老小小坐在神树旁！肥肥的胖猪献上，三筒的清水打来，全寨男人庄严站好，听那高能的‘咪谷’诵念……”祭坛上的食品有“胖猪”“三筒清水”“甜甜的酒”“尖嘴的花雀”等大碗的菜以及“金色的糯米饭”“黄饭”。[①] 由于以上这些原因，举行长街宴时用于祭祀的“米饭”可以说也是则昂这种具有特定职责分工的“能工巧匠”的象征。

第二节 相关规定的内容

从文化人类学的研究来看，社会中的诸多礼仪习惯、制度习俗最早见于土著社会举行的纪念性的仪式之中。在举行诸多象征礼仪的时候，饮食飨宴的搭配是少不了的，所以儒家经典《礼记》有“夫礼之初，始诸饮食”之说，各种礼仪活动最初开始于饮食文化活动。

作为具有民族特色的长街宴饮食文化活动，其社会建设性起到协调人际关系的作用；又由于其具有周期性，与除灾祈福等内容的美好愿望及缅怀活动紧密联系在一起，所以更是哈尼族村寨社会重要的节日活动。长街宴从龙泉水井边开始摆设，各家各户沿着街子一张接一张地摆桌子、椅子，最后形成形状宛然一条长龙的“长街宴”，故又名“长龙宴”或者叫“寨心宴”“街心酒宴”等，而龙泉水井边的宴席就像“龙头”。开宴的时间一般于下午的 4 点 30 分左右，只要时间一到，各家各户都会纷纷把自己家里做得最好的饭菜端上桌来，以欢迎天地间的各路英雄和四

---

① 朱小和演唱，史军超、卢朝贵、段贶乐、杨叔孔翻译：《哈尼阿培聪坡坡》，135~137 页，昆明，云南民族出版社，1986。

面八方或远道而来的宾客。从上面的分析可知，除了“天上的飞机、水里的轮船、地上的汽车”以外，在长街宴上，凡是“天上飞的、地上跑的、水里游的、家里养的”均能入席，原材食料包罗万象，凡是能入口的食物品类，几乎无物不吃。从烹饪出的菜肴品种来看，每家每户的餐桌上均有荤有素、有汤有菜、有主食有副食，颇有“食不厌精、脍不厌细”① 的感觉。可以说，丰富多彩的长街宴饮食文化活动中的特色菜色是一道风雅别致的民族风情，引人入胜而又令人流连忘返，为我们展示了民族文化的精彩片段。

一、时间上的规定

按照过去哈尼族的传统习俗，大节日的举办时间最少为三天，有的村寨过六天甚至有延长到过十三天。无论举行时间的长短，在节期的第三天下午都要举办盛大隆重的长街宴。这个时候，举办宴席的主方与受邀而来的四方八邻的亲朋好友，以及来自其他民族、其他村寨的村民一起欢庆，载歌载舞。无论哪个民族的成员，无论社会地位和经济实力，大家都围坐在一起，开怀畅饮、品尝美食。即便平时有嫌隙甚至有恩怨情仇的人如果刚好遇到一起，也会坐下来推杯换盏，几杯“闷锅酒”下肚，过往也就烟消云散了。

二、地点上的规定

哈尼族先民把一年分为雨、湿、干三季，这样算下来每季有

① 这句话的意思是：粮食越精致越好，肉类切得越细越好。出自孔子及其弟子的语录结集《论语·乡党第十》，原文为：齐必变食，居必迁坐。食不厌精，脍不厌细。食饐而餲，鱼馁而肉败不食；色恶不食；恶臭不食。

4个月。“十月年”类型的长街宴在农历十月举行，正是一年中的“干季”。这个时候，也正是气候最宜人的农历深秋时节。“十月年”类型的长街宴“龙头”要选在村寨的龙泉井水边，然后，依次为各家各户的宴桌，村民们均按照传统的规定依次摆置、彼此挨着，不会有哪个家庭违反这种早已传下来的习惯次序。长长的长街宴宴桌沿着村子街道一桌桌地延伸到街子中心，再从街子中心延伸到更远的村尾。在龙泉水井边摆“龙头”，这儿风凉畅快、景色迷人，有好“风水”，村民常以自己的位置能靠近“龙头”为荣。宴会期间，村民们坐在这些好“风水”之地尽情感受大自然优美和谐与万事万物的生生不息，伴随着鉴赏和品味美味佳肴，身心都得到最大程度的滋养。可见，沿着这样的街道摆设长街宴，置身其间，人与物充分同化，与大自然充分融合。

从历史上来说，哈尼族先民建村设寨时非常重视“风水”，因而早就有“要种田在山下，要生娃娃在山腰”的祖训了。今天元阳、红河、绿春、玉溪、普洱、楚雄等州市的哈尼族村寨，多位于半山区和溪谷旁，海拔800—1500米之间，这些地方气候温和，土地肥沃，适合于农作物生长，无形之中为长街宴饮食文化活动的开展提供了极佳的自然环境条件，这种安排在著名的哈尼族迁徙历史史诗《哈尼阿培聪坡坡》中有明确的记载：

> 哈尼人哦，牢牢记住吧，哈尼是老祖母塔婆的爱子，大寨要安在那高高的凹塘；寨头要栽三排棕树，寨脚要栽三排金竹……转来转去地找，挑来挑去地看，找遍了每一条冲冲，踩遍了每一道山梁，在寨边的凹地

上，找到了一眼清澈的龙潭。[①]

在舒适宜人的地方进餐分食，摆脱掉了“名利地位”等世俗常规的限制，人人欢歌笑语，炽热的情感尽情宣泄，身体和精神也能得到充分的放松和休息。数百年前甚至更久以前，哈尼族先民建寨安村的时候，遵循祖训——首选有喷泉水井的地方，并在街子中央郑重地埋下三块奠寨石。因此，龙泉水井、街子中心也是哈尼族村寨极为神圣的地方，把宴席设置于这些地方，是对祖先辉煌历史的缅怀。从这种意义上来说，参与长街宴饮食文化活动早已是每一个哈尼族村民最重要和最荣耀的大事情。笔者据此可以说，长街宴饮食文化现象既是“顺四时之序”，又是“合天人之意”的结果。

从各种类型长街宴诸多举办地点来看，或设在磨秋场[②]，或设在神树林，或设在泉水井边，或设在街子中心——磨秋场是用来祭磨秋神的地方，神树林是祭树神之地，街子中心有哈尼族先祖们建村立寨时埋藏的三块神圣的奠寨石。节日期间，这些地方都是非常神圣和肃穆的地方。一系列长街宴饮食文化活动的传统和习俗，使得长街宴具有浓烈的民族文化特色，也成为哈尼族村民们社会生活重要内容。

总之，长街宴饮食文化活动从村寨的龙泉井水边开始摆设，宴席从此展开并延伸到街子中心，再延伸到更远的村屋，这是亘古以来的规定。《昂玛突的来历》还告诉我们，哈尼人建寨的时候，会在山寨旁边选一棵高大的树“立寨门”，既以之作为领地的标志，又以之作为驱邪避难的界线，还要每年祭奉，才能求得

---

① 朱小和演唱，史军超、卢朝贵、段贶乐、杨叔孔翻译：《哈尼阿培聪坡坡》，186~187页，昆明，云南民族出版社，1986。

② 在神话传说里，磨秋场上的磨秋房是节日期间给象征作物丰收、畜物丰产的保护神威咀、石批的临时住所。

风调雨顺，人畜平安，人们凭此过上了安宁的生活。[①] 而在民间故事《哈尼人为什么要造竜巴门》里，举行换寨门象征仪式时，要用一头肥猪祭祀英雄祖先。[②] 因此，无论是龙泉井水边、街子中心、寨门都是哈尼族村寨极为神圣的地方，也是人们借以回顾祖先们光辉历史、纪念英雄祖先们的地方，加上宴会的组织有序、对参加人员的严格要求，以及下面笔者要涉及的宴席中佳肴食品的制作手法等方面都有许多的传统习俗和古规。显然，这些规范对于“唯土物是爱，故能臧厥心，唯本业是崇，是以无末作，尽力田亩”，崇尚农耕和象征仪式的哈尼族村民们来说，长街宴饮食文化活动早已经成为了他们最为尊贵和倍感荣耀的大事情。

三、食材用料上的要求

在制作美味佳肴时，传统的规矩一直为村民们所遵守，例如用野生动植物为食材原料的习俗一直保留，而且以野生动植物为食材原料做出来的食物菜品一定要占绝大多数比例。而以家养的狗、鸡、鸭肉等畜禽做出来的菜品肴馔在过去是严格禁止摆上桌的。禁忌（taboo）一词，原先是南太平洋波利尼西亚汤加岛人的土语，意思为避免遭到惩罚，禁止用“英雄祖先”的东西、禁止触犯和接触“不洁”的人和事。实际上，长街宴饮宴食谱里面的那些禁忌也常常与“摩匹”的巫术“混淆”在一起，具有神秘的力量在内。例如：哈尼族神话《银铃的故事》讲长街宴上女孩子普遍佩戴的银铃是哈尼姑娘的辟邪物，狼、虎、豹等

---

① 《昂玛突的来历》，见金平苗族瑶族傣族自治县哈尼学学会编：《金平哈尼族民间故事》，昆明，云南民族出版社，2003。

② 《哈尼人为什么要造竜巴门》，见《西双版纳哈尼族民间故事集成》，昆明，云南少年儿童出版社，1989。

听到银铃声就会被吓跑。①

四、言行举止上的规范

首先，从“积极”的方面来说，“谦和敦睦、尊老爱幼、好礼热情”早已内化入人们的行为之中。按照习俗规定，在长街宴设宴家庭次序和不同人坐席的安排上，主持宴会的“咪谷”或“龙头”以及从其他各村各寨子受邀前来赴宴的诸多德高望重的老人们，这些人也有一些是别的民族村寨里的头人，他们的坐席都必须在“龙头”首位，普通的哈尼族人家则按照相习已久的习惯法规则依序排列。对坐席人家的这些规定一般是不会改变的，那些喜欢凑热闹的小孩会在大人的关照下坐在宴桌下首的位置。这种特别的习俗和安排其实正是哈尼族尊老爱幼良俗的体现。这种尊老的习惯观念早已内化入人们的行为之中，从民族集体记忆的“神话文本”的记载来看，神话古歌是这样教导人们如何养成这一良好风尚的：

> 世上的人哟，个个都要老一回，做儿女的人哟，不要学山雀硬了翅膀不回窝，要拿出一片诚心来孝敬老人，让他们日子过得快活。②

哈尼族这种早已养成的“谦和敦睦、尊老爱幼”的良好品格，还表现在他们对别人、对其他族群的尊称中。元阳、红河县一带自称“哈尼”的人群，又互称“罗比”“罗美”。“罗比”

① 《银铃的故事》，见《元江民族民间文学资料》，第三辑，元江哈尼族彝族傣族自治县文化馆，1983 年编印。

② 赵官禄等收集整理：《十二奴局》，昆明，云南民族出版社，1989。

“罗美”的意思就是“上边的哈尼”和“下边的哈尼”，意为二者如兄弟一样的关系紧密，或者是居住在邻近的亲戚故友。西双版纳自称为“雅尼”的人群之间有时也会互称“觉围”“觉交”，“觉围”“觉交”则有“弟兄一样的族人”的意思，还同时有“我是弟弟”“你是哥哥”的意思，表示现在虽然分开居住，各自生活，但历史上曾是一个家庭分化出来的兄弟。当然，行为上的这些规定和尊称上的这种兄弟情节，也体现出不同村寨在生存竞争、共享资源方面的团结和协作。

由于有这些行为上的规定，人们之间在平时的互助扶持也蔚然成风，无论哪家老人过世，全村子里的人都会自觉停下自己手头上的活计前来帮忙，有些人家甚至把自己家的屋子腾出来给奔丧者居住。在举行丧礼的那一天，全村停止农活一天以表示对死者的敬意和悼念。还有，村寨有哪一户人家盖新房了，其他人家的青壮年劳力同样会不计报酬地跑去帮忙。历史上，哈尼族有山上狩猎的习惯，猎物“见者有份”共同分享。那种只顾自己食用，不愿意拿出分享的人会被人瞧不起，甚至在村寨里失去面子而难以立足。因此，哈尼族社会互相帮助、不问回报的良好风尚是有其历史和文化的根源的；同时，扶持互助的精神在长街宴饮食文化中更是普遍可见，它们实际上最初来自于传统文化中对共享的习惯法规定。

哈尼族的“好礼热情”对于从外地赶来做客的人就更是感同身受。外来参加宴会的客人可以在任何一户哈尼族人家的长街宴宴席内入席，不分彼此。主人更是劝让有加，宁肯自己少吃、不吃，也要让客人尽可能地吃饱吃好。其实，这种良好风俗都是哈尼族村民谦和亲睦、自强不息、扶持互助品格的真实写照。

其次，一些地方的长街宴上还有很多不成文的规矩，例如禁止人们用手指天上的彩虹，禁止跨越宴桌，禁止在大“咪谷”致辞时高声喧哗，甚至禁止参加宴会时穿着平时的衣服，等等。

举行寨宴时使用的神器也有相关禁令，例如铓鼓，它是吉祥之物，平时禁忌敲打，只能在祭祀或过年过节时才能敲。[①] 可是今天有很多人已不遵守这些传统的禁令禁规，有些村民觉得随便敲打两下铓鼓，甚至图方便横穿宴席也不是多严重的事情。虽然不能明确那些曾有过的禁忌是整个哈尼族的村寨曾经达成一致的共识还是临时性的规定。

我们说，这些在长街宴会活动中曾经“颁布”的行为禁令及对某些食物不能摆上桌面的禁忌可以用J. G. 弗雷泽的“顺势巫术”或“模拟巫术”原则进行解释。哈尼族村寨里的人们不一定明白它们的原理，但是这些禁忌确实是依据所谓“相似生相似”的原则推论得出的。在某些历史时期和历史阶段，“相似生相似”的原则和观念曾经普遍存在于世界各地的各色人群之中。泰勒曾经以古巴比伦、古代埃及的底比斯古城、古希腊的一些类似城市以及北美的阿尔衮琴人、孟加拉国的奥昂人、马尔代夫群岛的居民以及东方的日本和越南等很多古老城邦中的古代民族为例，在这些民族著名的农事节日如五朔节、降灵节、仲夏节等等节日期间举办的大型盛宴上，为了刺激植物精灵雄雌两性繁殖的目的，人们必须严格遵守各种禁忌规范。在这些范例中，人们奉献的各种各样的食品和祭品，功能都是为了祈求那些在异质空间里时刻盯着凡俗人间的威力强大的精灵在未来的年节里能给人间社会带来福佑，保护农作物的生长繁衍。[②]

---

① 《铓鼓舞的传说》，见《中国民族民间舞蹈集成·云南卷（上）》，北京，中国ISBN中心，1999。

② ［英］泰勒：《原始文化》，连树生译，415页，桂林，广西师范大学出版社，1992。

五、用餐器材的准则

为了避免对英雄祖先做出任何不敬的事，传统的长街宴要用竹木材质的桌椅和餐具，只用木甑装饭、木碗盛饭，以木盆、竹碗、葫芦碗盛菜，以竹筒倒酒，糯米粑粑包裹在芭蕉叶里，取食工具也是竹筷、木勺。这些竹木质的桌椅、凳子、餐具在不同程度上都带有神圣性。哈尼人崇信“万物有灵”，并且认为包括竹、树、石、云、山、水等世间一切事物都具有神圣的性质，值得崇敬。笔者发现，哈尼村寨大多被竹林簇拥，与竹林合在一起，有的村寨还以竹等植物命名，如元阳县的“金竹寨”“沙啦拖”，金平县的“苦笋寨”等；竹林是村寨的保护神，每个村寨上方也总会留有一片象征村寨英雄祖先居住的山林（寨神林）。但是，现在的长街宴上已经越来越多地在使用金属、玻璃、陶瓷等材质的餐具，这种情况是否降低了宴会的神圣性，有待进一步调研。

从长街宴饮食文化活动参加者为成年男子的规定以及对参加者衣着、宴会举办时间、设宴起始点、摆宴的场地、宴桌椅餐具等方面的要求，平时不轻易动用的吹奏打击乐器等来看，这些传统中的元素跟人们的日常作息时间、普通家居环境、金属餐饮器具、家养畜禽等物事形成了鲜明的对比，这些对立的事实既是源于长街宴饮食文化活动具有的象征仪式性质，也源于哈尼族村民的传统价值观念。简单来说，长街宴饮食文化活动是哈尼族对世间万事万物等一切事物分类的体现，尤其是村民们神圣和世俗二元对立世界观的象征。

第三节　准则的社会意义

通过上述分析可见，哈尼族传统的长街宴宴席及各种各样的食物类型所具有的神圣象征意涵，来自于他们对天、地、人或人、英雄祖先、恶势力三元空间和谐统一价值观念的传统认知。

在三种类型的长街宴饮食文化活动中，作为平时普通饮用的水、茶水、“闷锅酒”和主食米饭以及“份肉”“龙猪肉”或“生轰”等等“牺牲”，都是缅怀英雄祖先不可缺少的祭品食物。墨江哈尼族自治县水癸大寨人们纪念保护村寨的祖先前一定要先清洗水井，要用洁净的泉水献给英雄祖先。可见，“水”在这里是专供“昂玛突”饮用的，圣洁的泉水渐渐变成村寨守护者的象征。“咪谷”在哈尼语里既是大山的筋脉，也有“水”的意思，人们认为只有他才能代表保护村寨的英雄祖先，所以也只有他有资格主持这场追思的象征仪式。根据神话故事的讲述，主持人“咪谷”还对应着天上的祖先英雄，因为在天上的祖先英雄也有“咪谷”和“摩匹”，《毕蝶、凯蝶、则蝶》古歌中的“大囡恰乞形”的称号就叫“得摩诗匹”，即“大摩匹”，这位“大摩匹”不但是祭师，后来还成了哈尼族社会里的第一个大“咪谷”。人们认为，因为有了来自天上祖先英雄的授命，在大型的村寨缅怀来自四方的远古祖先时，只有代表天界的大“咪谷”才有资格和能力与天上的英雄们沟通，而且也只有他才有能力给人间传递来自上天的旨意和信息。

这些长久形成的规范，对于哈尼族村民们来说是情理之中的。一直以来，他们心目中的长街宴其实是一场神圣的节日宴会，大家虽然看不见、摸不着自四面八方而来的各种英雄祖先，但他们对英雄祖先的降临深信不疑并且心生敬畏。这样的观念使得任何一位参与者排斥跟世俗有关的一切事物，遵守相关禁忌，因为“冒犯英雄祖先的后果是灾难性的”。《二次洪水与阿卜笃慕》中，祖先格兹发“二次洪水”更换人种，其原因就是人间丧失纲纪，道德败坏①，《拜谷楷戛》也提到天帝恼怒人间只敬祖、不拜天，所以就决定毁灭人类，消灭鸟兽。②

除了恭敬肃穆以外，还有诸多禁忌和规定：妇女不能出席长街宴，也不能在节庆期间抛头露面，因为这时候妇女被认为是“不洁”的；主持一切活动的主持人大“咪谷”，在节日期间禁房事；任何人都不能在长街宴饮食文化活动中打骂小孩；任何一个哈尼族家庭不得无故缺席宴会；男人须着传统的服装，“咪谷”“则昂”们更须着传统的礼服，扎包头，我们看到，墨江癸能、元阳下主鲁的大“咪谷”甚至男扮女装，他穿了一身自织的土白布衣服，建水县普古鲊村“普玛阿伟”（即“咪谷”之意）扎土布制的宽约半米、长至三米的包头帕，穿绸缎缝制的左右两边自裤包处开衩至脚踝的传统马褂；也不能从事跟劳动生产有关的任何事情或出外打工。

除了这些有形无形的禁忌禁规以外，我们还发现，长街宴饮食文化活动每一家户人家宴桌上的必备食品承担着跟四方英雄祖先沟通的责任，这种沟通是通过分食共享完成的。例如之前笔者提到过的“苦扎扎”类型长街宴饮食文化活动里的“份肉”“黄包鸡蛋”，“昂玛突”类型长街宴饮食文化活动宴桌上的“龙猪肉”染色鸡鸭蛋，“十月年”类型长街宴饮食文化活动宴席中的“生轰”、神鸡、树藻（一种野菜）等。这些不可缺少的食物品种也是“哈尼族与祖先英雄的世界沟通的重要媒介”。对于这类食物的特殊功能，正如文化人类学家克利福德·格尔兹在《文化的解释》所说，神灵得到抚慰，邻里团结得到加强。③

---

① 《二次洪水与阿卜笃慕》，见《红河群众文化》，第 4 期，红河哈尼族彝族自治州文化局，1989。

② 《拜谷楷戛》，见《阿则和他的宝剑》，昆明，云南民族出版社，1985。

③ ［英］克利福德·格尔兹：《文化的解释》，纳日碧力戈等译，170 页，上海人民出版社，1999。

从长街宴饮食文化活动中村民们对就餐环境的安排、食材原料的选择、筵宴食物的属性、菜肴的种类数量和某些食品的专门制作程序、餐饮用具，以及佐餐时的各种歌舞表演和使用的乐器等几方面，我们了解了长街宴上饮食文化系统及其中的诸多饮食符号所具有的丰富社会象征意涵。

第五章　长街宴主持者“咪谷”及相关仪式的象征意义

前面提到，历史上，一些地区的哈尼族家庭中有“舅舅最大”的观念。例如民间传说《认舅舅的故事》中讲：“上，天最大；下，地最大；人，舅舅最大。不管什么时候，不能忘记舅舅的恩情。”在民间社会，添丁增口要向舅舅家报喜，盖房子要向舅舅家请教，人死了要请舅舅来主持丧葬的习俗。[①] 这种对“舅权”的尊重体现的其实是两个不同亲属群体之间的竞争关系：舅舅代表的团体似乎是外来者，父亲所属的亲属群体则是村寨里传统权利和秩序的维护者。为了巩固父权制的传统权威，就会不断在大型的村寨性活动中强调主持者的角色。历史上的长街宴宴席座次，在很大程度上体现了哈尼族家庭在村寨社会中的等级地位，而这个座次是由代表“父权”的主持人“咪谷”安排的。

第一节　主持人“咪谷”

从一定意义上来讲，哈尼族的社会结构建立在这种以大型的节日盛宴为基础、以个体家庭为核心组织起来的稳定的社会人际

---

① 《认舅舅的故事》，见元江哈尼族彝族傣族自治县文化馆编：《元江民族民间文学资料》，第五辑，1985 年编印。

关系网络上。怎样才能更好地把握相对稳定的哈尼族的社会人际关系和制度化了的、已沿袭千年的村寨社会组织体系呢？以“咪谷”为代表的哈尼族父权制社会层级结构正好为我们提供了一个既看得见、又摸得着的案例。

“咪谷”在村寨社会中的至高地位早在哈尼族神话史诗《哈尼阿培聪坡坡》中就有完整的表述。史诗中描述了一次由最大的那位“咪谷”主持的长街宴饮食文化活动。神话史诗是这样描述这次宴会的过程的：那是在“二月间”，“人人都来祭树”，地点在“纳索的大寨”（“纳索”作为村寨头人来讲，其实身份特殊，在哈尼语里“纳索”就是“咪谷”的意思）。在“纳索”的主持下，哈尼族先民们把“精致的篾桌排好，像一群高飞的大雁”（这是指长街宴饮食文化活动的形状，宴席中有“香香的菜大碗抬来，甜甜的酒大壶提来，竹兜里装满金黄的糯米饭”）；献给护寨的英雄祖先（值得注意，这里只是以护寨神为主要的祭献对象）的祭品有“肥肥的胖猪献上，三筒的清水打来”，而“尖嘴的花雀”象征着“喝酒的天神”；开宴前，“全寨男人庄严站好，听那高能的‘咪谷’诵念”，“咪谷”的致辞内容为：“万能的寨神啊，哈尼站在你的面前，高大的神树啊，哈尼来把你祭献。虔诚的寨人献上一片诚意，请你赐给哈尼一片喜欢，猪鸡牛羊满圈满岭，金谷玉麦站满大田，哈尼儿孙像树叶一样稠密，哈尼人人像大树一样雄健！”宴会中，“欢乐的哈尼放声唱”，“咪谷”利用这种场合“好听的哈八不歇口，唱过天地又唱祖先”① ……“咪谷”在村寨社会中的层级地位以及在场面盛大的长街宴饮食文化活动中的重要角色是一目了然。

① 朱小和演唱，史军超、卢朝贵、段贶乐、杨叔孔翻译：《哈尼阿培聪坡坡》，135~137 页，昆明，云南民族出版社，1986。

一、“咪谷”作为等级化社会制度的象征

在今天，红河县的有些村寨在举办“昂玛突”类型的长街宴饮食文化活动时，长街宴的“龙头”一般在“咪谷”家门口，例如在元阳县哈播村的长街宴，从大“咪谷”的家门口起，每天沿村子的小街摆设99桌宴席。当然，有些村子长街宴的“龙头”会位于立寨门处或象征村寨英雄祖先居住的山林（寨神林）祭某位英雄祖先处，例如绿春县的车里村的长街宴是“从立寨门的平地处起，先摆好‘昂玛阿伟’的篾桌，桌子中间放一碗装有糯米饭，上插红蛋，其他菜围于旁边……‘昂玛阿伟’‘昂玛阿伟伟然’坐于上方”①。

这些村寨之所以把宴会“龙头”位置选在“咪谷”家门口，是因为“咪谷”在神话传说中正是来自“昂玛突”这位祖先神，“咪谷”是“昂玛突”的代表或象征。“昂玛突”也被看成护寨神，在宴会开始时，主持一切的大“咪谷”被大家当作是最有资格代表村寨传达和执行护寨神“昂玛突”指令的唯一合法代表。正是因为这样的原因，大、小“咪谷”们也是处于村寨社会结构中最高等级的阶层。跟外来集团的“舅权”相比，“咪谷”的合法性和权威性来源也有着神话中的“赋权”。例如哈尼族神话故事《人为什么分等级》讲，创世时期，人不分等级，生活没有任何规矩。后来天神俄玛栽下一种草，它有根有秆没有叶，会开花结果。果实掉到天河里流到人间，所有会动的东西吃到它就比没有吃到的高一等：老虎、豹子吃了，就变成老虎王、豹子王；麂子、马鹿吃了就变成麂子王、马鹿王；人吃了就变成头人、摩匹、工匠（传统村寨社会中的三大能人，也不可缺

---

① 李克忠：《寨神》，134~135页，昆明，云南民族出版社，1998。

少)，他们比平常的人要高出一等。①

因哈尼语发音不同，在很多哈尼族神话故事中，“昂玛突”又称“昂玛阿伟”“昂玛阿伟伟然”；因地区不同，又有“艾玛”“阿玛”“奥玛”“普玛”“布玛”等异称。元阳县俄扎乡一带的长街宴，主持人“咪谷”带领村民向村寨守护神“昂玛突”祭献，风雨无阻，异常虔诚，“若遇烈日天，桌桌撑起花花绿绿的太阳伞；若遇下雨天，就扯起一路布棚；若遇严寒风冷天，各家抬出一个火炭盆”②。

二、有关“昂玛突”的神话传说

有关“昂玛突”来源的神话传说很多，较有名的有两种。《祭护寨神》这样讲述：

> 在人兽不分的年代，野兽中数老熊最厉害，每天都出来伤人。后来，人们跟老熊讲条件，双方商量：老熊不准乱拖人吃，人们可以每天送一个人给老熊吃。后来在野猫的提示下，人们就用生产农具锄头打跑了老熊，为感谢野猫，人们就每天送鸡鸭给野猫。有一天，来了两位白发老人，在他俩的提示下，不给野猫送鸡鸭，只要每年给两位老人献头猪就行了。这两位老人一位叫阿者，另一位叫阿鲁，原来是护寨神。后来人们每年农历正月的第一个属龙日聚在寨神树林下，杀猪祭献两位老人，祈求他们的保护。③

① 《人为什么分等级》，未刊稿，文稿由云南省社会科学院史军超保存。

② 陈寿康：《哈尼族的长龙宴》，载《今日民族》，1999（10）。

③ 扎陆讲述，钱存广、李荣光搜集整理：《哈尼族民间故事选》，166~168 页，上海，上海文艺出版社，1989。

另一个有名的神话故事是《男扮女装祭护寨神的来历》：

> 古时候，有一个魔王叫策德阿窝，专以吃人为生，它要求人们每年二月杀两个青年为其祭祀，否则将无休止地吃人。人们只好照办，以保全族的利益。……几年后，轮到寡妇艾玛的两个儿子牺牲，艾玛为了保护儿子，决心改革砍头之俗。于是想出办法，叫儿子日则和努嘎穿上长袍，半夜时分到寨边高呼："人肉苦，牛肉甜，不能杀人祭，只准杀牛祭！"人们以为这是神意，于是改杀人为杀牛。艾玛又请通达鬼神的主祭"咪谷"去与策德阿窝订立盟约，许诺若不再吃人，送它两个漂亮的姑娘为妻，魔王欣然同意。二月来临，艾玛让自己的两个儿子装扮为美女，暗藏利刃，前去婚嫁。趁魔王沉醉，两个"新娘"探听出它致命的秘密在胸前的白毛之下，于是杀死了它。从此，所有的鬼怪再不敢侵扰哈尼人。人们感怀艾玛的丰功伟绩，在她去世后尊其为村寨守护神，以寨头茂密的神林为其居所，以林内一棵标直的大树为其象征，在二月"嫁女杀魔王"的日子隆重祭祀。祭仪中要模仿杀魔故事，由两位英俊青年扮美女嫁魔王，在饮宴中"杀死"它。然后众人挥舞木质刀枪"赶杀群魔"，"大获全胜"后，举寨欢乐饮宴庆贺。①

神话故事里的"阿者""阿鲁""艾玛"是哈尼族远古时代的英雄，拯救村寨于危难之中，他们其实是哈尼族众多英雄祖先

① 扎陆讲述，钱存广、李荣光搜集整理：《哈尼族民间故事选》，169~173页，上海，上海文艺出版社，1989。

中的几个，但却是个体灵魂的另一种表现形式或个体灵魂的“互体”，这可以从“昂玛”与神话中的祖先灵魂部分相同的内涵来证实。在绿春县车里村，人们常说寨神昂玛为哈尼族祖先所变，英雄祖先也是住在房屋里，所以举行缅怀活动时要在房屋下面进行。此外，日本学者稻村务认为，不能单单把“昂玛突”理解为村落的象征仪式，它同时也具有亲族间象征仪式的一面：红河县乐育乡哈脚村有两棵“普玛阿波”；元阳县新广坪被视为村寨神树的也有三棵，据说分别属于白氏、马氏和李氏；全福庄把曾有的两棵神树合为一棵，过节的时候，每个同姓集团（血族）会分别祭祀自己的“昂玛阿坡”。① 祭祀寨神“昂玛突”的仪式结束后，只有“咪谷”“摩匹”、德高望重的老人才有资格吃那些献给英雄祖先的祭品，“咪谷”“摩匹”、德高望重的老人之所以有着这种“例外”的特权，是因为他们同样被赋予了神圣性，从位阶来说，他们与英雄祖先的供品的地位是一致的，这也是这些老人获得了较高层级社会地位的象征。《三个神蛋》提到，先祖莫元时代，人们还不会栽田种地，人世间很乱，没有人管事。天神摩咪就叫神鸟下了三个神蛋，有一只大黑母鸡来孵这三个神蛋，孵出了三个男人，他们是咪谷、贝玛、工匠这三种能人。从此，他们管理着世上的一切，人们过上了安居乐业的生活。② 在《三个能人》中，太阳和月亮共同下了三个巨大的蛋，它们是白色的、花色的和红色的。之后，由天地来孵，孵出咪谷（头人）、贝玛（摩匹）、工匠三种能人。③

---

① ［日］稻村务：《“昂玛突”——介于村落祭祀与亲族祭祀之间的仪式》，见李期博主编：《第四届国际哈尼/阿卡文化学术讨论会论文集》，223页，昆明，云南民族出版社，2005。

② 《三个神蛋》，见云南民间文学集成办公室编：《哈尼族神话传说集成》，北京，中国民间文艺出版社，1990。

③ 《三个能人》，未刊稿，文稿由云南省文联阿罗保存。

三、"昂玛突"的象征意义

历史上的"昂玛突"类型的长街宴，是以"咪谷""贝玛""工匠"三种能人为代表的哈尼族父权制社会等级制度的象征。对以"昂玛突"为代表的对英雄祖先的追思，在今日哈尼人的心中依然根深蒂固，其实质是对哈尼族父系祖先神的崇拜。"昂玛突"多被认为是男性祖先神，被明确认定是女性祖先神的情况很罕见，在现已发现的神话传说中仅两例，即《男扮女装祭护寨神的来历》中的"艾玛"和《谷哈密查》中的"戚拟"。哈尼族的女英雄"戚拟"的神话故事在《哈尼阿培聪坡坡》第六章《谷哈密查》中有很详细的描述，她布下火牛阵重创敌人，率领大家冲出重围。神话史诗中充满着对她的敬佩：

> 先祖的古规十足十美，尼阿多又添出新的一样：从前庄严的阿玛突，只把寨神供在上方；今后哈尼的阿玛突，要把尊贵的戚拟祭献颂扬！①

在今天，哈尼族村寨的守护者——护寨神的继承者"咪谷"，是村寨共同尊敬的老人，"咪谷"死后在自然成为家庭供奉的祖先的同时，也成为村寨的英雄祖先。② 根据许多哈尼族神话史诗的讲述，这些以男性为主的祖先神，他们的职能和分工也是多种多样的，有建寨的、取寨名的、建水井的、管水的、盖房的、播火种的、为人间寻找起死回生药的、为人类盗取火种的、

① 朱小和演唱，史军超、卢朝贵、段贶乐、杨叔孔翻译：《哈尼阿培聪坡坡》，204页，昆明，云南民族出版社，1986。

② 李克忠著：《寨神——哈尼族文化实证研究》，295页，昆明，云南民族出版社，1998。

为人间找到会报日子分四季的布谷鸟的、为人间找到好粮种的、为人间杀妖驱魔的、发明蘸火技术的、制定吊线规则的、发明铁器的……神话古歌记载的众多拥有不同职责的哈尼族男性祖先神，象征的正是哈尼族父权制等级社会的本质。

第二节　杀牛祭磨秋

“昂玛突”的长街宴上有神秘的“龙猪肉”，在“苦扎扎”类型的长街宴又称之为“份肉”。“份肉”一般是要全家人聚齐在一起食用，若有家庭成员在外不回家，必须给他留下一点，等他回来时吃。按照古老的习惯，外来人禁食这样的“份肉”。那么，这一禁忌成分的含义是什么呢？这还得从哈尼族有关的神话记忆说起。

“苦扎扎”长街宴前，大“咪谷”要率领村寨男子“杀牛祭磨秋”。在哈尼族神话《天地人的传说》中专门讲述过“杀牛祭磨秋”仪式，特别提到各类英雄祭牛补天地的事情：“众祖先把牛血变成了彩霞，牛角变成了彩虹，牛的鼻涕做了雨水，牛的泪变露珠，牛的气做云雾，牛的左眼做太阳，右眼做月亮，牛的牙齿做星星，牛皮崩天鼓发雷声，牛的大肠、小肠、肚子做大地上的江河湖泊，牛肉拿来做大地的肥料，四条牛的腿脚，做了东南西北四棵抵天柱；从此，天地间有了万物，才分出了昼夜，有了五谷、飞禽走兽、树木花草，人类也能安居乐业了。”[①] 同样的价值观念也隐喻于其他神话故事中，《九会街》中，雅邑大寨的人们为了生存，不得不屈服于生性粗暴、喜怒无常的龙妹，每年

---

① 《天地人的传说》，见李缵绪主编《中国民族神话精编》，昆明，晨光出版社，1995。

正月初九云集到雅邑大寨的“龙王庙”焚香叩头。[①] 在这儿，龙妹是人们既敬又畏的图腾类动物祖先。《祭田神》中，哈尼族西摩落人每逢农历三月属猴日或马日，同宗族共同集资或从“公谷”（宗族共有田）中抽款统一购买相聚到祖宗田脚祭田神，田神也成为村民们必须膜拜的一位重量级自然神。《猎神》中，哈尼人去打猎时必须杀一只白公鸡祭献三位猎神，值得注意的是，三位猎神已是具人形的哈尼族远古时代的祖先英雄，是人们更为敬畏的对象。类似性质的神话还有《供四马和二马》[②]、《绿蓬渡的传说》[③]，它们和《天地人的传说》一样，用神话记忆的讲述诠释了“杀牛祭磨秋”的来由。

除此之外，大“咪谷”在“苦扎扎”的长街宴前，还要在“则昂”助手等人的协助下祭秋千神，然后按全村户数平均分配神牛的肉。“杀牛祭磨秋”“祭秋千神”及分食神秘的“份肉”是长街宴必不可缺的程序。分食“份肉”跟“杀牛祭磨秋”“祭秋千”这两者之间是紧密联系在一起的，一般情况下，村民们只是把“份肉”象征性地摆放在自家的长街宴宴桌的中央，以期达到呼唤英雄祖先前来分食共享的目的；在宴会结束后，又小心翼翼地把“份肉”拿回家里虔诚供奉于火塘上方的竹笆上或者象征祖灵的“侯勾”上祭祀祖先；之后，煮熟全家共食，若有因故不在家的成员，要为其留下一点“份肉”等他回来时再吃。古老的习俗禁止家族外的人员（外来人）食用“份肉”。哈尼族最为古老的价值观念最直接地体现在这种“苦扎扎”类型的长街宴饮食文化活动以及“杀牛祭磨秋”的整个祭祀过程中。

---

① 《九会街》，收入《墨江哈尼族民间传说故事集》，墨江哈尼族自治县民族宗教事务局，1999 年编印。

② 《供四马和二马》，见云南国际华人总会、云南省民族艺术研究所编：《云南文化艺术词典》，昆明，云南人民出版社，1997。

③ 《绿蓬渡的传说》，未刊稿，文稿由云南省社会科学院史军超保存。

在了解这一祭祀活动的象征意涵时，我们还是要从神话记忆的传说中去寻觅一些痕迹，因为历史过于久远，我们今天看到的很多社会现象其实都已变得晦涩不明，难以再弄清楚原初的含义了，对神话记忆进行解析可能是我们解开这些谜团的最好的寻踪工具和有效手段。

一、有关“苦扎扎”起源的神话记忆

有关哈尼族“苦扎扎”节由来的神话传说至少有两个版本。第一个版本又有两种相类似的故事，第一种说法在神话古歌《窝果策尼果》第十五章《奇虎窝玛策尼窝》（十二月风俗歌）中是这样的：

> 听了，那远古的时候，哈尼先祖去烧山，哈尼先祖去开田，早上烧出的山是九架，晚上开出的田是九块，烧山烧黑了九十九架大山，开田开出了九十九个山坡……熏得野猪的一家老小去跳崖，烧死了狐狸家的七个儿子，挖倒了蚂蚁七代的老窝，挖断了蚯蚓兄弟的脖子……

哈尼族烧山开田得罪了山上的大小动物，它们上天控告哈尼，住在洞里的老熊和野鼠说道：

> 乌麾天神，我们没有了在处，我们打失了歇处，哈尼为了养活自己的儿孙，天天来烧山开田。不烧的山一架没有了，不开的田一块没有了，烧山烧倒了岩洞，老熊没有在处，开田挖坍了地洞，野鼠没有在处；阿波啊，我们要断子绝孙了，快叫哈尼歇手吧，快叫他们不

要上山来……

大神阿匹梅烟听了情况后安慰这些动物们说：

野物们，我阿匹梅烟定下新的规矩：每年六月来到的时候，要重重地惩罚哈尼人，不分老人小娃，不分男人女人，都要轮流吊在半空中，活活饿死哈尼人！

万能的大神梅烟，又来教受苦的哈尼：哈尼，我的儿孙，每年苦扎扎的时候，不准再杀男人，在杀人供祭的秋场上，我立起高高的荡秋和磨秋，在杀人供祭的秋场上，要杀翻最壮的那头牛，砍下牛头顶人头，拿来供献天上的神……每当苦扎扎的时候，九山的野物来到哈尼村寨，看见哈尼的男女老幼，一个一个被吊到了天上（打荡秋），看见所有的哈尼人，一个一个被绑上了木头（打磨秋），哈尼受到了天神的惩罚，人人喊出了痛苦的声音（欢乐的喊声）……从此再不上天告哈尼人。

此外，第一个版本第二种讲述跟“哈巴”古歌中的唱述基本上是一致的：

远古时，牛、马、虎、豹和老鹰到天神烟沙那里控告人类，说人类役使它们，追杀它们，请求烟沙大神给人类以惩罚。但是猫、狗、家燕、喜鹊等又到烟沙大神那里为人类辩护，说人对它们又爱护又关心，请求烟沙不要惩罚人类。烟沙大神调查了一番，知道双方说的都有道理，就告诉它们到六月二十四日那一天去惩罚人类和奖赏人类，燕雀们把这个消息告诉了人。聪明的人到了六月二十四日那天砍树做成磨秋，在秋轴上抹上红色，两个人爬在秋杆上飞快地旋转，一面转一面叫。烟沙大神看见了，就对牛、马、虎、豹、老鹰说：看看，看看，人们已经受到惩罚了，他们上不沾天下不着地，被钉在木头上了。看看，他们疼得叫了，血也淌出来了！牛、马、虎、豹等看看果真如此，就满意了。从此，人们每到六月二十四日这日就要过苦扎扎、打磨秋，免得大神烟沙又因虐待牛、马、虎、豹等来惩罚人类。

从以上有关哈尼族“苦扎扎”节由来的神话故事第一个版本两种基本类似的说法中笔者了解到，今天元阳县一带的哈尼族过“苦扎扎”节的最直接原因是人们平时在生产活动中严重损害了动物们的利益，极大地影响到了这些动物的生息生存甚至种族的繁衍，所以大神“阿匹梅烟”出来主持公道。为了平息这些动物们的愤怒，“阿匹梅烟”制定出“规矩”。也就是说，哈尼族过“苦扎扎”的最大原因之一还是为了“平息”各种动物的愤怒情绪，而最好的“平息”方式是通过一系列活动“促进”这些受到伤害的各类动植物的生长，以此进行补偿。这些“活动”又有哪些呢？从“阿匹梅烟”为此制订的“规矩”中我们知道：这些惩罚人类的“规矩”，就是要求他们在节日期间举行“转磨秋”和“荡秋千”。神话故事还告诉我们这种效果：牛马虎豹等动物看到人们受着惩罚，“看看果真如此，就满意了”。

而在“苦扎扎”节由来第二个版本的两个神话故事中，人们的观念里还没有神灵的影子，有的只是朴素的唯物主义。

故事一：

传说哈尼族山寨住着兄妹俩，哥叫阿朗，妹称阿昂，阿朗长得如小草豹一般膀圆腰壮，阿昂长得比小岩羊还要聪明秀气。平日里，兄妹俩总是热心帮助乡亲们做事，受到大家的爱戴。那时候，天上的太阳和月亮没有商量好，出没不定，有时两个一起出来，有时一个也不出来，有时一出来几天不落，有时几天不出。太阳月亮这样没有规律的出没，使庄稼不能正常地生长，给村民们生产生活带来了诸多不便。为了拯救村民们，阿朗、阿昂决心到天上去，分头说服太阳和月亮。有一天，兄妹俩砍来栗树，在村寨中央立起树桩，架上转杆，兄妹俩分别骑在转杆两头，磨秋就像飞一样地旋转起来，把阿朗、阿昂送上了天空，找到了太阳和月亮。他俩说服了太阳和月亮，作了合理的安排：太阳白天出，月亮晚上出。从那时候起，太阳和月亮就能有规律地出没了。可是，去找太阳商量的阿朗被太阳烤死了，去找月亮的阿昂也被月亮冻死了。①

故事二：

远古时，有一年六月间天降暴雨，山洪吞没了村寨田地，哈尼人面临灭绝的危险。有家哥妹俩，哥哥叫艾蒲，妹妹叫艾乐，抓起泥土飞上天去补天池的漏洞，泥土用尽，哥妹俩就跳进天池，用身体堵住漏洞，天终于补好了，但他们也死去了。他们的鲜血变成满天彩霞，与哈尼人永远在一起。为了纪念这哥妹俩，哈尼便年年过“苦扎扎”节，届时，砍来大树做成磨秋，让年轻人打着游戏，磨秋吱吱嘎嘎的响声飞到天上，对兄妹俩

① 朱小和演唱，史军超、卢朝贵、段贶乐、杨叔孔翻译：《哈尼阿培聪坡坡》，211~212 页，昆明，云南民族出版社，1986。

诉说人们对他们的思念和感激之情。①

其实，在哈尼的传统习俗里，只有最大的那位“咪谷”才有资格代表神话记忆里拯救人间的“阿朗阿昂”和“艾蒲艾乐”等护寨神灵，也只有这位“咪谷”才有资格主持“转磨秋”和“荡秋千”的象征仪式活动。从神话的讲述来看，主持人“咪谷”也正对应着哈尼族人心目中的“阿朗阿昂”“艾蒲艾乐”等英雄祖先。另外，哈尼族很多的神话讲述提到，诸多居住在天上的祖先，他们生活的世界里就有“咪谷”和“摩匹”两位英雄，“咪谷”和“摩匹”也跟大神们一起生活着。例如，古歌中“大囡恰乞形”的称号就是“得摩诗匹”即“大摩匹”的意思，这位“大摩匹”不但是祭师，他后来还屈尊下凡，成为哈尼族村寨社会里的第一个“咪谷”。另外，《蛋生说》神话故事中提到“咪谷（头人）”“贝玛”“工匠”作为哈尼族社会中的三种能人，他们均来自于上古时期，而且三位均是由三个巨大的鸟蛋孵化而出，其中“咪谷”是由“白蛋”孵化而出。由于他们有着种种的传奇经历，在所有大型的村寨纪念集会上，只有代表天界的“咪谷”才有资格及能力跟上天“沟通”，同时也只有他才有资格和能力给人间“传递”来自天上诸多英雄祖先的旨意和讯息。

由于这位主持仪式活动的大“咪谷”在村寨社会中的特殊角色，他在与各路天上的英雄祖先及地下的各种妖魔鬼怪“沟通”时所说的每一句话、做的每一个动作和完成的每一个程序都“兹事体大”，稍有不慎即“会给村寨人间带来灾祸”。他主持仪式的时候，无论老少长幼都恭谨肃穆，不乱动乱说，更不会

① 朱小和演唱，史军超、卢朝贵、段贶乐、杨叔孔翻译：《哈尼阿培聪坡坡》，211~212页，昆明，云南民族出版社，1986。

拿任何借口以任何形式去打搅他。一直以来，传统长街宴饮食文化活动在人们心目中的地位就是如此：此时此刻，来自天上地上的四面八方的各路哈尼族的英雄祖先都“前来参与”，虽然大家看不见摸不着，但对这些英雄祖先必须恭敬尊崇并怀敬畏之心。也正是这样的价值观念使得哈尼族村民在节日期间有一定的禁忌，例如不事生产劳作、不打骂孩子和争吵打架等等，以免激怒祖先。显然，这种来自神话故事记忆里的禁忌和规定也是哈尼族村民区分自己人跟外来人的文化“边界”。

二、“杀牛祭磨秋”的蕴意

从“苦扎扎”节由来第一个版本两种基本类似的神话故事中我们可以看到，哈尼族举行“杀牛祭磨秋”及“祭秋房”最直接的动因是为了“平息”动物们的愤怒情绪。紧接而来的“打磨秋”及“荡秋千”活动却有模拟生育的象征含义，人们通过这些活动可以最大限度地“促进”动植物的繁衍和生长，这也是神话中阿匹梅烟定下的仪式。由于有这些神话记忆为依据，文化人类学家认为，这些跟节日活动有关的象征仪式体现了村寨里人们的价值观念。

从“苦扎扎”节由来第二个版本两种类似的神话可知，无论是“阿郎和阿昂”还是“艾蒲和艾乐”，人们举行转磨秋活动也是为了纪念英雄祖先为人间做出的丰功伟绩。此外，傣族神话故事《窝尼坟》也讲述了哈尼人附近的傣族的“祭窝尼”习俗，传说“窝尼坟”埋的都是当年过江开发绿蓬渡牺牲的哈尼族先民，傣族弟兄为了不忘哈尼族这些先人的贡献和恩情，每年“苦扎扎”节的六月二十四也会杀牛举行“祭窝尼”的献祭仪式加以缅怀。[①]

在祭献给磨秋的各种祭品中，有一样是最重要的，就是那头祭祀用牛（神牛）的血和肉。在“杀牛祭磨秋”和“祭秋千神”的时候，大“咪谷”亲自把牛头挂在磨秋桩上，并用牛血、牛头、牛腿和牛肝象征性献给天界里的英雄祖先，然后还要看牛肝卦预判全村未来一年的吉凶祸福。这种在“六月年”重大节日盛典时必杀牛以祭祖的习俗跟人们为德高望重的老人送葬时必杀牛的习俗一样。牛作为平日里最重要的生产工具和交通工具，在大型的节日祭祀场合是被当作哈尼族自己祖先的象征来对待的，因为节日期间有着“来自”远古英雄祖先的加持。这种价值观念其实也是古老稻作民族心理形态，反映了哈尼族先民从神话历史记忆中的“什虽湖畔”迁徙到“嘎鲁嘎则”这一时期的文化变迁。人们相信，磨秋场上的公牛体内蕴藏着远古创世祖先的精神力量，每一户家庭里的成员可以通过共享“份肉”得到祖先的福佑。这种淳朴的观念，使得长街宴在固定的时间结点一次又一次地重复举行而延续至今。

实际上，共享仪式也是祭献象征礼仪中的另外一个基本要素。在长街宴上，人们通过与远古英雄祖先“共享”美食仪式而使被供奉的对象（例如神树、“份肉”、祖先的灵位等）更具有神圣性。笔者看到，无论是在“苦扎扎”类型的长街宴为逝去的先祖留一个空位置、开宴前先搛少许的饭菜扔在地上请天地间的各种妖魔鬼怪来“共享”的礼节，还是在“昂玛突”和“十月年”类型的长街宴每家每户把各自分得的那一份“生轰”或“龙猪肉”[②]摆在宴席中央请祖先前来“一起吃”，这些象征

① 《窝尼坟》，未刊稿，文稿由云南省社会科学院史军超保存。

② “生轰”或“龙猪肉”乃是全寨子共同的祭品，意思是“共同分的”。按照古规，“生轰”无论大小，必须按全寨户头平均分配，哪怕只能分到一小点，也要家家分到，目的是全寨各户都能用同一头神猪的肉分别祭祀各家的祖先。

仪式都跟为逝去的老人举行丧葬礼仪的程序和目的基本相似。例如，绿春县哈尼族去世老人入殓之后，丧家吃饭时要先供献给死者，让死者先“吃”，然后就在灵柩侧的供桌上与死者共享祭品；其他吊唁者也要先夹一块肉丢在地上请死者先“吃”。很显然，这些礼节也具有先供奉死者、再与死者同食共饮的含义在内。

前述可知，最古老类型的“苦扎扎”长街宴是从哈尼族神话迁徙历史史诗记述的“什虽湖畔”到“嘎鲁嘎则”这个时候开始出现的，哈尼族迁徙神话历史中的这个时期也相当于人类历史中的新石器晚期。[①] 从宗教文化发展阶段论的角度分析，这个时候正是人类历史上图腾膜拜普遍盛行的时期。英国学者罗伯逊·史密斯（William Robertson Smith）在名为《闪米特人的宗教》（Religion of the Setimes）中指出，这个时期社会普遍实行的所谓图腾制度就是由一种叫“图腾餐”（totem meal）的象征仪式发展而来。[②] 但是，举行“图腾餐”的前提是假设神圣的存在，最早实行的是以人为最高的“牺牲”祭品和“吃人肉”现象。这种象征仪式几乎在所有存在过的古代文明中都能找得到遗留的痕迹，例如美洲的玛雅文明末期普遍采用血腥的活人祭祀，掏出活人的心来祭祀他们认为的“神”。玛雅人只是这种宗教文化发展阶段的代表，在这一文明时期，美洲的很多古印第安部落都用活人来祭祀，希望通过祭祀求得风调雨顺、五谷丰登。此后，随着文明的进步，人类才逐渐过渡到以各种动物为“三牲祭品”的图腾膜拜时期。

另外一个证据，可以从今天仍能在村寨社会里保持的“牛

---

① 《哈尼阿培聪坡坡》第二章所谈到的哈尼族先民在这一段历史时期的经济生活就具有新石器时期的特点。

② ［英］威廉·罗伯逊·史密斯：《闪米特人的宗族》，转引自朱狄：《原始文化研究》，536~538页，北京，生活·读书·新知三联书店，1988。

畜丛结"① 中得到验证。彼时，哈尼族村民的"图腾"可能就有今日村寨里普通而最重要的从事生产的主要劳力"牛"这种动物。以这种跟人们的日常生产生活紧密相关的动物的映像符号作膜拜物，盛行于历史神话传说中哈尼族先民从"嘎鲁嘎则"到"惹罗普楚"、再从"惹罗普楚"到"诺马阿美"的这段历史时期。哈尼族专家史军超认为："此期内，哈尼族先民诸羌部落自西北高原沿澜沧江、怒江、金沙江、大渡河、雅砻江、安宁河流域高山纵谷'民族迁徙走廊'南迁而来……其时为公元前若干世纪到春秋战国时期。"②

三、均分"份肉"

前述可知，至今我们所知的三种类型的长街宴饮食文化活动都跟哈尼族村寨举行的大型传统节日有关。"份肉"是"苦扎扎"类型的长街宴饮食文化活动前"杀牛祭磨秋"之后均分的献祭神牛肉。之所以称之为"份肉"，可能"份"就是"分"的谐音，也就是"均分"的意思。当然，这种"均分"的社会学意义，对于村寨里的人们来说还是必不可少的。最初，笔者在元阳县箐口、全福庄一带的哈尼族村寨做田野调查发现，这些村寨举办"苦扎扎"类型的长街宴时必有这份"稀世奇珍"，每一户哈尼族家庭的美食都围绕着它摆设，"份肉"被摆放在每家每户的桌子最中间。村民们告诉我，这一来自祭祀的神圣"牺牲"在村民们心目中的地位非常重要，它已经不是一道普通的食材。有很多神话记忆讲述它的由来。据笔者调查了解，这种在年节时

① 在今天人类学家收集的案例中，"牛畜丛结"现象以非洲东部的乌干达人最有名。

② 史军超：《哈尼族文学史》，38 页，昆明，云南民族出版社，1998。

全村寨一起分肉的现象不止哈尼族有，它也普遍存在于西南少数民族中。贵州的《苗族古歌》中就讲到：“现在有了千万坡，千份祭祀雷公肉，千串房族祭祀肉，江河也有山冲流，纺车也能摇得动，田地也会出米粮，我们也得到衣穿，美好生活说不完。”在这里，祭雷神是要用肉做祭品，每家都要祭。而且祭家的房族兄弟有多少户，就要把祭肉分成多少份，每份肉用竹签串好，逐一散给各家，每户一份的祭肉都被作为分祭自家祖宗的重要祭品对待。彝族史诗《二月八打歌调》是“二月八”盛大节日时吟唱的调子，其中就有教人们如何“祭献牲猪、分肉、认祖源父族”① 的内容。以上这些来自集体记忆的神话故事，均告诉了我们在大型的祭祀活动时各村各寨都会有这样一个均分“份肉”的社会事实。

除均分“份肉”的“有福同享”外，全村寨各家各户也要为“苦扎扎”长街宴出一份钱或出一份力，体现了大家“有事同担”的观念。所以，我们就不难理解为什么在设宴祭祀寨神前，大家须共同购买一头黄牛作为最重要的“牺牲”祭品，目的也是为了在祭献磨秋神后邀请远古的英雄祖先们一起来共享这头“牺牲”的肉。同样，献祭过后的“牺牲”的肉要均分给每户。分配“牺牲”是有着严格规定的：这头蕴含有祖先神圣力量的“神牛”被严厉禁止随便切割，并且分配的顺序和部位都是事先有所规范的。例如，元阳县全福庄的“份肉”要在磨秋场边上的“秋房”中进行分配，全村寨每一户家庭选派一名代表来拿肉，大家排起长队；大“咪谷”会按照前腿肉、后腿肉、胸脯肉、背脊肉等的顺序，依次从大、小“咪谷”们开始分配，然后是“摩匹（或称贝玛）”“德高望重的老人”“则昂”这样

---

① 《二月八打歌调》，见杨茂虞、杨世昌编译：《彝族打歌调》，昆明，云南民族出版社，2002。

有一定地位的家庭依序分下去，直到所有村寨里的每一户家庭都分到为止。由此可见，这一项均分“份肉”的活动反映的正是哈尼族村寨社会组织体系中秩序和结构的真实场域，它也是哈尼族家庭和家庭个体成员对这一秩序的遵守和对村寨“认同”的表征。而村寨此时此刻则把全村的所有成员凝聚、团结在一起，实现“集体认同”。可以说，长街宴饮食文化现象中这一象征性的仪式活动对于社会的和谐和进步是具有深远意义的。

同样，“昂玛突”类型的长街宴上，各家各户的餐桌上也有类似“份肉”的祭品，只是这一核心祭品的材质稍有变化，称呼也稍不同而已。“昂玛突”长街宴上来自神猪的“牺牲”被均分后，大家称之为“龙猪肉”；而“十月年”长街宴上各户人家摆在桌子最中央的核心祭品被称为“生轰”。不管“苦扎扎”节日里的“份肉”，还是“昂玛突”祭寨神时候的“龙猪肉”或者“十月年”过大年时候的“生轰”，它们其实都是哈尼族远古时代祖先英雄的代表或象征。简单来说，它们的功能都是为借此汲取祖先的精神力量，使自己获得自信，同时达到缅怀、纪念村寨保护者的目的。

当然，长街宴上的村民并不是真要去吃这一核心祭品，他们只是把它象征性地摆放在桌面中央，宴会结束后再拿回家供在火塘上方的竹篾笆上。竹篾笆是哈尼族家庭象征祖灵的“侯勾”，专门用来献祭、供奉家族祖先的灵位，以“份肉”“龙猪肉”或“生轰”为核心祭品的家祭结束后，全家同享祭品，以此希望每一位家族成员都汲收到远古祖先的精神力量，祈求英雄祖先保佑每一个成员平安、幸福。从莫斯等西方人类学家的观点来看，这种仪式的目的，也是为了达成此前“人与祖先英雄之间”早已签订的神圣契约之效果，最终“实现”人与神、人与自然之间的沟通、和谐相处。

四、“份肉”的象征意涵

以“份肉”为媒介，通过跟祖灵分食、共享的方式还“履行”人、神之间早已有之的契约，完成了各自的责任和义务。这种观念存在的时间可推至很久以前。其实，人神之间以宴会为媒介结成的这种分食、共享的关系还体现在哈尼族村民日常生活其他方面。例如哈尼族家庭为死去的老人举行丧礼时全族人分食牛肉的行为与“苦扎扎”长街宴上分配、共食“份肉”的性质完全相同。

> 丧礼中哈尼族有一种俗定的规矩，要把一部分牛肉分割给有关的人，这具有价值观和礼节上的意义。哪种人应得多少肉，割牛身上哪个部位的肉，都有明确的规定。①

牛肉的分配方式较为古老，不同的地区有一定差异。主要的那条祭牛称为“牙总”，其肉分配有一套俗定的规矩。首先要给摩匹四对半肋骨，要连皮带肉一起割下。还要将四条腿上割下的四块肉，以及三分之一的牛肠子给摩匹。分给丧家已嫁出去的妇女们一条牛腿，无论有几个人，由她们自己进行分配，各自带回夫家“缅怀”用。砍下牛脖子，连骨带肉，给死者的亲属分享。给做棺材的师傅五条肋骨，给打制杀牛刀的铁匠师傅一条肋骨，给第一个动刀削牛皮的人一条肋骨和大肠头，给死者的舅舅五条肋骨，给死者的舅子两条肋骨，给死者的孙子的舅舅一条肋骨

---

① 李克忠：《寨神——哈尼族文化实证研究》，444~445 页，昆明，云南民族出版社，1998。

等。这些肉各自带回家中祭献。其余的肉要分给寨人，招待前来奔丧的客人。如果杀牛在三条以上，牛肉分配规矩有所不同。①

“苦扎扎”长街宴上哈尼族村民们分食“份肉”这样一种象征仪式的功能和内涵，在神话故事中一览无余。村民们确信磨秋场上“牺牲”的圣牛体内蕴藏着创世祖先的神奇力量，每一户每一个成员可以通过分享蕴涵有象征英雄祖先力量的“份肉”或“龙猪肉”或“生轰”而得到来自远方祖先的福佑。

（一）对村寨社会的意义

由上可见，长街宴饮食文化活动中的“份肉”实际上是象征哈尼族远古创世祖先力量的载体或者代表。在重大的传统节日期间，哈尼族不但相信这些祖先英雄会来到人们中间，而且这些创世英雄精神力量的一部分早已经象征性转移到代表英雄祖先的神牛这一“牺牲”的躯体里。笔者听大家说得最多的是，吃了这一“份肉”后，能在一年之中平安健康、逢凶化吉。但是，哈尼族村寨社会之外的人，甚至家族或家庭之外的人员是被严禁参与分食共享这一神圣象征物的。这种规定正好说明哈尼族作为一个独立的族群与外族人员之间的区分，“份肉”也是他跟其他人群、族群或民族区分的“边界”，能否分食共享神圣物是本民族与外民族、本村寨与外村寨、家内人与家外人之间的标志性事件。“苦扎扎”长街宴分食神圣象征物的过程或许也能令全村寨的所有成员回想起远古祖先们曾经创造的辉煌历史，唤醒每一个哈尼族成员对全社会的传统道德情感和对家庭、对社会的责任，唤起任何一个普通人对本民族认同的集体记忆。哈尼族的这种“集体认同感”其实古已有之，分食共享“份肉”更成为哈尼族个体成员发自内心深处的一种自豪感和信任感。

---

① 史军超主编：《哈尼族文化大观》，233页，昆明，云南民族出版社，1999。

更深入地说，对于曾经有过迁徙岁月的哈尼族来说，象征远古英雄祖先创世力量的“份肉”是祖先精神特质的代表，人们通过分食共享表达自身对民族的深厚感情，而要维系保持这种情感，就要在适当的时候通过各种方式加以强调。同时，这种对本民族的认同情感能够在最需要的时刻转化为全体成员上下团结一心的力量。涂尔干《宗教生活的基本形式》中明确阐述过仪式活动中分食共享的重要性：“首先是有关进食的问题，它的实体是食物，其次还是有关进食的问题，奉献牺牲的崇拜者与他们所尊奉的象征共享牺牲，牺牲的某些部分是为这种象征而保留的，而其他部分则由奉献牺牲的人来享用……根据部分等于整体的法则，要不时地将一小块肉吞到自己的肚子里。”① 可以说，哈尼族村民们以追思祖先并与之同食共享的名义宰杀各种“牺牲”及举行包括长街宴在内的各种象征仪式活动，并非仅仅为了满足口腹之需，更重要的还是要通过这些仪式活动维护和补充团体成员的精神物质力量，增强个体相互认同并达到凝聚集体意识的目的，并增强人们未来在面对困难时能够团结一致的决心和勇气。同样的，在哈尼族“昂玛突”和“十月年”长街宴饮食文化活动中，每个人只需要根据“法则”吃下一小块神圣的象征物，例如“生轰”或“龙猪肉”就能具有这样的功效和目的，我们由此亦可理解到哈尼族社会早期某些习惯法“法则”形成的文化根源。

反过来，如果没有“份肉”“生轰”或“龙猪肉”这样一些重要的凝聚“集体意识”的文化象征符号，在曾经残酷竞争的迁徙神话年月里，哈尼族群体的道德情感如何维持下来？他们在流离失所的状态下，如果没有共同的道德情感，其存在的可能

---

① ［法］爱弥尔·涂尔干：《宗教生活的基本形式》，渠东、汲喆译，432页，上海，上海人民出版社，1999。

性就不复存在了，我们今天可能也看不到“哈尼族”这一群体了。所以，分享“份肉”“生轰”或“龙猪肉”这些符号的仪式过程不仅在哈尼族整体意识的形成中是必不可少的，而且也确保这种整体意识的持续性和稳定性。这种至今仍保留在节日里的分食共享习俗，重复和强调集体的情感，其对社会的重要性是不言而喻的。

（二）对家庭个体的意义

分享共食这些神圣象征物对于哈尼族村寨具有重要的象征意义，它对于哈尼族普通家庭及家庭成员个体的意义也是不言而喻的。一个普通的哈尼族家庭在分享共食“份肉”的时候往往能够更加紧密地团结在一起，但是，其对家庭和个体的意义并不仅于此。

从哈尼族家庭结构和主要成员之间的关系来看，哈尼族的家庭以父系为主轴，以父子连名串联代际成员，这就是所谓父子连名谱系。父子连名谱系在西南地区的很多民族中盛行，如彝族、白族、纳西族、羌族、独龙族、怒族，等等。由父子连名谱系串联而成的家族在哈尼语中称为“启波然”，意即“一个祖先的后代”“一棵树发出的分枝”，哈尼族的家族一般以 10—15 代继嗣群为限。其实，哈尼族的父子连名谱系跟汉族传统的姓氏宗谱从本质上说是一样的，两者都是对父系祖先血缘关系的追溯，它们只是存在形式上的不同而已。二者的区别在于：哈尼族在“人的谱系”之上更强调“神的谱系”的延续，每一个男人都以某一位英雄祖先的名字作为其家族或宗族的名称，这个英雄祖先就是大家都起源于同一处的有力证明，这种“同宗同源”的观念跟汉族某个宗族姓氏祖先的名字为历代子孙所沿用一样，具有悠久的历史。例如著名的元阳县“李黑诸”家的系谱，就从第一代始祖“奥玛”开始，“奥玛”在哈尼语中是创世女神的意思，第二代“阿卑”代表大地的英雄祖先，往下依次是“奥黑”“黑拖”“拖马”“马肖”“肖尼”……共有62代，所以哈尼族父子连名谱系的初始者被认为是生活在天上的英雄祖先的名字。在哈尼族的“生死观”中，家族里那些在世时德高望重的老人死后都会回到“诺玛阿美”这个神奇之地。“诺玛阿美”曾经是神话记忆之中哈尼族先民迁徙时到达的地方，或者说是哈尼族历史上英雄先民们的发轫地，哈尼族的先民们在那里升级为祖先神而受到民间的追思和怀念。哈尼族哭葬歌《密刹威》第13段《找牛杀牛》就讲到，哈尼族要用最好的耕牛作祭品追思刚逝世的老人，因为故去的老人要回到祖先神的大寨“诺玛阿美”，回到那儿以后，他还会同在人间一样，需要用牛来耕田犁地“养活自己”。

在哈尼族传统的哲学观念中，人间的世界是由人的空间、远古祖先神的空间和凶神恶煞的多维空间组成的。也就是说，天上住着的是远古善良的祖先，地下住着的是凶恶的神，人的世界居于二者之间。在著名的《十二奴局》等神话古歌中，都有对“天、地、人”或对“远古善良的祖先神、凶恶的神、人间社会”这样空间层次的划分。“善良祖先的空间中生活着最高等级的神母‘密乌艾西艾玛’（她是一条大金鱼），还有代表天的天神俄玛、代表地的地神密玛、代表太阳的太阳神约罗、代表月亮的月亮神约白、代表人类的人神烟蝶（男）和蝶玛（女）。此外，还有代表力量的力神密嵯嵯抹等‘远古善良的祖先神’。其中代表天的俄玛此后又生下第一代天神阿匹梅烟，阿匹梅烟又生下了第二代天神烟沙，烟沙又生下第三代天神色拉。”最高等级的神母“密乌艾西艾玛”创世的神迹，在哈尼族的神话故事《天地人的传说》中有更多的提及：“远古时候大海中有一条大鱼，大鱼左鳍往上一甩，变成天和地，把身子一摆，从脊背里送出来七对神和一对人，世间这才有了天和地，才有了天神和人类。”① 在《祖先鱼上山》中，祖先鱼“密乌艾西艾玛”生下了天地万物，还生下了“有”和“无”，生下了“黄”、“红”、“绿”、“黑”各种颜色，生下了“生”和“死”，生下了“大”和“小”，生下了七十七个兄弟，最后一个生下的是“半”。② 天神“俄玛”（有时他还称为“莫咪”“阿库拉布”）创造世间万物的伟大事迹，在《天、地、人和万物的起源》中是这样讲述的：阿库拉布（“俄玛”）从天上放下一个大葫芦，一落地就滚动起来，它滚过的植物都是为人类服务的，这些植物就是竹子、红毛树、柏木树和茅草。③ 在《天神的椎栗树》中，天神撒万物种子的时候，最先长出来的树是椎栗树；有了椎栗树，天上、地上就有了年月日，一切活动才都有了秩序。④ 民间传说《小燕喜住新居的故事》提到天神定下人们盖好的新房要给燕子先住的规矩。⑤ 新神话史诗《阿波仰者》讲述天神的小儿子“仰者”曾经在三位女性的协助下，让大地生长出草木，人间社会从此有了家禽牲畜和飞鸟野兽，变得生机勃勃起来。⑥ 在这里，“仰者”其实是哈尼族图腾文化发展时代的祖先神升格为天神的

---

① 《天地人的传说》，见李缵绪主编：《中国民族神话精编》，昆明，晨光出版社，1995。

② 《祖先鱼上山》，见云南省民间文学集成办公室编：《哈尼族神话传说集成》，北京，中国民间文艺出版社，1990。

③ 《天、地、人和万物的起源》，见云南省民间文学集成办公室编：《哈尼族神话传说集成》，北京，中国民间文艺出版社，1990。

④ 毛佑成、傅光宇：《天神的椎栗树》，见《奕车风情》，成都，四川民族出版社，1984。

⑤ 《小燕喜住新居的故事》，见武定县文化局、民委、民间文学集成小组编印：《武定县民族民间文学集成》。

⑥ 《阿波仰者》，载龙浦才演唱，杨国定翻译，宋自华记录整理，元江哈尼族彝族傣族自治县民族事务委员会、文化馆编：《罗槃之歌》，昆明，云南民族出版社，1985。

杰出代表，他的丰功伟绩为我们展示的正是哈尼族先民改造万物和创造连续和有规则社会秩序的伟大力量。

除了处于最高位阶的那些天神以外，在哈尼族“次一级的大神体系”里则有象征风、雨、雷、土地、籽种、水、田、水沟、金、银、铜、铁、锡等的各种神灵。另外，还有威咀、石批、管天亮和夜幕的胜前老人、管地亮地暗的妥腊皓娘以及天上的“莫批”决罗阿申、地上的“莫批”贝玛达拉罕见、保护人类的欧户及他手下的奴博阿帕以及增神、省神（他们都是人间的保护神）等各种次一级的大神。在这个神灵形态里面，甚至还有享受鸭子祭品的沙么阿求、为天神养狗的决斗拉么、帮助人间的莫批驱魔的沙玛等更次一级的“祖先英雄”体系。他们的位阶比天神们更要低一些，法力当然也不如前述的二者。哈尼族神话《佐罗和佐卑》说相传天、地、人诞生后，世间就成了天上、地上和地下三层世界。那时候许多地位“次一级的大神体系”的英雄祖先们天天到人间游玩，有的因违反天规地律而久居人间。天上的这些神仙不回归天庭，有些地下的祖先也不回地府，还相互争夺管理人间的特权。于是他们天天争吵打斗，使得大地无宁日，最后他们惹恼了最大的那位叫烟沙或沙拉的天神，于是做出给予他们处分的决定。① 这些处分无非是放逐或降级，例如《阿波老林的传说》里的白胡子老人下凡帮助哈尼族村民除妖除恶、开河造林，由于某种原因回不了天宫，就变成一棵大树，哺育着千千万万棵小树茁壮成长，这些小树变成一片森林，被称为阿波老林。②

在哈尼族的宇宙观里，除了由以上等级较高的“次一级的大神”组成的体系外，在较低一层次的神的体系里，还有著名

① 《佐罗和佐卑》，见《元阳民间文学集成》，元阳县文化局 1986 年编印。

② 《阿波老林的传说》，未刊稿，文稿由元江哈尼族彝族傣族自治县史志办宋自华保存。

的塔婆[1]、龙王欧罗、传人类的兄妹和他们的孩子们，阿批仰遮[2]，欧巴、欧牛[3]，遮衣遮车[4]，欧比吉莫、龙冲牛斗[5]，可阿、可遮[6]，收洛阿秋[7]，笋女[8]，他朋么于[9]，“最聪明的阿龙和勤劳的阿翁”[10]，区伊、莫作和仰资[11]、阿扎[12]、阿罗[13]、玛麦[14]、日则和努噶、阿培、东约阿妈[15]，以及在“谷哈密查”率领大家冲出重围的女英雄戚拟等有名有姓的祖先英雄。他们跟等级较高的“次一级的大神”组成的系统一起对应着那些居住在地底之下、由各种各样的凶神恶煞组成的空间，例如除了木威安威、培斗媳妇都是天上的死神，还有培龙姑娘[16]、尸古挫麻[17]等是有名有姓的以外，更有天上的凶的象征、地上的凶的象征、查[18]的象征、怪的象征、战争的象征、混乱的象征、纠纷的象征、常的象征、别离的象征、失败的象征等拟人化的恶神，虹的象征、水的象征、火的象征、虫的象征、蛇的象征、疯的象征、癫的象征、热的象征、烫的象征、挤的象征、垮的象征、瘫的象

① 哈尼族神话故事里的人类和动物始祖。
② 哈尼族神话故事里的建寨始祖。
③ 哈尼族神话故事里的取寨名始祖。
④ 哈尼族神话故事里的挖建水井始祖。
⑤ 哈尼族神话故事里的管水始祖。
⑥ 哈尼族神话故事里的盖房始祖。
⑦ 哈尼族神话故事里的播火种始祖。
⑧ 哈尼族神话故事里的最先养鸡鸭的始祖。
⑨ 哈尼族神话故事里的给人间驱赶邪魔的始祖。
⑩ 哈尼族神话故事里的寻找起死回生药的始祖。
⑪ 哈尼族神话故事里的哈尼族三大支系的祖先。
⑫ 哈尼族神话故事里的为人类盗取火种的英雄。
⑬ 哈尼族神话故事里的为人间找到会报日子、会分四季的布谷鸟的英雄。
⑭ 哈尼族神话故事里的为人间找到好粮种的英雄。
⑮ 哈尼族神话故事里的为人间杀死妖魔鬼怪的英雄。
⑯ 地上死的象征。
⑰ 阴间的鬼王象征。
⑱ 阴间的冤魂。

征、罗唉[1]的象征、沙唉[2]的象征等被称为自然的和半自然的凶神。

由此可见，在哈尼族传统的世界观和宇宙观里，他们所处的宇宙空间是多维空间的有机统一，由人间世界、天上英雄祖先世界和地下的凶神恶煞的世界构成，这三个世界谁也缺不了谁。正是在这种传统价值观念的引领下，哈尼族村寨里的村民在长街宴饮食文化活动中追思、缅怀各种远古的祖先英雄，同时邀请来自各种空间里的各色代表，包括凶神恶煞的代表，前来人间社会与所有人一起共享同食各种美味佳肴，其目的就是求得与它们和平相处。笔者看到，在“苦扎扎”类型的长街宴中，哈尼人家要为刚逝去的亲人留一个位置，正式开宴前先敬奉天地间各类“神鬼”。值得指出的是，长街宴上敬奉的邪恶者主要是指无处可去的“孤魂野鬼”，哈尼族神话故事《人鬼分家》[3] 中就讲述人、凶神恶煞、天上的祖先神以前曾是一家“人”，后来由于种种原因才分开回到各自空间里。可以说，传统的长街宴正是哈尼族对天、地、人或善良的英雄祖先、凶神恶煞、人群三者“和谐统一”价值观念的体现。在此，长街宴这一符号系统的哲学象征意义正是“符号义”（意指，signified）指涉的主要内容，长街宴也是哈尼族传统的世界观、宇宙观、人生观的表征。

对于村寨的家庭和个人来说，同食共享的“份肉”“龙猪肉”“生轰”都具有同样重要的社会功能和象征意义，例如在分食“生轰”的时候，我们听到大“咪谷”这样的祈祷：

尊贵的莫咪，今天用漂亮的公鸡追思你，请你保护

---

① 官人、贝玛等有一定身份的人变的恶势力。

② 非正常死亡的人变的恶势力。

③ 刘辉豪、阿罗编：《哈尼族民间故事选》，上海，上海文艺出版社，1989。

三层人丁、三类庄稼、三种牲畜。管粮的色关阿收来，管人的天的代表欧户农博来，管畜的天的代表奎么阿热来，一天不能来一次，三天一次一定要来，我们在象征天的祖先的庇护下，人粮畜才能发展。

此时，各户人家在自家屋顶上或自家大门口摆一张桌子，点三盏油灯，烧三炷香，准备酒、茶、糯米饭各三碗，外加一大碗米，活祭、生祭、熟祭共三次，全家人分三次朝天磕头。

各种类型的长街宴饮食文化活动中人们同享共食的这些神圣的食物，“蕴含”的是哈尼族英雄祖先的力量。无论这些英雄祖先在人们观念中处在何种位阶或在宇宙空间中具有的位置如何，这些祖先神对人间社会所应该“承担”的职责、“应尽”的义务，随着村寨纪念活动的增多、缅怀仪式的复杂而“变得”越来越多种多样。村寨、家庭、个体也需要这些拥有神奇力量的祖先的保佑。那些处在最高层次和较高层次空间里的祖先神，他们类似于更远古时期也就是图腾文化发展时期以各种各样动植物形象出现的图形符号，例如大鱼、竹子、神树等，它们正是人类刚有着崇拜文化时各路祖先英雄的象征。

所以，哈尼族神话故事、史诗歌谣、民间传说里的这些英雄豪杰，因为能满足村寨里人们的某种需求并“发挥”出了一定的功能，“达致”了一定的效果，所以被世俗社会追思和怀念。在前面提到，神话故事对“苦扎扎”节由来的解释是“人类曾经被牛马、虎豹和老鹰控告到天神烟萨那里，控告的理由就是人类在役使它们、追杀它们，这些动物请求烟萨给人类以惩罚”。而在另外一些哈尼族有关神话记忆中，例如《烟本霍本》《俄色密色》《查牛色》《毕蝶、凯蝶、则蝶》《俄妥奴祖》《雪紫查勒》《厄朵》《塔婆罗牛》《艾玛突》《天地人鬼》《阿培阿达埃》《葫芦里走出人种》《磨秋》《动物的家谱》《杀鱼取种》

《祖先鱼上山》《祭龙的由来》《塔婆取种》《公鸡请太阳》《公鸡冠子上的刻印》《为什么鸡叫太阳就出来》《人鬼分家》等，讲述的是远古时代动植物对人类的救助和对人类社会做出的积极贡献，例如《为什么鸡叫太阳就出来》。[①] 这种文化特征在世界人类文化发展史上被称为自然崇拜。《动物的家谱》讲远古时候，哈尼族的祖先梅烟生下四个孩子。一个是人的祖先恰乞形，一个是所有有脚会跑的动物的祖先优哈，一个是所有无脚会爬的动物的祖先优本，一个是所有有翅膀会飞的动物的祖先优贝；后面三个祖先又衍生出了动物的家谱。[②]《磨秋》讲述了关于两个掌管雨水的祖先“均匀地放雨水”的故事。[③]《祖先鱼上山》则是哈尼族的祖先“鱼”生天地万物的神话。[④] 由此可见，神话记忆里的叙事反映这些神话对应的时代里哈尼族先民与大自然的关系以及企图。

从个体、家庭以至村寨社会的角度来看，以“份肉”“龙猪肉”“生轰”等核心食物为代表的长街宴饮食文化作为一套规约性的象征符号体系，它们是哈尼族家庭团结、个体认同，甚至是一个村寨社会的道德情感的符号表达，也是哈尼族从个体到家庭再到民族全体意识得以维系的重要符号叙事。可以说，只要有哈尼族生活的地方，这套由“份肉”“龙猪肉”“生轰”等核心食物为代表的长街宴饮食文化系统就必然会存在并延续下去。

---

① 《为什么鸡叫太阳就出来》，见云南省民间文学集成办公室编：《哈尼族神话传说集成》，北京，中国民间文艺出版社，1990。

② 《动物的家谱》，未刊稿，文稿由云南省社会科学院史军超保存。

③ 《磨秋》，未刊稿，文稿由云南省社会科学院史军超保存。

④ 《祖先鱼上山》，见《哈尼族神话传说集成》，北京，中国民间文艺出版社，1990。

第三节　“转磨秋”“荡秋千”

从举办长街宴饮食文化活动的地点来看，“苦扎扎”节的长街宴一般选在磨秋场上举行，从物质形态来说，磨秋由磨秋桩和秋千组成。实际上，“苦扎扎”节又叫做“祭磨秋”节或“祭秋房”节，可见“磨秋”和“祭秋”在“苦扎扎”节和哈尼族人民心目中的崇高地位。有的村寨还有专门“祭秋千架”的活动。

“祭磨秋”前，大“咪谷”带领小伙子们砍坚硬的栗木来架新的磨秋、搭新的秋千架、加固秋房。《十二奴局》史诗“七觉麻普得”章载：“寨边的草坪上，安作环乐的磨秋场；砍来坚硬的栗木，栽起永不打失的磨秋桩。”① 由神话史诗久远的历史可推“转磨秋”活动早已有之。而秋千的历史却难以考证其源头。但据《古今艺术图》记载，今天在少数民族地区存在的“秋千”可能最初出现于春秋时期一个叫“山戎”的族群中。南朝梁代人宗懔在《荆楚岁时记》中说：“春时悬长绳于高木，士女衣彩服坐于其上而推引之，名秋千。”此外，历史上很多文人墨客都留下过“荡秋千”的佳句，例如宋代欧阳修《浣溪沙》“绿杨楼外秋千”，唐代词人冯延巳《上行杯》中有“柳外秋千出画墙”，杜甫的“十年蹴球将雏远，万里秋千习俗同”，宋代诗人僧惠洪还有一首专门描写“荡秋千”的《秋千》诗：“画架双裁翠络偏，佳人春戏小楼前。飘扬血色裙拖地，断送玉容人上天。花板润沾红杏雨，彩绳斜挂绿杨烟。下来闲处从容立，疑是蟾宫谪降仙。”由此可见，跟“转磨秋”一样，“荡秋千”也早已有之。

---

① 赵官禄等收集整理：《十二奴局》，96 页，昆明，云南民族出版社，1989。

一、转磨秋

“杀牛祭磨秋”“祭秋千”的仪式活动，有明显的生殖崇拜痕迹。红河县宝华乡嘎它村“苦扎扎”节祭献“磨秋”的过程是这样的：

> 祭司端出一桌酒菜放在磨秋桩附近祭献磨秋。祭毕，在磨秋杆的两端分别挂上一串椎栗树枝，并推动磨秋杆沿顺时针方向旋转九圈，然后让磨秋杆自行旋转，待磨秋杆停止旋转时，在其一端支撑起一根木棍，使磨秋杆保持水平状态；此时，木棍必须立在一块石板上，磨秋杆的两头必须指向南北两个方向；至此，祭司再向磨秋行三次跪拜大礼，然后撤走支撑磨秋杆的木棍，并顺手向下按压磨秋杆头，使其碰撞在支撑木棍上，并将磨秋杆从磨秋桩上震落着地；磨秋杆一着地，全村的已婚中青年男子就蜂拥而上，争先恐后抚摸磨秋桩的顶端、磨秋杆的孔穴以及磨秋杆两端的扶手。嘎它村的哈尼族坚信，抢先摸到磨秋桩顶端者会生贵子，抢先摸到磨秋杆孔穴者会生女儿，抢先摸到磨秋杆两端扶手者，预示整个家庭将会六畜兴旺，要将磨秋杆扶手带回家放到畜厩中。嘎它村的哈尼族认为，磨秋杆着地时，若其顶端（即制作磨秋杆的木材靠近树梢的那端）指向东方，则预示着该村的梯田本年度将获得大丰收；若磨秋杆顶端指向西方，则表示该村旱地本年度将有好

收成。[1]

在金平县勐拉乡翁当村，“转磨秋”活动时，大“咪谷”先下到场子中央推磨秋转三圈，以示“转磨秋”活动开始。之后，人们争着要把磨秋打得更响更快，把秋千荡得更高更好，他们相信，谁将磨秋转得最欢快，秋千荡得最高，来年他家的庄稼就长得最好。

履行完“转磨秋”的象征仪式以后，大“咪谷”就回到秋房宣布宴会正式开始。此时此刻，哈尼族的小伙子和姑娘们纷纷来到秋场参加“转磨秋”及“荡秋千”活动，或者唱“哈巴”，跳“独打”、棕扇舞。哈尼族《扭动身舞的传说》告诉我们，无论是追忆某位英雄祖先，还是举行葬礼，以及逢年过节，男女青年社交，都要跳扭动身，这些歌舞均来自于代表天的英雄祖先。歌舞表演，使长街宴饮地变成了欢腾的海洋。

在平时，磨秋桩坑下要存放一些谷粒、青草、铁块、碎银等物品，这些物品被当作跟英雄祖先有关联的神圣物，非过“苦扎扎”节的时候不能取出，也不能随便敲打磨秋桩。在祭磨秋时，牛肉、牛头为主祭品，大“咪谷”用绿松树枝或椎栗树叶左三下、右三下地围绕着磨秋桩轻轻地敲打，口中念念有词祈求各路英雄祖先前来保佑庄稼丰收、人畜兴旺，并召唤天上的威咀、石批二位英雄祖先，下到人间与大家一起共饮同欢。

（一）“转磨秋”的过程

在“苦扎扎”节长街宴之前的下午两三点，各家各户要从大“咪谷”家门口起至磨秋场上摆长街宴。磨秋场及磨秋桩、

---

① 白玉宝：《回首百岁月遗迹——左能长官司文化遗产考察实录》，见《中国哈尼学》，第二辑，42页，北京，民族出版社，2002。

秋千是哈尼族先民在建寨时必须考虑的因素，其目的就是为了一年一度的“祭磨秋”“祭秋房”以及摆设长街宴使用。这种过年时的习俗及建寨制度早在神话传说中的“惹罗普楚”时期就已规定下来。在神话中，摩匹这个时候要高唱：“寨边的草坪上，安作环乐的磨秋场；砍来坚硬的栗木，栽起永世不朽的磨秋桩。”① 因此，凡哈尼族村寨，传统上都必须有磨秋场，要设有秋房、磨秋和秋千，它们安置于村边磨秋场上，是哈尼族村寨的重要标志物和象征物。

“转磨秋”实际上是哈尼族远古祖先们曾经有过的一种图腾膜拜活动。我们今天研究哈尼族村寨这种节日文化活动的遗留，并不是要验证一些人所谓“原始人的心理”的问题，而是研究哈尼族的社会状况，尤其在研究与哈尼族社会发展进程相关的“苦扎扎”类型的长街宴饮食文化活动更是如此。也就是说，无论历史上这种制度在今日哈尼族村寨尚还留有多少的痕迹，它所反映的实际上是现代哈尼族村寨社会的情况，跟所谓的“原始心理”“原始社会”没有关系。

元阳、红河、绿春一带的哈尼族远古先民们对图腾的膜拜，显著地表现在对寄托在公牛体内的祖先生殖力量的崇拜上。村民崇拜英雄祖先的这种力量，是希望能给自己带来预期的结果和无限的喜悦。正如祭词中说：“（我们对您），有双手的打躬作揖，有双脚的跪下磕头，愿七种庄稼都成熟，愿喝的宽裕，愿吃的经吃。”②

祖先灵魂转生在牛躯体里的这种观念，除可见于“苦扎扎”

① 《虎珀拉珀卜》，即“翻年歌”或“十二月生产调”，是朱小和演唱的《窝果策尼果》（古歌十二调）中的内容，见西双版纳傣族自治州民族事务委员会编：《哈尼族古歌》，95 页，昆明，云南民族出版社，1986。

② 白祖额搜集，段妃乐翻译：《哈尼族四季生产调》，182 页，昆明，云南民族出版社，1989。

节杀牛“祭磨秋”的场合外，在哈尼村寨老人葬礼上“杀牛祭祀”“接牛粪”的习俗、跨村寨性的缅怀英雄祖先的象征仪式中也普遍存在。墨江、碧溪一带，哈尼族家中老人去世，众亲友团团跪在牛前痛哭，并将该牛便出之粪盛入一个篾箩中，置于仓中存留，并请“贝玛”念诵咒语。

哈尼人观念中，“哑总”① 被看成是最神圣的东西，它是死者意志的代表，而“牛屎是死者给后人的福祉”，死者的灵魂能够转生入“哑总”这种动物的躯体里，并给后人带来福祉。在丧家出殡当日早上，还要杀牲怀念死者，其中以水牛、黄牛和羊为上等祭品，少则一两头，多则七八头不等，外村亲友也会牵牛拉羊、提酒背米前来吊祭。摩匹给死者招最后一次魂，然后，摩匹、阿舅、家人、亲族、本村长者一起吃牛头肉、猪头肉，以示与死者进最后一次餐。饭后，阿舅吃完牛脑，就宣布死者灵魂已跟着英雄祖先回到祖先的居住地，丧事已毕。从哈尼族为故去的老人举行丧礼分食牛肉的过程来看，其性质也跟“苦扎扎”节长街宴分配牛肉的性质是完全一样的。

据说，祭牛也是送给死者在阴间作家畜用的。哭葬歌《密刹威》第 13 段《找牛杀牛》便叙述了杀牛献祭的一套礼仪。祭祀用餐时，人们要用象征牛身体最重要的器官牛肝祭死者。葬礼后还要行“活嘿闪”（送绝饭）象征仪式：用大碗盛一碗饭，饭上覆盖牛肝肉片，请死者快来吃。不管怎么说，人们在象征仪式里分享的这些牛肉并非普通的牛肉，而是神圣等级观念的象征，村民们通过分享这些牛肉也就和死者一块分享了远古英雄祖先灵魂的神圣本原（死者的“灵魂”其实也是这英雄祖先本原的一部分），也因此禁止外来人参加这种对哈尼族祖先神圣本原的分享象征仪式。另外，纪念性的舞蹈“莫撮撮”是红河一带哈尼

① 哑总：“神牛”的意思。

族在为老人举行葬礼中跳的舞，一般在死者家门前的空地上围绕着祭牛循环跳跃，并击鼓敲锣，配以一些歌，其内容主要是讲死者的功绩和劳动事迹，有向英雄祖先祈求接纳死者顺利返回远古发祥地的意思在内。因此，“创世英雄祖先的力量可以转入牛这种动物躯体里”的观念成为人们模拟生育万事万物的动力，这种观念正是古老的图腾活动的特征。在这种价值观里，人和动物是平等的关系。

哈尼族曾有过的图腾文化活动，在他们至今尚存的对牛的深情厚谊之中留下了痕迹，它也可被看作是这种古老崇拜遗留的证据。例如村民们平日里保持着不杀水牛、不吃牛肉的习俗，只在牛自然亡故时才例外。绿春县、元阳县、红河县的很多村民都有惊人一致的看法，他们认为很久以前牛和人曾做过结拜兄弟，两者的感情很深。因此，平时禁食牛肉的习俗不光是出于感情上的原因，显然有着价值观或信念方面的忌讳。沙普镇的哈尼族村民们认为，如果平时随便食用牛肉，会影响到生产的正常进行或者人们的身体健康。在青年人婚期的选择上，娶讨的哈尼族男方通常会选择属牛日为婚礼之日，认为属牛日是降福的日子，家中的一切福气都来自这天。

人们对水牛怀有的这种特殊感情，还表现在他们像对待家人一般细心地照料和爱护它。在过“牛纳节”的时候，人们用好吃的东西犒赏水牛，让水牛专门休息一段时间。如果母牛生仔，哈尼人家全家出动到山间田野给牛找最鲜嫩的青草，煮肥肉和红糖喂“坐月子”的母牛；小牛出生三天后要举行“牛然伙略扎”（小牛吃糯米饭）仪式，太阳升起时在牛厩出入口置一篾桌，摆上糯米饭团，先喂水牛母子，全家人再各取一个饭团，跟牛一起食用。[①] 以前，哈尼人把一些传统的乡规民约称为“牛宗碑”，如江城洛洒乡洛洒寨立有一块高 103 厘米、宽 50 厘米、距今约一百五十年的石碑，规定了对偷牛盗马者的惩治和巫药弄鬼者的处罚；江城江边乡一碗水村也立有一块嘉庆十六年（1811 年）的牛宗碑，规定了处理村与村之间的冲突案件的方式，以“牛扎”（杀牛起誓）或“昂扎”（杀猪起誓）调查取证，再进行裁决。这些神判方式，显然认为牛肉或猪肉里面赋予了祖先公正裁决的力量，与“苦扎扎”节及“莫撮撮”[②] 葬礼以牛肉追思祖先英雄的活动性质是一样的。文化人类学上将这种人牛共生的现象称为“牛畜丛结”。

鉴于此，笔者就可以理解为什么人们在长街宴饮食文化活动上亲切地称呼那些受邀而来的彝族、瑶族、傣族的客人们为“牛亲家”或“马亲家”了，[③] 这是因为哈尼人对牛本身所怀有的深厚感情而在礼节上演变成对客人的一种尊称。

（二）“转磨秋”的象征意义

从上述的分析可以得知，哈尼族村寨社会节日期间的“转磨秋”活动确实有着重要的象征意义。

作为“转磨秋”活动必不可少的磨秋桩是哈尼族父系村寨社会的标志物和英雄祖先的象征物，安置于村边磨秋场上，非年节时不能敲打，在“杀牛祭磨秋”仪式活动中“保佑”村寨里的庄稼、人、牲畜等万事万物顺利地生长和繁衍。哈尼族对磨秋桩中的英雄祖先力量寄以如此的厚望，这种力量不能说是虚幻的，它们到底从何而来呢？我们来看看与之相关的史料。

---

① 岚峰：《敬重耕牛的风俗》，见毛佑全编：《哈尼山乡风情录》，成都，四川民族出版社，1993。

② “莫撮撮”起初是丧葬仪式的名字，后来人们也把一些丧舞称为“莫撮撮”。

③ 王尔松：《哈尼族文化研究》，187 页，北京，中央民族大学出版社，1994。

元代李京《云南志略·诸夷风俗》载："每岁以腊月三八春节，竖一长竿，横设一木，左右各坐一人，以互相起落为戏。"这是关于哈尼族转磨秋最早的史料记载。清道光《云南府志》卷二载："正月，男女抛绣球为戏，又竖一直木于地，以一横木凿其中，合于直木头上，两人一左一右，以横木两梢头为戏，此落彼起，腾于半空，名曰磨秋。"可见，磨秋桩、秋千架以及围绕着它们的转磨秋、荡秋千活动在哈尼族"苦扎扎"节里的重要地位，它们是一定不可缺少的事项。1971 年，云南江川县李家山考古时发现了西汉早期的一面铜鼓，鼓腰有一幅磨秋场面浮雕：一根圆形的立柱，顶端是圆形的转盘，转盘四周系有四根绳索，绳的末端都有一个圆环，四个头戴羽冠的人，各执一环绕柱旋转跳跃。据说这就是目前云南哈尼族唯一的"转磨秋"古代实物证品。春秋时期，哈尼族先民就已经居住在云南包括江川地区，也就是"转磨秋"铜鼓实物证据出土的地方。

从构造上来看，今天哈尼族的磨秋由两个部分组成：做轴心的磨秋桩和中间凿成凹状以便架上磨秋桩的长度数丈的横杆。一般来说，磨秋桩不会轻易更换。横杆上要坐人，出于安全的考虑，一到两年更换一次。据笔者所知，古时的人们摩擦取火的做法跟哈尼族今天的"转磨秋"有相似的地方：先取一块有洞的桤树木（这可以象征着女性的生殖器），用一根桉树棍（这也类似男性的生殖器）在桤木洞中旋转，二者相摩擦而生火（象征热和生命），这种取火的方法与今日哈尼族的"转磨秋"活动暨生殖模拟场面何其的相似啊。如果"转磨秋"真是一场生殖模拟象征仪式的话，那么我们就可以解释整场的活动和之前的"杀牛祭磨秋"的象征意义了：它们都是哈尼族先民对古老生殖崇拜的最直接体现，"磨秋"正是这种力量崇拜的最直接证据。

据说，在过去的"苦扎扎"节，某些村寨与村寨之间还要进行化装狂欢，狂欢活动的一项重要内容就是"串寨"。男青年戴上干笋叶和棕叶制的假面具，全身或半身“裸体”，下身挂一个葫芦代表男性生殖器，从一个村寨到另一个村寨去“转磨秋”，最后在秋场跳舞狂欢，跳“书独”（即鼓舞）。这种“鼓舞”具有明显的生殖崇拜内容，当地人说跳这种舞也是为了祈求英雄祖先护佑庄稼丰收、人口兴旺。元江县的羊街等地的“阿腊撮”舞，也有男性挺腹送胯的“扭动”动作，李金印、刘全吾两位专家研究认为，这种舞蹈韵律特征中的“扭动”源于哈尼族早期对生殖的崇拜。在今天的外人看来，哈尼族先民们创造的这些模拟生殖的传统礼仪是不切实际的“迷信”活动，甚至带有巫术的性质。但是，对于远古的哈尼族祖先们来说，这些活动却是他们的创举，是他们征服自然、控制万物的一项尝试，是哈尼族先辈认识自然利用自然的自信，按照动植物生长所需要的气温、湿度、日照、土壤等正常的自然生态条件，如果不出什么意外的话，人们在秋天的时候确实就能品尝到举行这些活动之后“粮食满仓、牲畜满栏、添丁增孙”大丰收的甜蜜结果。

二、“荡秋千”

“苦扎扎”又被称为“祭磨秋”或“祭秋房”，其中已包含“祭秋千”的意思在内，这里对这一活动做简单介绍。

（一）哈尼“秋千”

哈尼族的秋千和磨秋实际是相伴相生的，它就像哈尼族神话中所描述天地初开时的混沌情景，是经过了阴气阳气互变、繁衍的结果一样。在人们看来，这种结果一定要成双成对。学者龙倮贵认为，哈尼族“无论是神灵、祖先，还是每一种动物的出现，无不成双成对，阴阳相携，红绿相配，雌雄相交，体现出二元对立的阴阳思辨特征”①。因此，秋千可能正是哈尼族这种“二元对立的阴阳思辨特征”的产物，它跟“磨秋”相伴而生，当然也成为“苦扎扎”节上不可或缺的圣物。有了“秋千”，就会有“荡秋千”活动。“荡秋千”的规定是这样：大“咪谷”主持象征仪式之后，甩动秋千三下，并登上秋架悠几下以示开启“荡秋千”活动，然后，前来参与活动的村民蜂拥而上。“荡秋千”还有个不成文的习俗：男子只能单人荡秋，妇女则可以单人、双人荡。另外，村民们认为第一个登上荡秋架的女子是村寨最勇敢、最吉利的女人，都为她高声喝彩。对于“荡秋千”能带来的好处，人们认为：“打一秋，荡掉坏庄稼，荡进好收成的庄稼；打二秋，荡去带灾星的坏人，荡进清白的好人；打三秋，荡出懒做活的牲口，荡进勤做活的好牲口。”可见，“荡秋千”有祈福吉祥的功能。

事实上，“苦扎扎”节秋场上只有“秋千架”而没有“磨秋”，或者只有“荡秋千”活动而没有“转磨秋”活动的情况也是相当罕见的。

（二）“荡秋千”活动

“荡秋千”活动的开场，是大“咪谷”在众人的陪同下到秋场行赶秋象征仪式，“陪同”威咀、石匹二位来自天界的大神“转磨秋”“荡秋千”。无论在思想上还是在行为上，“荡秋千”都是为了确保“平安、秩序”等集体精神效力的真实存在，虽然这种效果还要通过时间的检验和客观的观察才能得到验证。一般来说，大自然会慷慨赐予人们期望的果实，人们确实能在“荡秋千”活动之后的秋收时节得到他们所希冀的效果，特别在

① 龙倮贵：《浅析哈尼族神话分类及其特征》，见李期博主编：《第四届国际哈尼/阿卡文化学术讨论会论文集》，昆明，云南民族出版社，2005。

“十月年”长街宴时能品尝到风调雨顺带来的粮食满仓、牲畜满栏、添丁增孙等甜蜜果实。

跟“荡秋千”类似，在哈尼族社会中还有很多民俗活动也是有祈愿庄稼生长、人口繁衍、村寨安全等相同目标的。例如《扇子舞》，跳扇子舞的主要是男人，这种舞蹈代代相传，不仅是要模仿神鸟的动作，还要模拟生产劳动情景的动作，如背肥、送肥等动作，目的是祈愿粮食丰收。[①] 除夕这天，村民们把蚂蚱的翅膀、腿脚拿到“蚂蚱精”住的光山上焚烧，把身子油炸了摆在桌上，模拟“蚂蚱精”被处死的情形，目的是为了让它不敢再来抢人间的食品吃，因此除夕这天又叫“吃虫节”或“吃蚂蚱节”。[②] “乐作舞”中有很多形似打荞、踩荞、簸荞、筛荞的动作，这些动作其实正是人们模拟劳动生产时的舞蹈，它们也成为大家相聚、庆祝大丰收时必跳的舞蹈。[③] 亡故老人葬礼上的“莫搧搧”，是模仿各种生产生活场景的舞蹈。[④] 铓鼓舞（哈尼语为“阿咱搓”）就像鹭鸶点头，是为了感谢天神下的雨，也像老虎洗澡，表现万物欢乐的场景。

村民们积极参加长街宴中的“荡秋千”活动的动力到底来自哪里呢？哈尼族祖先们也在“咪谷”“摩匹”“则昂”的率领下举行“荡秋千”活动，促使人们跟随三位能人的原因是什么呢？也就是说，如果没有力量之源，人们不可能凭空确信他们的这项活动一定能发挥效果，而且一直延续至今。其实，原因跟“转磨秋”是一样的，在此前已经探讨过，请读者参考，此处不再赘述。

---

① 《扇子舞》，收入《中国民族民间舞蹈集成·云南卷（上）》，北京，中国ISBN 中心，1999。

② 《吃虫节》，见《玉溪故事集成》，昆明，云南民族出版社，1990。

③ 《乐作舞》，未刊稿，文稿由云南省民族艺术研究所白学光保存。

④ 《老人去世舞》，未刊稿，文稿由云南省民族艺术研究所白学光保存。

在哈尼族社会中，人们崇拜的创世的力量与一般巫师们（一般由“摩匹”担任）掌握的巫术力是两种完全不同的，甚至相反的力量。当二者发生功用的时候，它们与哈尼族传统的村寨社会组织所保持的关系也不一样：在村寨大型的集体宴会上，因祖先创世的力量是村寨集体事务之渊，大“咪谷”所代表的创世力量顺利地表现出来很重要，人们认为这种创世力还能给村寨带来保护和庇佑等吉祥如意的效果。巫术力却只是专职的“摩匹”个人运用的一种力量，它是一种用以调整与恶势力世界关系的必要而非充分手段。当然，在与周边民族关系紧张的迁徙年代，“摩匹”身上拥有的这种“巫术力”也可能成为调整与潜在敌人力量对比关系的手段，人们希望它能发挥战胜敌人的本领出来。

其实，对于这种类似于“摩匹”及其他族群中巫师身上的“巫术力”，德国著名学者冯特做过研究。他认为，塔布（Taboo，即禁忌）是人类最古老的无形法律，它的存在通常被认为是远比神的观念和任何信仰活动的产生还要早。①

总之，“转磨秋”和“荡秋千”两种活动表现出来的原理已包含了有因果关系的完整概念，其所蕴含的要素正是这两项活动所生成“效力”“作用力”“生成力”等“模拟象征仪式”的“准则”。它们的“准则”也是衍生我们今天所说“威力”“统治力”“权力”等几乎一切力量的源头。可以说，在早期哈尼族神话的讲述中，无论是人们期望的“效力”“作用力”“生成力”“物理力”，还是头人的“威力”“统治力”“权力”等的最初原型，都来自于这种力的体系的“准则”。涂尔干指出，赋予这些“力量”之“准则”的东西也是存在于人们思想或观念里

---

① 转引自［奥］弗洛伊德：《图腾与禁忌》，文良文化译，22 页，北京，中央编译出版社，2005。

那些被称为“生命本原”的神秘物质。①

长街宴活动中，一边是男人们呼朋引伴，喝酒联欢；另一边是未婚的哈尼族青年男女大胆交往，表白爱情，寻觅意中人，唱着“阿茨”情歌，跳着性色彩浓烈的“鼓舞”，转磨秋，荡秋千。而摆在长街宴宴席里每家分得的那碗“份肉”，虽然只有一点点，却是这些活动的力量之源，也是长街宴现象具有生殖崇拜属性的证据。根据笔者的观察了解，长街宴上的其他食品，如树头菜、树藻、水芹、柴花、白旺等，在哈尼人认知中也具有增强生育能力的功用，魔芋和泥鳅隐喻女人和男人生殖器，嫩豆芽是新生命的象征。另外，我们还可以从许多的创世神话中了解到哈尼族的那些创世祖先们的事迹，“份肉”实际上正象征着哈尼族创世祖先的力量。也就是说，在这种重大的节日活动饮宴场合，哈尼族先民们相信自己创世祖先的灵魂或精神力量已经转移到神圣动物的躯体里了，人们杀牛祭祀正是希望寄托于牛里的英雄祖先的力量通过“转磨秋”“荡秋千”等仪式活动助力庄稼、人、畜等万事万物繁育和生长。用列维-布留尔的话来说，这些象征仪式和活动表现出古老民族“互渗”的思维方式。不管怎么说，在青黄不接的岁月里，哈尼族先民们想通过一系列村寨活动及宴会来象征性地达到美好的目的，同时通过各种特别的象征方式表现这些活动已达到的效果。

总之，在“苦扎扎”类型的长街宴上，“份肉”是村民们借“转磨秋”与“荡秋千”模拟生殖、化育万物的最大力量之源。对哈尼族而言，一年只能“杀牛祭磨秋”一次，所以“转磨秋”和“荡秋千”这些具有周期性的象征仪式也是必备的展演节目，时间又选在“青黄不接”的六月年举行，其象征意义就更为明

① ［法］爱弥尔·涂尔干：《宗教生活的基本形式》，渠东、汲喆译，479页，上海，上海人民出版社，1999。

显。从今日“苦扎扎”节人们迎接“威咀”和“石匹”两位农业保护神的行为来看，缘于两位神“承担”着到人间繁殖万物生长的责任。再联系“苦扎扎”由来的神话故事的讲述，可以说“苦扎扎”节里的“杀牛祭磨秋”“转磨秋”“荡秋千”活动，是哈尼族先民们创造的一种模拟万物生长的象征活动，目的就是要推动庄稼、人、畜等世间万事万物的繁衍、休养和生息。这三项仪式也是村民们信奉的祖先精神力量在行动上的体现。

第六章　长街宴风姿绰约的佐餐歌舞

我国的55个少数民族，由于地域、气候、生活方式等的差异，在生成和发展的历史长河中创造了各自不同的神话故事、史诗歌谣、民间故事等集体记忆，有服饰、音乐、语言、文字等方面的多样性，也因此形成了各具特色的民间舞蹈艺术。北方的游牧民族、东方的采集狩猎民族和南方的山地农耕民族都有各自的舞蹈风格，带有鲜明的艺术特征，体现出人类原初的特质内涵。

作为南方的山地农耕民族，哈尼族的分布较广，各支系族散布在礼社江到红河、把边江到李仙江和澜沧江的崇山峻岭之中，特殊的自然生态“场域”，为哈尼族民间歌舞艺术的形成提供了极为优越的物质条件。笔者通过考察发现，这里的民间古歌有“哈巴”“独打”和“根古调”，民间舞蹈艺术形式繁多——红河县、元阳县、绿春县、石屏县、屏边县、建水县等地区流行扇子舞、木雀舞、铜钱棍舞、“同尼尼”、“打莫蹉”、棒舞、三叉舞，元江、元阳、绿春、金平、墨江等地流行碗舞、铓鼓舞、牛皮大鼓舞、乐作舞、阿腊蹉等舞蹈，元阳县及红河县阿扎河乡、洛恩乡、绿春县戈奎乡的村民多跳棕扇舞。

可以说，这些民间歌舞艺术将哈尼族的精神风貌、文化内核、迁徙的历史等淋漓尽致地体现了出来。

第一节 民间歌舞艺术的类型

笔者观察到，在长街宴活动开宴前，大“咪谷”（“苦扎扎”）或“龙头”（“昂玛突”或“十月年”）站在磨秋桩、神树前或龙泉井水边主持开宴仪式诵祈愿文后，“摩匹”（有些村寨称“贝玛”，都是传统上具有相同职能的人）随即吟唱起哈尼族的传统古歌“哈巴”“独打”“根古调”，以增强大“咪谷”主持象征仪式的效果。助手“则昂”等一干众人也会随即起身跳起哈尼族传统的特色舞蹈。

对于古歌来说，无论是“哈巴”“独打”或是“根古调”，里面都蕴含了许多传统的古规古理和祖先迁徙的历史记忆叙事。历史上，“哈巴”“独打”“根古调”仅由“咪谷”“摩匹”“则昂”专职人员负责记诵和传承。这三种能人的重要性，在神话、历史古歌里都有特别的记述。《德摩诗匹》中说“德摩诗匹”是哈尼“摩匹”（祭司）的始祖，从古到今的千万篇古歌都是她传下来的，天神、地神是她的祖父母，天神的姑娘阿奔和地神的儿子阿则是她的母亲和父亲。[①]《你哈掩的来历》讲述，“贝玛”是三种能人之一，是在属蛇日子里从花蛋中孵出来的，而贝玛的祖先也是天神之子，并深得天神宠爱，传了很多技艺给他。[②]《葬礼祭词的由来》讲到有个叫得么斯匹（或帝孟石批）的人创作出摩匹的祭词，收了四个徒弟，分别叫嗯魂、罗沙、沙打、列活；之后，他就成天躺在床上向徒弟们传授祭词，长达数万行的

① 《德摩诗匹》，未刊稿，云南省社会科学院史军超保存。

② 《你哈掩的来历》，见《元江民族民间文学资料》，第五辑，元江哈尼族彝族傣族自治县文化馆，1985 年编印。

祭词就这样一代传一代沿袭至今。[①] 作为一个没有文字、只有语言的民族，今日笔者所见的哈尼族集体记忆中的这些“神话文本”，例如大量的神话故事、史诗歌谣、民间传说、谚语以及医药、生产技术工艺等文化内容，主要是由大大小小的“咪谷”“摩匹”“则昂”，有时也由村寨里其他德高望重的老人以“哈巴”“独打”“根古调”的形式保留和传唱下来的。根据传统习规，“咪谷”“摩匹”“则昂”有责任在各种大型的节日场合通过唱诵“哈巴”“独打”“根古调”，向大家讲述哈尼族的文化和历史等。

哈尼族的民间舞蹈艺术形式有莫伤舞、木雀舞、棕扇舞等，以展演英雄祖先曾经创造的光辉业绩和其他宝贵的精神财富为主要内容，在民间，有着丰富的神话故事和民间传说讲述这些传统舞蹈的来源。

关于木雀舞的民间传说是这样的：过去有一户姓卢人家的小孩全身长了癞疮，父母就把他放在山洞里。有一只小雀天天啄他身上的疮，慢慢地帮助他治好了疮。病愈后，他回到家中时父母都已去世，村里的人都不认他，他只好到村外杀牛祭奠父母，并用树木制成了小雀。在祭祀仪式中，他手拿着木雀，边跳边念：“我是你们的儿子，是小雀救活了我。”也因此，木雀舞规定只有姓卢的人家才能跳，后来，也形成了当老人去世时要跳木雀舞送葬的习俗。

有关棕扇舞的民间故事是这样的：远古时，一位哈尼族祖先要将棕扇舞教给中老年妇女，但是舞蹈尚未教完，这位祖先就升天了。祖先的拐杖插在村头，长成了参天大树，人们就把它看作是祖先的化身，以后每逢农历二月属牛或属虎日，全村人都会去

---

① 《葬礼祭词的由来》，见《金平哈尼族民间故事》，昆明，云南民族出版社，2003。

神树下跳这种舞纪念祖先，是为了表达人们对祖先的崇敬之情。于是，就形成了哈尼族一个隆重的祭祖节，称为“昂玛突”。

在今天，当哈尼族在组织跳“莫伤”舞哀悼逝去的亲人时，丧家要杀鸡或宰羊，请本村男性家长和外村近亲享用，“摩匹”要吟唱守灵古歌；当夜幕缓缓降临之际，本村和外村众多男女青年也会自动聚集在丧家的房前屋后欢歌作乐，跳莫伤舞、木雀舞、棕扇舞等，这也是年轻人谈情说爱的时机，大家彻夜歌舞、狂欢不止。

此外，妇女在亡故老人葬礼场上伤心哭唱的“咪煞威”也兼具唱述和舞蹈，有丧家还要请村寨里专门的咪煞威女歌手以儿女身份替亲属代哭。咪煞威女歌手要历述死者生前建家立业的辛劳、养儿育女之大恩以及为人处世的品德，其音调之悲切、情感之真挚使在场者怆然泪下。但一段哭毕，歌手便谈笑风生，为之动情者也将泪水一抹，称道歌手哭歌的能耐。[①] 这说明哈尼族的“哈巴”“独打”“根古调”已远非单纯意义上的古歌，它们已被赋予了道德教化的伦理职能。

一般地，我们从物态化的艺术角度把哈尼族的民间舞蹈艺术分为两种类型，即哀悼死者、追思先人、纪念祖先的丧舞和庆祝节日的欢快性乐舞。丧舞有木雀舞、扇子舞、棒舞、三叉舞、同尼尼、打莫蹉、铜钱棍舞等，欢快性乐舞有牛皮大鼓舞、铓鼓舞、碗舞、棕扇舞、乐作舞、阿腊蹉等。这些舞蹈均与集体记忆有关的神话讲述紧密相连，有着不同的神话历史起源，例如：

“打莫搓”是哀悼死者、不忘先人的丧舞，在葬礼上跳，没有固定的方位，很随意。领舞者贝玛戴着礼帽（帽上插三根箐鸡毛）、穿着礼服，在放置灵柩的屋里手持燃着的黄香三炷，双目紧闭摇头扭身，呢呢喃喃地念诵悼词、唱挽歌。然后，他双手

---

① 李元庆：《哈尼族传统音乐的多元功能》，载《民族艺术》，1996（12）：15。

持香于胸前，绕灵柩跳一圈。接着在灵堂甩手踢脚绕场跳，以示击退、赶走左右拦路的邪气，踢走左右的不吉祥。跳毕，贝玛将手中的香插在死者的灵柩前，象征死者已平安渡过“厄朗湖”(传说中是祖先南迁时经过的一个大湖)。这时候，其他男性在鼓镲声的伴奏下起舞，做滑步、跳步、颠跳步、滑跳着转身等动作，模拟各种动物或鸟类的动作，有时像熊相互嬉戏、有时像猴子跳跃、有时像鹭鸶在弯颈磕头、有时像老鹰展翅在腾飞、有时像鸡在啄食点头、有时像蛙在举足跳跃。①

木雀舞也是一种追忆祖先的丧舞。领舞人右手拿扇子，左手高执木头制作的木雀，右脚先往斜左前方走上一步，右脚接着靠近左脚，两脚合并随着节拍屈伸一次，随着节奏反复做这个动作。其他舞者左手拿竹质的响板、右手拿扇子或一条白色的毛巾，整齐地敲击响板发出哗啦哗啦的响声，手则同时从左到右或从右到左在胸前平划，碎步小跑，嘴里发出“唷……唷”的喊声，大家合力象征性地打开一条通路。这种舞蹈的动作相对简单。

棕扇舞是模拟棕树和竹子的丧舞，人们在叶号（专门挑选的植物叶子）、巴乌（簧管乐器）声中翩翩起舞，模拟小鸟飞翔、落地、舔翅膀，称为拉扇、背扇、绕鸟扇，节奏缓慢、舞姿端庄，起舞者气态悠缓、祥和，与为死者祈祥纳福的气氛相吻合。

“同尼尼”的意思是扭动身体来跳舞，一般在春耕之前举行的“昂玛突”或各种特别的守灵丧事上跳。跳前，舞者们面向一面特制的大鼓肃立，向大鼓行举手礼；表演时摆臀扭身，用腰、臀、腿、手、肩来模拟猴子的动作，缓慢但很深沉。“同尼尼”又被戏称“猴子舞”。

此外，三叉舞、铜钱棍舞、棒舞等均为双人对跳，以颠跳为基本步法，不断变换动作。铜钱棍舞要始终保持着颠跳的动作，

① 王保明:《建水县哈尼族镲鼓舞》，载《红河乐舞》1987（3，4）。

配合搓棍、握棍。搓棍时手要搓到铜钱，并使铜钱“嘤嘤”转动作响；握棍时手要有节奏地抖动，保持铜钱的声响不断。总的来说，这些丧舞都给人一种阴沉忧郁的感觉。

与丧舞相反，节日期间经常要跳的欢快乐舞蹈是在村寨大型的喜庆节日或庆贺新生婴儿仪式上表演的舞蹈。“苦鲁扎”（火把节）上的牛皮大鼓舞，男人粗犷有力，女性柔和轻巧；“昂玛突”和庆贺新生婴儿时跳的碗舞，舞者双手持碗前后来回碰撞，两腿配合，时而曲膝上下起伏，时而提腿在空中前后摇晃，据说这些动作有模拟生殖的属性；建水县普古鲊村、黄草坝的人们跳“胡督补鲁则”，模拟水稻耕作季节的生产情形。

棕扇舞和“乐作”在过去被当作丧舞对待，现在已演变成过大年、赶大集时表演的欢乐性舞蹈。跳棕扇舞的舞者会在鼓、镲的打击伴奏声中，时而双膝微微弯曲，时而身体均匀上下起伏，再从左至右扭身，从右到左回扭，双手也配合身体上下左右回旋。跳“乐作”的男男女女要围成圆圈，在巴乌、三弦、二胡等乐器的伴奏声中“喔——嗬喔——嗬”地欢呼起步，这些男女同时做蹲转跳、正步跳等快节奏动作，搭对的男女舞者还会对面做勾脚、单脚蹲、擦背、提肘耸肩、挎臂、抬腿下落的动作，模拟摘果子、摸螺蛳，这种舞蹈，节奏轻盈明快，动作几乎少有重复。建水县坡头乡“十月年”要跳镲鼓舞，镲鼓舞由小退步、前拖步、跨跳步、后移步、跪拜、倒立等基本动作组成，节奏欢快，幽默、诙谐而充满乐趣。“阿腊蹉”是“苦扎扎”“昂玛突”“十月年”“黄饭节”等传统节日上跳的舞蹈。元江羊街等地的“阿腊蹉”模拟各种动物形态，动作剽悍、朴拙，厚重而充满风趣，同时又给人很大气的感觉。

第二节　民间歌舞艺术的功能和属性

不管是从神话故事的叙述，还是在现实生活当中，作为社会现实情境的象征表达，可以肯定的是，“哈巴”“独打”“根古调”等民歌民谣和牛皮大鼓舞、铓鼓舞、碗舞、棕扇舞等民间舞蹈艺术，都跟哈尼族迁徙历史中对本民族文化的创造、保护和传播有着密切的关系。

一、民间歌舞艺术的功能

一方面，作为节日宴会的重要佐餐歌舞，“哈巴”“独打”“根古调”和牛皮大鼓舞等民间歌舞艺术是不可缺少的：这些艺术形式大多涉及纪念或缅怀远古英雄祖先的内容，例如“哈巴”中“苦扎扎节由来”的神话，讲述远古时期拯救人类的祖先英雄艾蒲、艾乐兄妹俩（在另一则神话故事中，他们的名字又变成阿郎、阿昂）。实际上，这些拯危救难的英雄神话很容易使人们在追忆同样祖先集体的时候增强个体对本民族群体的认同。又例如“哈巴”唱述的有关“昂玛突”长街宴的集体记忆情节有：在“惹罗普楚”时期的“二月间”，“人人都来祭树”，“香香的菜大碗抬来，甜甜的酒大壶提来，竹兜里装满金黄的糯米饭，老老小小围坐在神树旁！肥肥的胖猪献上，三筒的清水打来”，“全寨男人庄严站好，听那高能的咪谷诵念”，“祭祀已经结束，哈尼摆开酒饭，精致的篾桌排好，像一群高飞的大雁”。在这里，“高能的咪谷”正是远古英雄祖先“昂玛突”的象征，人们“庄严站好”无形之中增进了对“昂玛突”的崇敬和彼此的认同，而这种基于血缘或拟血缘的“根基性”的情感正是哈尼族群体认同和社会团结的力量源泉。祭奠完寨神“昂玛突”等祖先英雄之后，祭师摩匹、助手则昂及村寨其他男男女女会跳起牛皮大鼓舞、铓鼓舞、碗舞、棕扇舞等民间舞蹈，他们用歌舞哀悼、缅怀神话记忆里的艾蒲、艾乐、阿郎、阿昂、“昂玛突”等有名有姓的护寨英雄祖先，其目的也是在加强这种认同和团结的集体情感。

可以说，神话记忆中，远古时代的英雄祖先的伟大事迹在“哈巴”“独打”“根古调”等古歌及牛皮大鼓舞、铓鼓舞、碗舞、棕扇舞等舞蹈中俯拾即是，这些英雄祖先有着不同的能力，也分别承担各自管理社会的职责。例如，绿春县车里的“昂玛突”长街宴上，“哈巴”“独打”“根古调”等古歌里吟唱的选寨始祖“普主爱远阿三”、村寨建寨始祖“普翁（桑）爱远阿就”以及下界水之主“欧龙”等都是曾对人间做出杰出贡献的远古祖先。在这些古歌中还曾提到一位女英雄戚拟，“戚拟”的英雄事迹在神话迁徙史诗《哈尼阿培聪坡坡》第六章“谷哈密查”及第七章“森林密密的红河两岸”中有很详细的讲解，这里就不赘述。简单来说，因为这位女英雄曾经率领大家冲出重围，特别是以智谋布下火牛阵重创敌人，保护了族人的安全撤离。铿锵有力的唱腔，充满着大家对她的崇敬和集体的“共鸣”：

> 先祖的古规十足十美，尼阿多又添出新的一样：从前庄严的阿玛突，只把寨神供在上方，今后哈尼的阿玛突，要把尊贵的戚拟祭献颂扬。①

戚拟死后就上升成为了今日红河两岸很多哈尼族村寨的护寨女神。哈尼族社会是典型的父权制社会，人们崇拜敬仰的多是男

① 朱小和演唱，史军超、卢朝贵、段贶乐、杨叔孔翻译：《哈尼阿培聪坡坡》，204 页，昆明，云南民族出版社，1986。

性祖先神，女性祖先英雄少之又少，除戚拟外，还有古歌《惹罗大寨的五个能人》中建立惹罗大寨的第一个女首领“朝者阿玛”。这位伟大的女性英雄教哈尼人用绳子拉成四方形，挖沟砌石脚盖房子。但“朝者阿玛”以下的祖先神就多是男性了，《惹罗大寨的五个能人》中讲述的第二个能人就是阿烟部族首领的姑爷“佐斗”，他的功劳是发明了打铁、拉风箱、炼银子的技术；第三个能人是把裤脚卷得高高的男性英雄“咪督”，他教会了哈尼族栽田种地；第四个能人是“果都阿玛”，他教哈尼人种水稻；第五个能人是汉子“牙依”，他开沟引水浇灌大田，保证田里一年四季水源充足。[①] 不同职责和分工角色的哈尼族祖先神，在“哈巴”“独打”“根古调”等古歌中均有表现，以男性为主的英雄群体也反映了哈尼族父权制社会的本质属性。

另一方面，哈尼族世世代代与草木山川、虫鱼鸟兽为伴，他们将自己的情感和世界观附着于这些自然界的事物中，善于借景假物以比喻社会、类比人群。在他们以古歌和古舞展现的集体记忆中，动物植物河流山川都与人类一样有生命有情感，有自己的本能属性，一样具有灵性。

哈尼族舞蹈道具都取材于大自然。哈尼族崇尚竹木（树），村寨附近的大树、金竹和棕叶被严加保护，不能随意砍伐和毁坏；生长在神树林附近的石、树、竹更显珍贵，任何人严禁损毁，甚至栖息在神树林中的动物，即使是爬进人家的蟒蛇，也不得侵扰，这些集体情感均跟神话叙事紧密相连。所以，木雀舞舞者手中所执的“木雀”一定要用树木雕成。棕扇舞的道具“棕扇”一定是用大自然里的棕叶做成。铓鼓舞的道具“铓鼓”也必须是真实的树木，树内挖空，两头绷牛皮，用棕绳拉紧而成。牛皮大鼓舞的“大鼓”用圆木掏空、湿牛皮蒙面、用牛皮筋两

① 《惹罗大寨的五个能人》，未刊稿，云南省社会科学院史军超保存。

头交叉拉紧制成，“鼓棍”用木头削成。[①]

除了舞蹈的各种道具有相关的神话叙事外，舞蹈表演时对空间和时间的要求也有讲究，因为牛皮大鼓舞、碗舞、铓鼓舞等多模拟万物起源和狩猎的场景。例如“莫搓搓”葬礼，老人的灵柩需要在家中放置3—5个月，每12日举行一次隆重的仪式，期间要跳丧舞。

总之，不管是记忆祖先、悼念或者追思死者时跳的丧舞，还是庆祝节日的欢快性乐舞，跟“哈巴”“独打”“根古调”等古歌所起的作用一样，这些舞蹈体现出了独特的民族风情，在村寨人们的集体记忆中都具有隆重、肃穆、庄严、规范的属性，不同程度上具有团结集体、构建和谐社会和增强个体认同群体的功能。

二、民间歌舞艺术的属性

在哈尼人的观念中，家族乃至村寨的人丁，都是在独一无二的“昂玛突”护寨神的保护和眷顾下一代一代繁衍的。“昂玛突”不仅被赋予了村寨集体保护者的职能，更被赋予了保护生育和繁衍的角色，所以，在长街宴等节日和一些非节日活动中，“昂玛突”被村民们特别敬仰和爱戴。

（一）表达了对增殖人口的重视

在有关“哈巴”“独打”“根古调”集体记忆的神话传说和故事里，几乎都有每年缅怀和纪念村寨守护英雄“昂玛突”的活动。实际上，在哈尼族的神话古歌中，“昂玛突”最初的职责就是生育神。也就是说，在神话记忆里，“昂玛突”首先负有保

---

① 陈秀芳：《哈尼族民间舞蹈》，125页，昆明，云南人民出版社，2001。

证村寨人口繁衍生殖的功能。所以，追思、纪念“昂玛突”的最初目的其实就是对村寨中每一户家庭人丁兴旺的期许。

传统意义上的“昂玛突”长街宴，尤其是与之相关的祭祀活动是只有男人才能参加的（这种情形在今天已经发生了变化），但有两种情况可以例外：一是求子的夫妇得到特别允许可一同参加；二是刚生了小孩的夫妇也会被允许抱着孩子到长街宴上给大“咪谷”献一个鸡蛋，大“咪谷”则把蛋敲开为孩子看卦，说一些祝福孩子的吉祥话，并奉送吉祥物品，这些吉祥物品多是些酒食之类的东西。接着，大“咪谷”为孩子举行命名的仪式，包括孩子的父母等在场的人，大家一起祝福、期待这个“新生儿”能顺利长大成人。得到这种祝福的孩子是非常幸运的，“当晚，由龙头请村寨里七八十岁的老人，在一个场坝里欢聚。吃这些鸡蛋、龙肉和喝长龙宴酒”①。即使在普通的日子里，新生儿出生时，大人们也会请来“咪谷”或“摩匹”主持迎接新生儿的“诞生礼”，唱“哈巴”“独打”“根古调”、跳起传统舞蹈表达祝福。民间传说《碗舞》提到，为新生儿举办“诞生礼”的哈尼人家，要在大门上悬挂笋叶剪成的人像、野姜叶、小木刀来辟邪，并禁止外人入门；到了新生儿出生的第三天（有的是第十三天）要行“三朝礼”，主人家准备好糯米饭和红酒，迎接前来祝贺的亲友，妇女们边吃糯米饭边唱“酒歌”，拿起碗跳祝福新生儿的“碗舞”②。另外，“昂玛突”还负有保佑禽畜等各种大小动物生长顺利，稻米、糯米、荞子、玉米、小麦、高粱等重要粮食作物丰收的职责。由此可见，守护村寨的“昂玛突”是哈尼族社会中集人间的生育保护者于一身的英雄祖先的象征。

---

① 陈寿康：《哈尼族的长龙宴》，载《今日民族》，1999（10）。

② 《碗舞》，见《中国民族民间舞蹈集成·云南卷（上）》，北京，中国 ISBN 中心，1999。

可以说，在元阳县的哈尼族村寨，村民们追思、回忆和怀念自己祖先的时候，都会唱“哈巴”“独打”“根古调”，并跳起传统舞蹈，这些歌舞寄托了各种美好的期许和愿望。这其中，得到远古的祖先保佑而农田里的庄稼顺利生长、畜栏里的禽畜兴旺是村民们的普通愿望，更深层的愿望还是每一户家庭的人口增殖繁衍以及一年到头家人的平平安安、人与人之间关系和谐美好。为了达到这种目标，在全村寨献祭“昂玛突”的同时，各家各户还会举行家庭里的“户祭”。“户祭”前，家庭的男人要舂糯米粑粑做祭品，主妇用篾盒把糯米粑粑抬到象征祖先灵位的小笼旁祭祖。用这些糯米粑粑做成 9 个象征天、地、人、五谷、猪、狗、鸡、牛、马的圆团串起来挂于门头的横梁上，门梁两头钉 2 个象征门神的方块或十字形守护家门的平安；在门梁与门柱交接处要挂上几棵树枝，表示出门在外的家人灵魂已回到家里；用粉笔或其他粉石在两扇门叶上画 12 条象征一年 12 个月的竖线；最后在房后的泥墙上再挂一串糯米团祭祀死去的祖灵。在这一系列的仪式中，吟唱“哈巴”“独打”“根古调”，跳棕扇舞、乐作舞、阿腊蹉等舞蹈。下午 5 时左右，待长街宴饮食文化活动结束，各家各户还会把舂好的糯米粑粑连同均分得来的“份肉”或“龙猪肉”或“鸡肉稀饭”，以及杀好的鸡等其他肉食一同煮熟，放到内屋象征“昂玛突”祖灵居住的“侯勾”下方的篾桌上，全家人与祖先一起分食共享。此时此刻，“哈巴”“独打”“根古调”歌声会再次响起。

在元阳县，哈尼族村寨的村民们相信，自己家的祖先会回来同凡间的亲人一起过节，所以一定要在家中举行缅怀祖先的仪式活动。“扎候候”就是缅怀家族祖先的特殊仪式：祭品摆好后，全家人依序向象征家族祖先灵位的“侯勾”（即祭台）磕头，家中最年长者最先品尝祭祖的饭菜，“得到”祖先的允许后，全家人方开食，唱“哈巴”“独打”“根古调”，跳牛皮大鼓舞、铓鼓舞、碗舞。“扎候候”仪式有许多的禁忌和规矩，任何家庭任何人都不能违反这些规则和程序。在一些大的哈尼族大家族里，还有另外一种叫做“总尼尼”的祭祖习俗保留延续至今。“总尼尼”的意思就是做红肉（生的和熟的会拌在一起）给自己家的祖先神和寨神“昂玛突”吃。村寨里的村民们有一种观念，就是觉得吃祖先这种生熟相拌的肉才高兴，祖先神高兴了，他才会保佑全家人的安康。与“扎候候”“总尼尼”类似，红河县甲寅乡一带的哈尼族村寨“十月年”节日期间有一种叫做“扎候皮”的祭祖灵活动，人们要把祭品背到母亲家去祭献祖先，也要唱“哈巴”“独打”“根古调”，跳起传统舞蹈。这些歌声和舞蹈传递的是人间的信息，人们认为这些信息可直达天庭让远古祖先们收到。神话故事《都玛沙莪》中，烟沙大神送女婿威惹小金铓一面，称只要敲响小金铓、唱起“哈巴”“独打”“根古调”，他就知道女婿遇到灾难，就会派神兵相救。[①] 在《金色花》里，哈尼族先人曾经在天神的指引下找到一种金色花，把它戴在头上就会唱响“哈巴”“独打”“根古调”，跳起舞蹈和讲故事。[②]

人们对“昂玛突”英雄祖先的敬畏，反映了他在凡间社会的特殊地位和特殊角色。人们相信“昂玛突”在遥远的“诺马阿美”还有他自己的居所。在为逝世的老人举行隆重的丧礼的过程中，我们能听见“咪谷”“摩匹”在“哈巴”“独打”“根古调”的歌声中为死去的老人叙家谱，以便把他安全地超度和送回英雄祖先的居住地“诺马阿美”之地，让老人列于英雄祖先的行列成为受缅怀的祖先。原住西双版纳的另外一个哈尼支系“雅尼人”的传统观念也是这样的，他们认为人的灵魂在人死后

---

① 《都玛沙莪》，见云南省民间文学集办公室编：《哈尼族神话传说集成》，北京，中国民间文艺出版社，1990。

② 《金色花》，见中作协云南分会编：《云南民族民间故事选》，昆明，云南人民出版社，1960。

脱离人体变成“能”（N a i v q）或“吓”（X a v），“能”通过祭师的追思和叙家谱，可以从坟地进入祖先在“诺马阿美”的居住地，加入到祖先神的行列；而“吓”是游魂，会变成对人有害的邪恶势力，不能通过坟地到达祖先居住地。所以，“摩匹”在葬礼中唱“哈巴”叙家谱是哈尼族对英雄祖先的追思的最直接体现，也是人们敬畏英雄祖先力量、遵守共同准则的行为实践。哈尼族的另外一个民间故事《一娘生的亲弟兄》中还讲到“爹妈”死后就会变成火塘神，天天和哈尼人在一起，因为有火塘神的保护，火塘是神圣的地方。① 《家魂》则告诉后辈，祖先们虽然死了，但他们的灵魂永远和儿孙们在一起，随时随地都在保佑着后代。老人去世的时候，不仅要为其招魂、送葬、超度，还要唱“哈巴”“独打”“根古调”、跳舞蹈。② 在他们的观念里，共同祭拜的寨神“昂玛突”在节日期间会出没于村寨英雄祖先居住的山林（寨神林），出没于他曾经生活的那个村寨。这就解释清楚了在长街宴饮食文化活动中“摩匹”专门要为寨神“昂玛突”举行“叫魂仪式”，唱诵“哈巴”“独打”“根古调”，跳传统舞蹈等一系列活动，因为这些象征仪式充分表达了哈尼人对从遥远处回来的寨神的尊敬和畏惧。学者李克忠先生认为，哈尼族全寨性的“昂玛突”活动，实际是在祭献远古的祖灵咪谷，即村寨传统氏族——咪谷家族的祖灵。③ “摩匹”在“哈巴”“独打”“根古调”中这样唱述：

哈尼的寨神，快回来啊，快带着天边的燕子，回到

① 《一娘生的亲弟兄》，见云南省民间文学集成办公室编：《哈尼族神话传说集成》，北京，中国民间文艺出版社，1990。

② 《家魂》，未刊稿。

③ 李克忠著：《寨神——哈尼族文化实证研究》，295页，昆明，云南民族出版社，1998。

哈尼的寨子里来，快让那叽叽叫的燕子，在哈尼的房檐下面梳妆打扮；

哈尼的寨神，快回来啊，快带着地角的鸽子，回到我们的寨子里来，快让那咕咕叫的鸽子，在我们的寨房上生养后代；

哈尼的神主哦，哈尼的祖先哦，求你保佑哈尼的人家，进出着大群的儿孙，哈尼有了众多的后代，寨子才会热闹；

看哈尼祭寨的猪肝，是老实好看的四片，四片肝花围在一处，是一朵最好看的花，四片一朵的肝花拿来祭你，请你保佑哈尼的儿孙像鲜花盛开；

神啊，最糯的白米用新碓舂出来了，最软的饭拿来献了，供碗的位子一点没有摆错，供献的酒没有少你一口，供碗的位子一点没有摆错，供献的肉没有少你一块。主祭的咪谷是你寨神的兄弟，他已领着全寨的哈尼跪在你脚下。来了啊，哈尼一寨的神王，来了啊，哈尼亲亲的祖先……①

从咪谷、摩匹等人唱述的“哈巴”“独打”“根古调”中可知，哈尼族先民在建村设寨时对寨神和地神所在位置的选择极为讲究，村寨要顺山势走向而建，“昂玛吐”寨神的位置必须选在村寨的上方，并须有一片茂密的树林。《哈尼阿培聪坡坡》“惹罗普楚”一章中就有选寨、建寨的详细的规定。“昂玛突”寨神的上方不能建民居，如果出现这种情况，认为不利于“昂玛突”寨神及管理这一地区的地神护佑村寨的人畜生灵。而被选择的那

① 《哈尼族古歌》西双版纳傣族自治州民族事务委员会编：《哈尼古歌》，昆明，云南民族出版社，1992。

棵神树代表了“昂玛突”寨神的躯体，人们认为传统节日和长街宴的时候，“昂玛突”的灵魂一定会来到神树上。正是哈尼族村民们对“昂玛突”等祖灵的崇拜观念，“昂玛突”被赋予了高于人的神圣品质，村寨英雄祖先居住的山林里与“昂玛突”有关的一切事物都被严格保护，一草一木甚至一块岩石都要被保护，哪怕是跑进神树林里的鸟兽都不能再追踪和猎取。

再次，在咪谷、摩匹等人的“哈巴”“独打”“根古调”歌声中，不光有对寨神“昂玛突”的敬畏，亦有对其他与“昂玛突”地位相同，或说平等的其他村寨英雄祖先的敬畏。与“昂玛突”地位相同的英雄祖先，还有象征大地的咪松、水中之主欧龙阿玛、村寨选寨始祖、村寨建寨始祖，等等。在绿春县车里村，“昂玛突”节上，依次追思这些祖先，先是大地的守护者，而后是村寨的守护者。村中老人是这样解释的：哈尼族建寨时要先选择自然环境较优越的地方圈定寨心，之后再选择寨神“昂玛突”的居住地——象征村寨英雄祖先居住的山林（寨神林）。

值得指出的是，精神分析学派所用的心理分析法对崇拜等价值观念提出的挑战与行为主义的认识完全不同。精神分析学派始祖弗洛伊德（Freud）这样解读一些民族的崇拜现象：例如，他认为上帝是父亲形象的投射，追思和象征仪式只是一种强迫性神经官能症。弗洛伊德甚至把缅怀和象征仪式看成是一种幼稚的、神经症的和非理性的活动，他认为现实中各种对神秘事物的崇拜只是人们的一种幻觉，随着科学影响的扩大会消失。但是，我在田野中并没有看到那些有关世界和人生看法的价值观念在哈尼族社会中有消失的可能性，我们暂且不管弗洛伊德有关怀念和象征仪式的神经官能症理论正确与否，但他的“父亲投射理论”是有一定道理的，这也可以成为笔者解读哈尼族村民们敬畏寨神“昂玛突”心理的一种理论依据。可以说，哈尼族村民们在长街宴饮食文化活动中对寨神“昂玛突”的感情就好像对待自己家里的祖父或父亲那样地矛盾，这种矛盾的心理情结具体表现为每一个哈尼族个体村民对“昂玛突”既敬又畏的情愫。

当然，在符号学理论中，新皮尔斯主义认为，符号意义的获得及沟通的基础在于对记号符码系统背后的规则与结构有着共同的理解。笔者正是通过以上诸多表现于正式和非正式日常生活里的各种活动、仪式之中的那些禁忌、准则和规则，才对长街宴进行客观的诠释。

（二）表现着对神圣秩序的看法

在哈尼族神话《哈巴卡的传说》[①] 中，天神摩咪派仙女下凡，教人们唱各种规矩歌，还使人们懂得了男婚女嫁，知道人与人要和睦相处的重要。而在神话故事《点云》中，仙人托梦给洛奇洛耶，告诉他娶到扎斯扎依的诀窍是去布竜大悬崖子砍来马桑果树做成牛腿似的“点云”乐器弹唱给她听。无论是在过大年的“扎勒特”（农历十月年）、五六月间的“苦扎扎”以及不同地区“昂玛突”的长街宴上，人们借用“哈巴”“独打”“根古调”以及铓鼓舞、碗舞、棕扇舞等民间歌舞，除了要表达对祖先的缅怀和感激之情，还有对宇宙的起源和对远古英雄祖先所组成的神圣秩序的认知。

在哈尼族传统的价值观中，依据能力大小和职责范围的不同，神圣空间里的诸多大神不但向我们展现了宇宙和人世间的各种事务，而且每个部分的自然现象和人世间的事务都可能被认为是从它所依赖的祖先那儿汲取了力量。例如，大家认为撒草木种是天神俄玛的大儿媳妇的职责，撒庄稼种是天神俄玛的可爱的姑娘的职能，打雷是雷神阿惹的职责，下雨是雨神即比的作为，等

---

① 《哈巴卡的传说》，见《元江民族民间文学资料》，第一辑，元江哈尼族彝族傣族自治县文化馆，1981。

等。另外，依据神圣性多少的不同，这些远古的祖先们也就被赋予了高低不同的等级或阶级序列，就像人间社会中各种人群组成的社会结构一样，这些居住在天上的英雄祖先也有从高到低的阶序。例如，象征天的祖先（天神）俄玛被看成人间的始祖，俄玛生下了第一代神王阿匹梅烟，阿匹梅烟又生下第二代神王烟沙，烟沙又生下第三代神王色拉；人神则是烟蝶（男）和蝶玛（女），二者是神王的后代，之后塔婆又成了哈尼族的始祖……这些祖先的取名方式亦与凡俗人间一样，是我们熟知的“父子连名制”。“十月年”期间，每户家庭要举行“私祭”活动缅怀这些大神，男性家长会模仿摩匹吟诵“根古调”，向天神俄玛祈祷：“尊贵的俄玛，今天用漂亮的公鸡祭献你，请你保护三层人丁、三类庄稼、三种牲畜，管粮的色关阿收来，管人的欧户农博来，管畜的奎么阿热来，一天不能来一次，三天一次一定要来，我们在你们的庇护下，人粮畜才能发展。”

红河、绿春等地“十月年”类型长街宴，排长街宴宴桌的时间一般在农历十一月属羊日后的第三天下午两三点钟左右。村民们认为属羊日是天神俄玛的生日，所以这些地区的村民又把“十月年”叫做“莫咪无独同”或“摩咪罗”或“俄玛罗”，意思就是给天上的各路大神磕头或宴请他们前来共度佳节。“哈巴”里这样唱述这些神话的起源：

> 翻了，不单山坡上的樱桃树翻过年头，寨子里的哈尼也翻年了；樱桃树翻年，是戴上红花的包头翻年，哈尼翻年，是穿起新衣裳翻年……年轮树发到十月这枝，哈尼翻年的时候就到了；十月是哈尼一年的岁首，像一条大路的起头，一年的日子要上路了；十月是一年的根

根，像藤子最粗的下边，一年的日子要爬起来了……①

这样一来，我们就不难理解为什么在“十月年”长街宴开宴之前，人们要集中到固定的地点举行村寨性的公祭活动。按照传统习俗，人们要到象征村寨英雄祖先居住的山林（寨神林）缅怀和祭祀以天神俄玛为首的四面八方的神灵，并“召唤”他们到人间来与人们一起过年过节。在元阳县的哈尼族村子，祭祀祖先俄玛时也要用到一只大红公鸡或者以一头纯毛色的公猪作为主要的“牺牲”祭品献祭。这只红公鸡或这头纯毛色的公猪成为最高等级的祭品，只有处在最高神圣等级秩序里的天神及跟天神处于同一位阶的神灵才有资格享用。有所不同的是，红河县甲寅乡祭祀天神俄玛和水井神等神灵的地点是龙泉水井旁，村寨里的人们觉得龙泉眼旁边也有茂密的树林，天神俄玛和守护水井及其他事物的祖先喜欢居住在这些树林里，喜欢把它当作临时的居所。从“龙头”唱述的“哈巴”里面可见相应内容：

村寨里的所有人今天在这儿庆丰收，祈求天的守护者（天神）、村寨的守护者（寨神）、龙潭的守护者（龙潭神）、水井的守护者（水井神）等各方祖先英雄前来保佑全寨平安，来年风调雨顺，大家同心同德再夺丰收。②

值得一提的是，能够前来参与这种公祭活动的人主要是村里各户人家的男性长者。但是无论人多人少，在追思和祭祀的地点只能安放3张桌子，每张桌上点3盏自始至终不能熄灭的香油

① 朱小和演唱：《窝果策尼果》，见西双版纳傣族自治州民族事务委员会编：《哈尼族古歌》，昆明，云南民族出版社，1992。

② 同①。

灯，每桌再摆放 3 碗茶、3 碗酒、3 碗大米、3 个荷包蛋、3 碗炒黄豆。公祭程序又分活祭、生祭、熟祭三次，所有参加这一活动的人要分三次磕头。与此同时，“龙头”派摩匹等人到寨子里搜罗各家各户的破布、臭蛋、臭果子、烂碗、糠灰等不要的脏污，用篾箩抬到追思和祭祀的地点，再由参加祭祀的老人们送出村子去。这之后才是跟天神俄玛及各路英雄祖先们一起“共餐”。

在另外一些哈尼族村寨，祭祀天神俄玛等四方祖先英雄时，每户人家里的男子还要拿来一把米，在“龙头”的指挥下，把这些米连同祭祀过的大公鸡煮成一大锅稀饭，每家再平均分得一碗带回去。绿春县的人们把被分食的“鸡肉稀饭”称为“生轰”。这碗“鸡肉稀饭”的象征含义与元阳县一些哈尼族村寨“苦扎扎”长街宴的“份肉”以及“昂玛突”长街宴里的“龙猪肉”含义是一样的。由此可见，“生轰”“份肉”“龙猪肉”的指涉含义非常明显，他们都代表着至高无上的天神俄玛。而且，这些象征符号也是区分本寨人与村外人、本族群与外族人的“边界”。禁忌习俗在这个时候也表现得相当突出，例如缅怀和祭祀处于最高位阶的天神俄玛的活动时禁止猪油炒的菜上桌，禁止把村寨外面的绿叶子拿进寨子里。不管哪个村寨，不能从事跟全寨性生产活动有关的任何世俗的劳作。从各种类型长街宴的“哈巴”“独打”“根古调”等古歌和铓鼓舞、碗舞、棕扇舞等舞蹈展演中可以看到，人们皆想象自己与俄玛等来自四方的祖先英雄欢聚一堂。

哈尼族对最高等级祖先天神俄玛的缅怀行为是共存于全体成员之中的，无论哪个地区、哪一个支系的哈尼人，逢年过节的时候，都会以上述形式的民间歌舞纪念和追思俄玛等级的各路祖先。所以，天神俄玛有着跨越村寨、跨越地区，甚至跨越族际的特征。从前面列举的《哈尼阿培聪坡坡》《雅尼雅嘎赞嘎》《哈尼先祖过江来》《俄色密色》《十二奴局》等神话故事、史诗歌谣和民间传说可以看出，俄玛天神（在一些村寨有时又称莫咪）早已成为哈尼族自身族群的重要象征符号，已经存在上千年的历史。

笔者还发现，在其他一些“哈巴”“独打”“根古调”里，还有许多与人们的生产生活紧密相关的自然或半自然性质的“神灵”，而且这些自然或半自然的神在农事活动中的地位也很重要。例如农历正月初一的“奇拉胡西”，祭祀的对象是天地日月神和风雨雷电神，祈求一年之中风调雨顺；“里玛主”（献布谷）也在农历二月间举行，村民们认为布谷鸟是天神派来通知人们栽种节令已到的使者，故对其祭献；“罗活索”（献水神）在农历二月间举行，但凡水井、山泉、沟水、河水、龙潭水、田水，皆有四时的祭献，人们也祭献象征水神的螃蟹、石蚌等动物，祈求田水丰足。另外“卡沃朋”（开秧门）是在农历二三月举行，祭献的对象是秧神、田神；“宗米乌”活动的时间在农历三月，是对人神、庄稼神、牲畜神的总祭祀；“密斯罗”（请密斯）于农历七月间举行，宴请土地神密斯；“嘎玛妥”（祭路神）在农历的七月间举行，这个时候谷子将熟，村民们祭路神以备秋收。

其实，哈尼族神话记忆中的远古英雄祖先，除了上面提到的天神俄玛和各种自然半自然的神灵以外，还有许多。这些远古时代的英雄象征着哈尼族对神圣秩序的看法，连同处在较高等级阶序地位上的祖先英雄，他们一起组成了哈尼族神圣空间里的大神体系。根据从高到低分序的原则，即按照他们阶序地位的高低可分出几个层级：第一层级是“最高的祖母”，即哈尼语中的“密乌艾西艾玛”，在人们的集体记忆中，“密乌艾西艾玛”是以一条大金鱼的样貌出现的。第二层级是“最高等级的祖先体系”：包括代表天的天神俄玛（或称莫咪）、代表大地的地神密玛、代表太阳的太阳神约罗、代表月亮的月亮神约白、代表人的人神烟蝶（男）和蝶玛（女）、代表力的力神密嵯嵯抹。其中俄玛又生下第一代神王阿匹梅烟，阿匹梅烟又生下第二代神王烟沙，烟沙又生下第三代神王色拉等。此外，还有跟这一“最高等级的祖先体系”地位相同的处在同一神圣空间里的很多“不洁净的”妖魔鬼怪等邪恶势力的代表，例如有“象征凶的、象征查的、象征怪的、象征战争的、象征混乱的、象征纠纷的、象征常的、象征离的、象征败的”等各种拟人化的魔鬼，以及“象征虹的、象征水灾的、象征火患的、象征害虫的、象征毒蛇的、象征疯的、象征癫的、象征燥热的、象征烫伤的、象征拥挤的、象征垮塌的、象征瘫痪的”等各种自然界里的妖魔鬼怪。第三层级则是“次一级的英雄祖先”序列，他们包括风的象征、雨的象征、雷的象征、土地的象征、种子的象征、清流水的象征、田埂的象征、水沟的象征、金银铜铁锡的象征等神灵，还有之前提到的著名的威咀、石批等有名的守护村寨的祖先神。值得注意的是，在这一层级中，其中雷神和风神是人们十分惧怕的，二者正是跟这个“次一级的英雄祖先”序列处于同一空间层次的“次一级的邪恶的势力”的代表。哈尼族村民们认为，惊雷、狂风高居于蓝天白云之上，随时都俯视着人间，雷鸣和雷击都是他们对人间的惩罚和破坏。不过，哈尼族村民认为惊雷一般不会主动攻击世间的人和物，它们受天神俄玛的支配和控制，俄玛不会随意指使雷神攻击世间的生灵，俄玛只会用雷的威力惩治那些对天地不敬的亵渎行为或违背天理的事情。此外，风神能掀屋拔树，雷神能劈开巨石、击倒参天古树，二者专管的事情不同，但如果人们稍不注意，二者都有可能危害到人间。所以，哈尼族村民将象征风的和象征雷的二位英雄与天神、地神、水神等祖先英雄放在一起缅怀。在纪念以上这些神圣秩序里的各路英雄祖先时，“哈巴”“独打”“根古调”、牛皮大鼓舞、铓鼓舞、碗舞、棕扇舞、乐作舞、阿腊蹉等民间歌舞形式是不可或缺的和内容，它们使得纪念活动多姿多彩。

由此可见，在哈尼族的民间歌舞艺术里，“哈巴”“独打”“根古调”等古歌唱述了各位天上的英雄祖先们主管的自然现象和人间的万事万物，天神俄玛作为最高等级的神秘人格的象征，表现出了无所不包的能力。从一定意义上来说，包括天神俄玛在内的位于神圣秩序里的哈尼族远古英雄，是今日村寨社会组织体系、梯田农耕稻作经济、父权制社会等级秩序，甚至恋爱、婚姻、家庭、亲属关系制度的“建设者”“组织者”和“缔造者”。也就是说，哈尼族先民们正是依据“哈巴”“独打”“根古调”等古歌对这些大神的讲述，才学习和认识到生活、安全的社会秩序以及与之相关的农业耕作、纺织的生产组织体系的。可以说，正是这些由哈尼族先民们创造的“哈巴”“独打”“根古调”等古歌和木雀舞、扇子舞、棒舞、三叉舞、同尼尼、打莫蹉、铜钱棍舞、牛皮大鼓舞、铓鼓舞、碗舞、棕扇舞、乐作舞、阿腊蹉等舞蹈，教会了人们生产、生活的技，能并以之去创造各种各样的人间奇迹。

第三节　民间歌舞艺术的价值

在哈尼族大型的村寨节日活动里，咪谷、摩匹们常常以“哈巴”“独打”“根古调”和牛皮大鼓舞、铓鼓舞、碗舞、棕扇舞、乐作舞、阿腊蹉、木雀舞、扇子舞、棒舞、三叉舞、同尼尼、打莫蹉、铜钱棍舞等歌舞形式向年轻人传授本民族的历史、医药、生产工艺技术、传统伦理道德规范等知识和传统文化。这样的习俗由来已久，即使在普通的哈尼族家庭里，这种传承也是延绵不断的。

哈尼族家庭中年高岁长的祖辈、父母、族亲长辈都自然地担负着传承传统、教育后代的重任。老年人以传承传统、启迪后人为己任，言传身教。他们或在皎洁的月亮下，或在温暖的火塘边，讲述哈尼优美的故事传说，陶冶孩童的心灵；或在节日庆典场合，在酒宴中吟唱动听的哈巴、独打、根古调，传授生活经验和生产知识。因此，哈尼族从小就懂很多规矩。老年人在社会活动和家庭生活中享有崇高的威望，敬老风尚自成传统，世代相传。①

一、生产生活经验的积累

“哈巴”“独打”“根古调”等古歌，除了在祭祀等场合诵唱外，咪谷、摩匹们还把其中的古规道理拿来实际运用。比如，咪谷讲述祖先积累下来的与现实事件有关的经验和教训，教大家为人处世的方法。在历史迁徙史诗《哈尼阿培聪坡坡》中，咪谷、摩匹等借着表演“哈巴”“独打”“根古调”，对人们进行教育：

> 水牛老虎同一山，老虎张口了，水牛还活得成？薄荷香柳共一园，香柳长高了，薄荷怎能不蔫？②
>
> 竹筒不能当枕头，蒲尼不能交朋友，你要一日欢乐，早上不能喝酒，你想一家欢乐，不能讨两个老婆……③

“哈巴”“独打”“根古调”也告诉大家“团结合作非常重要”的原因：

---

① 史军超主编：《哈尼族文化大观》，292 页，昆明，云南民族出版社，1999。

② 朱小和演唱，史军超、卢朝贵、段贶乐、杨叔孔翻译：《哈尼阿培聪坡坡》，59 页，昆明，云南民族出版社，1986。

③ 朱小和演唱，史军超、卢朝贵、段贶乐、杨叔孔翻译：《哈尼阿培聪坡坡》，131~132 页，昆明，云南民族出版社，1986。

> 一寨子人挖平一座山，打好土基来砌墙；一寨子人砍倒一棵树，劈掉树枝做大梁；一寨子人同烧一座窑，烧出砖瓦盖新房。①

“哈巴”“独打”“根古调”里还有教育子女孝顺和恭敬父母的基本人伦规范内容：

> 阿妈的脸上垒起沟埂，阿爸的头上落下了一层银霜。世上的人哟，个个都要老一回，做儿女的人哟，不要学山雀硬了翅膀不回窝，要拿出一片诚心来孝敬老人，让他们日子过得快活。②

此外，“哈巴”“独打”“根古调”还有先民积累下来的农耕知识经验和建村立寨的规矩和程序。也就是说，这些传统知识和经验都能凭借“哈巴”“独打”“根古调”的形式为咪谷、摩匹、家庭里的祖辈、父母、族亲长辈们有意识、系统地传授给年轻人。元阳县哈播等村的“昂玛突”长街宴，咪谷、摩匹唱述为什么要献作物种神、为什么还要象征性地举行播种活动等古歌，唱述结束以后宣告当年农耕生产活动正式开始。按照“哈巴”“独打”“根古调”阐释的传统古规，在没有举行“献作物种神”的象征仪式之前不能抢先下地播种。可见，这个时候的“哈巴”“独打”“根古调”及其他民间舞蹈实际上在为村民们传授农耕生产的知识和经验。

咪谷、摩匹唱述的这些“哈巴”“独打”“根古调”，也是历史上哈尼族先民们在建村立寨时立下的规矩和程序。例如在建

---

① 史军超主编：《哈尼族文化大观》，293页，昆明，云南民族出版社，1999。

② 赵官禄等收集整理：《十二奴局》，昆明，云南民族出版社，1989。

村立寨前，首先要由咪谷、摩匹等人“立海贝”“定寨心”“选寨址”：

> 选寨基是大事情，不是高能不能当。先祖推举了西斗做头人，希望他献出智慧和力量。西斗拿出三颗贝壳，用来占卜凶险吉祥：一颗是子孙繁衍的预兆，一颗代表禾苗茁壮，一颗象征六畜兴旺，贝壳寄托着哈尼的希望……寨基选在这里，哈尼的子孙会多，哈尼的六畜会多，哈尼的庄稼会旺。①

在古歌“哈巴”“独打”“根古调”相关的规定中，“选寨址”一定要选地势平坦宽广，旁有溪水或涌泉，前后左右有可供开垦田地的广阔土地，因为神话记忆中有“普主爱远阿三，普翁（桑）爱远阿就”，哈尼语意思就是说这样的地方才会让人好吃好住，人丁昌盛。这是记载在“哈巴”古歌《窝果策尼果》（神话古歌）第八章里的内容，这一章记录了哈尼族先民第一次在“惹罗大寨”安寨定居的象征仪式，其中连续用九个唱段把村寨的山形、地势、植被、水源以及村寨中为老人玩耍、寨子象征、菜园围护、小孩零食而设的各种树木都一一道出。② 接着还要埋下三块奠寨石，因为“定居的基石是寨子的父母”③。现今红河县甲寅等村子举行“十月年”长街宴时，宴席一直要排到埋有三块奠寨石子的寨子中心，这也是古歌里的古规。选好寨址后，就要举行圈地的象征仪式了。“圈定寨址”在哈尼语中称

---

① 朱小和演唱，史军超、卢朝贵、段贶乐、杨叔孔翻译：《哈尼阿培聪坡坡》，26~27 页，昆明，云南民族出版社，1986。

② 史军超：《哈尼族文学史》，210~210 页，昆明，云南民族出版社，1998。

③ 朱小和演唱，史军超、卢朝贵、段贶乐、杨叔孔翻译：《哈尼阿培聪坡坡》，46 页，昆明，云南民族出版社，1986。

“丈克勒”，“丈”即寨子，“克”是妖魔鬼怪等邪恶力量的象征，“勒”是驱赶的意思，即用狗赶恶势力以驱邪，设置寨门以划定人与妖魔鬼怪等邪恶势力之间的分界线。红河县大羊街一带村子举行“丈克勒”的时间一般选在农历冬月十七日以后的12天内，从十二生肖的猴、鼠、虎、蛇日中选定一日作为具体日期。

据“哈巴”“独打”“根古调”的讲述，哈尼族的先人一来到新选的寨址，就立即在寨子的中心燃起一堆火，祈愿寨子兴旺、繁荣，“摩匹”念经诵咒向远古的祖先祈求护佑。担当助手的男人们则踩着高跷，摇着铜铃，敲着锣鼓，扛着用蚂蚁果树砍制的木刀、锤子、长矛等器械，还有的牵着狗，沿着山梁将不洁净之物从上方拖至下方，象征把原先居住山腰的妖魔鬼怪等邪恶势力赶过山头，赶下山脚。人们还要将铁砂、碎铜、灰糠向四方撒去，派一位年长的经验丰富的妇女前往寨脚方向寻找专供孕妇食用的黄黏土，由最早选寨、建寨的几个氏族各选一位男性长者前往寨头方向选定祖先昂玛的位置。① 在“哈巴”“独打”“根古调”的唱述中，在“选寨址”以后，接下来还要举行“立寨门”的象征仪式。哈尼语称寨门为“肝图”或“龙巴门”。按照习惯法的规定，“立寨门”时要在村边即泉井方向选一棵树，用以立柱，这就是寨门，以将妖魔鬼怪等邪魔恶势力阻挡在寨门外。

要盖寨门了，要给寨子安个大门了。抬来大大的石头，砍来坚硬的椎栗木……请来高能的贝玛，把寨里的魔鬼驱出寨门，把灾难和疾病赶出寨门；砍来黄泡刺，稳稳挂在寨门上，把魔鬼挡在寨门外，把灾难和疾病挡

① 李克忠：《寨神》，317页，昆明，云南民族出版社，1998。

在寨门外。[①]

今天可见的哈尼族村寨门有“坑玛”“坑止”和“坑丈”，即正门和左右侧门三种，不同的寨门有不同的功能。“坑玛”是供人进出的，它位于村寨的大门口；“坑止”是通向墓地的门，“坑丈”则是非正常死亡者出入的门。对此，哭葬歌《密刹威》往往以“哈巴”“独打”“根古调”的唱述，以木雀舞、扇子舞、棒舞、三叉舞、同尼尼、打莫蹉、铜钱棍舞的舞蹈形式进行讲述：

> 让我再看一看进寨的大门，门旁的大树上栖息着矫健的白鹇，门旁的树脚蹲伏着威武的神犬[②]，这吉祥的神物，拦住了进寨拖猪拖狗的豺狼虎豹，拦住了病神纳基和瘟神纳本。

如今，绿春县大寨村的“昂玛吐”活动中，在咪谷献祭昂玛寨神的同时，摩匹要在距离象征昂玛寨神的地点百米左右的地方摆放鸡、鸭、酒、茶、米等物，立一棵竹子“驱赶”纠纷神，在路下方还用竹片编制的四方形挡牌竖立遮挡。这种献祭仪式也记载于神话之中，据哈尼族民间传说《葫芦笙舞》讲，很久以前，阿叔寨与徐遮寨曾经发生过纠纷，阿叔寨恃强凌弱。为反抗阿叔寨的欺凌，徐遮寨人在寨门前点起火把，又唱又跳，摇摆火把喊道：“阿叔寨人你们瞧，徐遮寨摇摇。”能在人面前摇摆，就意味徐遮寨人不怕受欺凌，不怕引发纠纷。[③] 其实，今天我们

---

① 赵官禄等收集整理：《十二奴局》，98~99 页，昆明，云南民族出版社，1989。

② 狗皮悬于寨门上，谓神犬守门。

③ 《葫芦笙舞》，见《普洱县民间舞蹈资料卷》，普洱哈尼族彝族自治县民委、文化广电局，1989 年编印。

看见，“摩匹”在“驱赶”纠纷神的同时，也要立寨门驱赶妖魔鬼怪等其他邪恶势力以达避邪的目的，男人们还要向寨外对天鸣枪或射弓弩箭，用竹竿往地上插戳各种物品，这些象征仪式表示确立了人与妖魔鬼怪邪恶势力的界限，有阻挡那些黑恶势力的用意。

在选定寨子、立好寨门以后，根据“哈巴”“独打”“根古调”唱述，再接下来就是“建房”了。哈尼族传统的建筑模式是具有民族特色的“蘑菇房”或“土掌房”，建房的程序有占卜定居、破土开基、立大柱、上正梁、立门窗、砌石阶、贺新房等。其中“占卜定居”特别重要，盖房前一定要“二顾三看”：顾的是房屋的坐向对应南部山垭口尾巴和北边的沟壑嘴巴，看的是三枚埋在土里的海贝以卜房屋吉凶。“破土开基”一般在属龙日的黎明或辰龙时举行。“立大柱”时要将三片碎海贝放进柱子底部，三片碎海贝分别象征未来的五谷丰收、六畜满栏和子孙兴旺发达。“上正梁”时正梁要用笔直高大的乔木，如麻栗树、白桦树、松树、柏吹黄木树、红椿树等材质，严禁使用被雷击劈倒过的、风雨摇断枝头的或虫蛀腐朽的树木，以及寨旁或其他地方人们磕头敬献过的老树。“立门窗”时房屋的门要朝北，忌朝南，“窗户只放三道，一道是楼下，二道是中屋，三道是顶层，分别表示六畜、子孙、五谷之灵进家之道”。“砌石阶”的台数须是奇数，禁止砌偶数的石阶，这种禁规的原因也有来自于神话传说和其他民间故事的合理性说法，它们有着今天我们所说的追思、回忆、缅怀祖先的目的。“贺新房”是在新建的房屋竣工后，择吉日祭扫，一般选在属龙日。

古歌《俄色密色哈巴》中唱述创世祖先过去建立的丰功伟绩，他们造天要安架捆篾，造地要打支柱安楼楞。安架捆篾造出来的房屋类似今日哈尼族竹木构架的干栏式建筑。当然，这种竹木构架的干栏式建筑在西南少数民族地区普遍可见，也是居住在这些地区各民族适应地理环境、气候及生态环境的建筑模式，哈尼语称之为“拥戈”。

“蘑菇房”或“土掌房”今日主要分布在江河州的元阳、红河、绿春、金平和普洱市的墨江、江城等县境内。“蘑菇房”式建筑模式在有关的神话记忆中被专门提到过：

> 蘑菇盖住了柱头，是大雨淋不着的式样；蘑菇盖住了柱脚，是大风吹不着的式样；惹罗先祖瞧着了，哈尼寨房的式样有了。[①]

可见，蘑菇房式建筑早在神话历史史诗《哈尼阿培聪坡坡》中的“惹罗普楚”时期就已经有了。

二、对“巫咒”的解释

“哈巴”“独打”“根古调”古歌和乐作舞、阿腊蹉等舞蹈中有很多关于“巫咒”的表演，例如其中提到纠纷神为“哈”，并解释发生在两人之间、村寨与村寨之间的所有纠纷都是“哈”作祟的结果。如果争执双方的口舌发展成为争斗，纠纷神“哈”会转变为战争的象征“苟”。[②] 以前哈尼族的猎手们常唱念的《撵老熊咒》《刹勒调》《打麂子马鹿歌》等“根古调”，咪谷、摩匹行巫治病时常念的《阿竹呀》（咒蛆虫）、《明眯透》（咒火灾的象征）等歌咒，都是为了制止和禳除“哈”“苟”。

根本上来说，哈尼族的这些“巫咒”来自人们对世界、对

① 朱小和演唱：《窝果策尼果》，见西双版纳傣族自治州民族事务委员会编：《哈尼族古歌》，昆明，云南民族出版社，1992。

② 王学辉：《论少数民族习惯法文化对法起源理论的贡献》，载《北大法律信息网》：http：//article. chinalawinfo. com/Article_ Detail. asp？ ArticleID = 24175。

生命的看法，但是采用戒律禁规的形式以制止“哈”“苟”危害人间社会，本质上也是为了实现圣俗两种不同事物的分离。哈尼人认为，因为“哈”“苟”生活在神的空间，破了“戒”的“哈”“苟”必然会殃及神性自身的完整，那些触犯“哈”“苟”的人会被这种“不完整”的神性操控，受到异乎寻常的惩罚。所以，那些“巫咒”的对象，例如老熊、麂子、马鹿、蛆虫、火灾神以及神话故事里的蟒神、蛤蟆星、乌牛白马肉、猪血、山神、凶神、老石精、松树水、神竹、葫芦、石鼓等都是世俗人间的禁忌对象，它们就像是一个个“危险的符号”，规范人们的行为方式，同时也从反面提醒着人们必须对其敬畏。这也成为村寨的人以禁止、回避的方法不能跟它们发生冲突或有所接触的深层次原因。

哈尼族村寨里的这些“巫咒”所具有的“效力”，虽然不是群体性的，准确地说，它们只是专职巫师“摩匹”的个体行为；但是，这些“巫咒”在“摩匹”的“哈巴”“独打”“根古调”的演示中却能和世代相传的其他戒律戒规一样发挥作用。人们相信它们也可以对掩藏于某一事物中的邪恶力量进行戒备和干预，虽然各种邪魔力量的出处并不完全相同。也就是说，展现于“哈巴”“独打”“根古调”中的“巫咒”并非表演的歌舞，而是一种个体的象征仪式活动，它会对神俗两种不相容的事物进行“隔离”——从吃穿住行到人的心理活动，从行为到语言等人类的日常生活方式，特别对于两性关系和婚姻关系，它都警告人们切勿违背诺言，避免触犯妖魔鬼怪等恶势力，必须要小心谨慎，千万不能乱来。①

① 陈永邺、洪宜婷：《从神话看”宗教禁忌”作为“社会的法”的原因》，载《思想战线》，2013（6）：30。

三、对祖先丰功伟绩的重温和再现

“哈巴”“独打”“根古调”等古歌和牛皮大鼓舞、铓鼓舞、碗舞等民间舞蹈重温和再现了神话历史人物及他们的丰功伟绩，例如“苦扎扎”长街宴上的威咀、石批两位农业和庄稼的保护者。联系哈尼族“苦扎扎”节日形成的社会历史背景来看，彼时哈尼族先辈心中的英雄祖先显然还不是人形的样子，更没有对天神莫咪等最高等级英雄的认识，甚至在“苦扎扎”节由来的第二个版本的神话故事里也没有威咀、石批两位英雄祖先。

> 哈尼族山寨住着兄妹俩，哥叫阿朗，妹称阿昂，阿朗长得如小草豹一般膀圆腰壮，阿昂长得比小岩羊还要聪明秀气。平日里，兄妹俩总是热心帮助乡亲们做事，受到大家的爱戴。那时候，天上的太阳和月亮没有商量好，出没不定，有时两个一起出来，有时一个也不出来，有时一出来几天不落，有时几天不出。太阳月亮这样没有规律的出没，使庄稼不能正常生长，给村民们生产生活带来了诸多不便。为了拯救村民们，阿朗、阿昂决心到天上去，分头说服太阳和月亮。有一天，兄妹俩砍来栗树，在村寨中央立起树桩，架上转杆，兄妹俩分别骑在转杆两头，转杆就像飞一样地旋转起来。磨秋把阿朗、阿昂送上了天空，找到了太阳和月亮，且兄妹俩说服了太阳和月亮，作了合理的安排：太阳白天出，月亮晚上出。从那时候起，太阳和月亮就能有规律地出没了。可是，去找太阳商量的阿朗被太阳烤死了，去找月

亮的阿昂也被月亮冻死了。[1]

在“哈巴”“独打”“根古调”的唱述中，“苦扎扎”节由来的第一个版本的神话故事是这样的：

> 远古时，有一年六月间天降暴雨，山洪吞没了村寨田地，哈尼人面临灭绝的危险。有家哥妹俩，哥哥叫艾蒲，妹妹叫艾乐，抓起泥土飞上天去补天池的漏洞，泥土用尽，哥妹俩就跳进天池，用身体堵住漏洞，天终于补好了，但他们也死去了。他们的鲜血变成满天彩霞，与哈尼人永远在一起。为了纪念这哥妹俩，哈尼便年年过“苦扎扎节”，届时，砍来大树做成磨秋让年轻人打游戏，磨秋吱吱嘎嘎的响声飞到天上，对兄妹俩诉说人们对他们的思念和感激之情。[2]

“哈巴”歌声中有关“苦扎扎”节由来两个版本的讲述相互补充，共同为我们揭示了哈尼族先辈在历史上的远古之谜：威咀、石匹两位次一级的英雄祖先是哈尼族节日文化活动从图腾膜拜到对英雄祖先的追思，发展到缅怀最高等级祖先英雄的产物。他们表征了哈尼族不同文明发展的阶段，尤其是传统价值中普通的英雄祖先上升为最高等级祖先英雄后的结果。也就是说，威咀、石匹只是哈尼族先辈对历史上普通人格祖先的另一种称呼。哈尼族学者李克忠对此也有类似的看法：

---

① 朱小和演唱，史军超、卢朝贵、段贶乐、杨叔孔翻译：《哈尼阿培聪坡坡》，211~212页，昆明，云南民族出版社，1986。

② 朱小和演唱，史军超、卢朝贵、段贶乐、杨叔孔翻译：《哈尼阿培聪坡坡》，211~212页，昆明，云南民族出版社，1986。

> 从这个传说看，兄妹二人也就融入了太阳月亮之中，成为天上诸神群体中的一员。那么天神派来的下凡查看人间社会的二神威咀、石匹可能是此二神，因为天神派二神下凡人间查看惩治人们，而二神来自人间，知晓人间社会生活、农耕活动的一切，并转达天神对人间立秋转悠的旨意。也就在此过程中二神保护了世间哈尼人村寨的安宁，自然也就保护了生于地长于地的作物庄稼，只是在对二神的称呼上产生了嬗变，实际上威咀、石匹与阿朗、阿昂应为同一而又两个名称叫法不同的英雄祖先而已。那么人们将二神视为农业保护神以保护正在充浆、收获在望的作物的英雄祖先也就不足为奇了。人们以转磨秋、荡秋千方式，纪念阿朗、阿昂兄妹俩所作出的牺牲、贡献，让人们永远铭记他们的功绩。①

与“苦扎扎”长街宴活动里的威咀、石匹两位农业和庄稼的保护者一样，“昂玛突”长街宴上的护寨祖先以及“十月年”长街宴里受到人们追思、缅怀的天上祖先和四面八方的妖魔鬼怪等邪恶势力的代表，有关他们的记忆几乎都可以从“哈巴”“独打”“根古调”和相关的民间舞蹈中听到或看到。当然，绝大多数的英雄祖先创造过丰功伟绩，为人间树立了很好的榜样，也成为今日村寨里人们奉行的楷模。在过去，哈尼族小伙子们、小姑娘们往往通过长街宴饮食文化活动等这些大型的节日盛会场合，集中观看和聆听“咪谷”“摩匹”和其他有学问的老人们的“哈巴”“独打”“根古调”，以及观看棕扇舞、乐作舞、阿腊蹉等舞蹈，参加各类欢庆舞蹈获得认知，在接受本民族的历史文化知

---

① 李克忠：《寨神——哈尼族文化实证研究》，188 页，昆明，云南民族出版社，1998。

识、理解祖先的丰功伟绩的同时，也学习到各种习俗礼仪和为人处世的方式方法。

四、民族文化的延续和继承

“咪谷”“摩匹”及有学问的老人们，在长街宴饮食文化活动期间及节日活动的重大场合，吟唱哈尼族历史与传统教化规范的“哈巴”“独打”“根古调”意义重大。这些吟唱已被整理成册，分别是记录祖先迁徙历史的史诗《哈尼阿培聪坡坡》，记录祖先丰功伟绩的《窝果策尼果》（古歌十二调）、《十二奴局》（古歌十二篇章）、《天地人鬼》、《阿培阿达埃》（祖先的传说）、《葫芦里走出人种》、《木地米地》（造天造地）、《奥色密色》（开天辟地）等等。此外，哈尼族诸多有关传统伦理规范和农耕生产知识经验也都见于传唱和展演的“哈巴”“独打”“根古调”等古歌之中，比如《窝果策尼果》（古歌十二调）、《十二奴局》（古歌十二篇章）、《天地人鬼》、《阿培阿达埃》（祖先的传说）、《葫芦里走出人种》、《木地米地》（造天造地）、《奥色密色》（开天辟地）等神话记忆文本，最初都是以“哈巴”“独打”“根古调”的方式传唱和表演的。这些神话记忆文本的体系完整、形式复杂，例如“窝果策尼果”为“公开演唱的，不怕害羞的古歌”，亦即“庄严典雅的古歌”；在“窝果策尼果”主题下，又有副题“窝扎尼期厄扎”（古礼二十四条），意为“先祖传下的古规古礼，像十二条大路通向四面，一条大路又分两条小路通向八方”。在“哈巴”“独打”古歌中还有“早上传出的叫‘烟本霍本’，神做的事在这里吟唱；晚上传出的叫‘窝本霍本’，人间的古规在这里宣讲”的说法。①

---

① 史军超：《哈尼族文学史》，168页，昆明，云南民族出版社，1998。

一代又一代哈尼族老人们，在长街宴和大型节日文化活动的场所唱述“哈巴”“独打”“根古调”和表演牛皮大鼓舞、铓鼓舞、碗舞、棕扇舞、乐作舞、阿腊蹉等，以这样的方式演示和传授祖先的知识和经验，尤其是与农耕生产和日常生活相关的知识。例如《撵老熊咒》、《刹勒调》、《打麂子马鹿歌》、《阿竹呀》（咒蛆和害虫）、《明眯透》（咒火灾的象征）等歌咒和祝辞，更是被“咪谷”“摩匹”及其他有学问的老人们有系统、有意识地传授给年轻人。人们在长街宴上会边吃边听老人们的“哈巴”“独打”，欣赏铓鼓舞、碗舞、棕扇舞等各种民间传统舞蹈，最大程度、最集中地接受和了解到本民族的历史文化，接受社会道德规范、礼仪习俗的教化。对于无文字的哈尼族来说，正是靠着这种方式，民族传统文化才得以延续和继承。所以，民间歌舞艺术作为哈尼族文明传承的象征叙事和符号系统，同时也是民族文化延续的载体，其价值不言而喻。

第四节　民间歌舞艺术的象征意义

长街宴开宴之前的仪式活动，是在全体人员严肃、庄重的气氛下展开的，大“咪谷”致辞结束后，人们就会慢慢变得欢腾活泼起来，有人猜酒划拳、有人弹奏三弦琴、有人唱起古歌，有人吹起巴乌、跳起欢快的舞蹈，还有人讲笑话……这种欢乐快活、不受约束的氛围，在“十月年”的长街宴上表现得尤其有特色和明显。

“十月年”，哈尼语叫做“米索扎”“年收扎勒特”，是人们庆祝丰收、感谢英雄祖先和保护者的意思。进入高潮的宴会，简直就像是狂欢的海洋，人们纷纷加入歌舞的海洋里，无论主人客人，尽情歌唱、共同叫喊、一起舞蹈。许多人会兴奋得不能自已。按照迪尔凯姆的说法，种种欢腾的最终目的其实是为了保持和更新人与大自然、人与人之间的关系，所以要吸引社会每一个社会成员积极参与到必要的狂欢之中。

让我们再听一次在长街宴上咪谷、摩匹们唱述的“哈巴”“独打”“根古调”：

> 哈尼的寨神，快回来啊，快带着天边的燕子，回到哈尼的寨子里来，快让那叽叽叫的燕子，在哈尼的房檐下面梳妆打扮；
>
> 哈尼的寨神，快回来啊，快带着地角的鸽子，回到我们的寨子里来，快让那咕咕叫的鸽子，在我们的寨房上生养后代；
>
> 哈尼的神主哦，哈尼的祖先哦，求你保佑哈尼的人家，进出着大群的儿孙，哈尼有了众多的后代，寨子才会热闹；看哈尼祭寨的猪肝，是老实好看的四片，四片肝花围在一处，是一朵最好看的花，四片一朵的肝花拿来祭你，请你保佑哈尼的儿孙像鲜花盛开；
>
> 神啊，最糯的白米用新碓舂出来了，最软的饭拿来献了，供碗的位子一点没有摆错，供献的酒没有少你一口，供碗的位子一点没有摆错，供献的肉没有少你一块。主祭的咪谷是你寨神的兄弟，他已领着全寨的哈尼跪在你脚下。来了啊，哈尼一寨的神王，来了啊，哈尼亲亲的祖先……①

通过这些带有欢乐性质的因事而唱奏、发自内心的虔诚的庆丰收象征仪式，人们期望且相信英雄祖先会给群体带来福祉，满

① 参见朱小和演唱的《窝果策尼果》（古歌十二调）中的第十四章《艾玛突》内容，见由西双版纳傣族自治州民族事务委员会编：《哈尼族古歌》，昆明，云南民族出版社，1992。

足他们美好善良的愿望，得到某种愉悦和心灵上的慰藉。[①] 这些年年都有的歌舞活动，增强了以血缘为纽带的内聚力，维系人与自然、人与社会之间的和谐关系，使群体在竞争中得以自立、繁衍和发展。[②] 而对于“规则”的形成及社会功效，这些节日活动无疑也是最有意义的。在节日期间，“哈巴”“独打”“根古调”等歌舞形式补充、完善和强化了大型象征仪式的目的，也最充分地满足了民族集体的需求。

不言而喻，哈尼族民间歌舞艺术除能给欣赏者视觉上的体验外，也是其世界观、价值观的真实表达，有着丰富的象征意义。具体表现为：

第一，是传统和谐观念的象征。

哈尼族的歌舞艺术，例如民间舞蹈，一般以两人或四人相对而舞，且人数规定为双数，“双数”体现的正是吉祥、和谐的美好愿望。体现出哈尼族传统的“和谐”观念。

儒家思想还强调与“礼”互相补充的“乐”的功能。《乐记》提到“乐统同，礼辨异”，“乐”就是各种赏心悦目的歌舞。《荀子·儒效》载“礼言是其行也，乐言是其和也”，《礼记·中庸》说“和也者，天下之达者也”，都是说“乐”具有使内外上下“相和”的功能。从血亲关系来看，参加跳舞的每一个村民一定程度上有沾亲带故的关系，参加舞蹈表演是每一个村民，特别是每一个男人不断重申自己与群体密不可分关系的时机。因此，这些舞蹈不但满足了个体身份和角色认同的需求，也凝聚起村民的“集体意识”，无形中加强了个体之间、家庭之间、宗族之间，甚至每个村寨之间传统上那种血缘与地缘关系的连接。这

① 彭兆荣：《兄妹婚神话结构之分解与整合》，载《贵州大学学报（社会科学版）》，1988（7）：01。

② 李元庆：《哈尼族传统音乐的多元功能》，载《民族艺术》，1996（12）：15。

些民间舞蹈体现出了人与自然和谐统一（即“乐统同”）的观念。

第二，是父权制社会的象征。

按照古规，参与歌舞表演者仅限村里的男人，尤其跳丧舞对舞者性别的要求异常严格，女人不能参加这种活动。这种在特定场合对舞者性别的规定，象征了哈尼族父权制社会的性质。哈尼族一般以 10—15 代为一个继嗣群，哈尼语称“启波然”，意即“一棵树发出的分枝”或“一个男性祖先的后代”。在神话讲述中，家庭连名谱系只限于父子，母女连名的情况很罕见，家庭财产权的继承也只限男性。此外，主持“苦扎扎”“昂玛突”“十月年”等大型村寨节日活动的“咪谷（头人）、贝玛（巫师）、则昂（工匠）”三种能人在神话中处于社会的最高层级。在选择这些“能人”的时候，歌舞能力是非常重要的因素。绿春县的大“咪谷”李批简和则昂李兰忠就是村寨里最著名的歌手和舞蹈艺人。

第七章　长街宴的社会学意义及其文化变迁

长街宴的规模有时候是惊人的，2006 年在绿春县城举办的“十月年”长街宴摆了两千多桌，约两公里长。宴会参加者除哈尼族村寨本身的人群以外，还有来自四方八邻的亲朋好友以及从其他村寨、其他地方，甚至慕名而来的海内外游客，总人数合计 4 万人以上。这种大规模的宴会，象征性叙事体现的正是“酒食之会，所以行礼乐也”的古老意符。

第一节　长街宴的组织与村寨社会结构

从宴会的组织来说，根据相关习俗的规定，长街宴宴会活动是以大“咪谷”为中心安排和开展的，大“咪谷”不仅是传统意义上的村寨“头人”，也是宴会的组织者和村寨秩序的维护者，所以主持人大“咪谷”要由村寨按一定程序选举产生。即便从现代选举的角度来说，这种由村民推选产生头人的机制和程序也体现了人人“机会均等”的原则。然而，对于被选举者的要求却不是随随便便的，有具体、详细的条件和要求：仅限于本村寨的成年男性公民；儿女双全、妻子健在、有一定年纪；没有受过任何枪伤或者兽伤；口碑好，为人正直，等等。这些规定，体现了村寨社会的结构，特别有利于德高望重的老人当选。

从有规律的村寨社会组织生活来看，每到一定的时节，在规定的时间内，哈尼族家家户户都会响应大“咪谷”的号召，有组织地聚集起来准备丰盛的宴席。这个时候，每个家庭必定会倾尽全力，其所体现的正是村寨社会组织生活的有效性。某些家庭之间还会展开令人眼花缭乱的厨艺竞技并产生耗靡繁杂的竞技花销，哪家宴席里做的美食数量多、谁家宴桌上的客人多、谁家获得客人的赞赏多，这家人就会被称道。可以说，人们之间暗中竞技和相互攀比的心态在今天也依然如故，例如红河甲寅村对长街宴宴桌上菜肴的品种和菜色数量有规定，以四碗为最少数，不能低于此数，上限则没有约束，而且要求必须是双数，有“成双成对，吉祥如意”的蕴意暗含其中。在人们的观念中，这些铺陈和倾其所有能给自己的家庭带来人气、赞赏，而这些人气、赞赏更会给主人未来的生活带来回报和满足，给生活增添无尽的光彩和自信，将有一年到头的好运伴随。简单点说，这些消费习俗是为了达至人们希望的“越吃越涨”“越多越好”的吉祥美满目的。

另外，“苦扎扎”这一类型的长街宴在“枯槁月”里举行，此时此刻正处在哈尼历法中所记载的“五黄六月，雨水频繁、气候湿热、形容枯槁、青黄不接”的时节，村民们竭尽全力地努力呈现丰盛的宴席，“炫耀财富”，是为了讨好大自然，期盼获得天上地下各方祖先的护佑，帮助大家度过艰难时节。可以说，这也是为履行人神之间契约的需要而举办的“炫耀性”宴会。

一、人类学眼中的“炫耀性”宴会

在哈尼族传统的长街宴上，为了履行人神之间预先“约好的”职责和义务，村民中普遍存在的消费攀比和炫耀性厨艺竞技是非常正常的现象。值得探究的是，这种消费现象体现的是一种什么样的社会本相和社会心态呢？在环太平洋的波利尼西亚、美拉尼西亚等地流行的“夸富宴”，跟云南哈尼族的长街宴在某些方面是异曲同工的。

我们通过比较这些处于不同地区不同民族或人群的“炫耀性”饮食宴会，可以更好地理解这些不同地区人群对于宴会的态度以及隐藏在宴会背后的文化意涵，这种比较研究是非常有趣而有价值的。

（一）著名人类学家的研究

作为人类学家眼中的“炫耀性”宴会，文化人类学家马塞尔·莫斯在《礼物——古式社会中交换的形式与理由》这样记载和描述“库拉”：

> 库拉是一种大型的夸富宴……有其神话、宗教和巫术的一面……具有宗教、神话和萨满的性质……夸富宴就其本身而言只不过是交换礼物的制度，具有一种吸引的品性，所以能够换来其他的铜器，这既像是财富招来财富，又像是尊严带来荣誉，带来祖先附体和莫逆之盟，或者由后者带来尊严……体现了灵魂和与灵魂相混同的事物之间的往来……正是在这种状态中，人们放弃了矜持，相互给予回报；正是因为人们把理性与情感对立起来，把和平的意愿与疯狂的暴行对立起来，知道给予、接受和回报，社会就能进步。①

---

① ［法］马塞尔·莫斯：《礼物——古式社会中交换的形式与理由》，汲喆译，绪论，上海，上海世纪出版集团，2005。

莫斯认为，从经济与政治的互惠关系来看，波利尼西亚地区人群中的大人物是权力与地位的竞争者。他们将财富花费在赠与性的“库拉”这种“夸富宴”上是为了建立追随者。因为每个大人物的权威都是个人的，追随者会寻找能给予其最大利益与安全的领导者进行追随。他们此后以忠诚与服务作为回报，大多数的追随者就会赋予领导者名誉及权力以增加羞辱其对手的实力。另一方面，围绕库拉圈的贸易交换与“夸富宴”的举行，也是追随者强迫领导者与他人竞争的需要。在美拉尼西亚社会中，名誉依据外在的表现而时高时低，大人物为了满足追随者，他有义务保持交换与宴请的次数，即便是需要买卖土地以供养他的宾客与拜访者，他也会毫不吝啬去做。

首先，对比马塞尔·莫斯对库拉圈及“夸富宴”的描述，我们惊讶地发现哈尼族的长街宴所具有的相互攀比及竞技、竞争的社会现象，同西太平洋上波利尼西亚的土著一样，也同样体现了人和自然、人与人之间关系的本质：波利尼西亚围绕“库拉圈”举行的“夸富宴”，其中的大人物就像哈尼族长街宴主持者大咪谷的角色一样，他们象征着天上的诸神灵。为了履行人神之间的契约和交换关系，二者都有必要建立追随者。所以，传统的哈尼族长街宴在通过宴会建立追随者方面确实可类比于库拉这种“夸富宴”。从一定程度上说，它也有神话、宗教、巫术的一面，具有宗教、神话和萨满的性质。

其次，长街宴所体现的人情关系也相似于库拉这种“夸富宴”。我在田野中与村寨村民们生活一段时间之后，自然就发现了哈尼族社会中人与人之间、家庭与家庭之间编织的诸多人际关系结构，实际上就是莫斯等人类学家所称的“一般交换或礼物交换”的关系，并且“在这种状态中，人们放弃了矜持，相互给予回报”，以此联结并加强了这一张张的社会关系网络，村寨生活也因此有了意趣盎然的气息。这里需要解释和说明的是，人类学家所说的“一般交换或礼物交换”是与现代商品交换相对立的概念和意识。“一般交换或礼物交换”的观点最早由美国民族学家、原始社会史学家刘易斯·亨利·摩尔根（Lewis Henry Morgan）提出的，他在对美国印第安人的田野调查中，特别关注到这种人与人之间关系的联结不同于西方经济生产条件下以物质商品利益为主的关系，尤其在对印第安人亲属称谓制度的研究中发现了这种不同的礼物交换关系。虽然摩尔根那时并没有明确定义“礼物交换”的概念，但是，法国著名的社会学家和人类学家马塞尔·莫斯和法国作家、哲学家、人类学家、结构主义人类学创始人克洛德·列维-斯特劳斯（Claude Levi-Strauss）等西方人类学家之后继承了这种研究。可以说，正是摩尔根的研究激发了人类学家对“礼物交换”理论的探讨，并使这种研究得到发展。

马塞尔·莫斯的礼物交换理论，最初是为了驳斥当时的主流经济学家所谓“自然经济”的观点。受到摩尔根的启发，在研究了大量文献资料后他说：“这种交换礼物的经济根本不能纳入所谓的自然经济或功利主义经济的框架。”“在这些社会中，价值的观念已经在发挥着作用，同时完全可以断定，已经有大量的剩余被集中，它们往往在毫无牟利目的的情况下单纯被极度奢侈地挥霍一空。另外，作为财富之记号的各种货币也已经存在并且被相互交换。当然，在这种非常富庶的经济中仍然充满了崇拜的成分：货币仍然具有其巫术的力量，仍然和氏族或个体系于一处，各种经济活动，例如市场，还充斥着象征仪式与神话，它们仍保有庆典、义务的特点和追求某种功效的目的，充满了礼仪和法律。”① 马塞尔·莫斯称这种生产和交换体系为“礼物交换”现象，他发现在欧洲以外的世界各地也广泛存在着这种包括生产

① ［英］利奇：《对人类学的再思考》，166 页，伦敦，阿斯隆出版，1961。

和交换在内的消费现象。因此，马塞尔·莫斯揭示了“一个东西与其原来的主人是不可分离的结合”作为礼物交换制度的本质特征。他指出，由于被交换的东西的不可异化性，所订立的同盟就不是暂时的，而且结盟的各方要受到永久性相互依赖的约束。换言之，莫斯认为所谓的“礼物交换”正是处于相互依赖状态下的交易者之间进行的不可异化的东西的交换。

从马塞尔·莫斯对交换研究的新定义中可以看出，商品交换建立被交换的客体之间的关系，而礼物交换则是建立主体之间的关系。也就是说，商品交换是价值形成的过程，是一个买卖系统。礼物交换则不然。莫斯还指出，礼物交换以赠物和还物的系统而不同于我们现代的买卖系统。由于一个给出的不可异化的东西必须还回来，这样，礼物交换关系就创立了必须付回的债务，礼物交换者所指望的其实是要通过礼物的交换建立起人际关系，而不是交换的东西本身。①

此后，列维-施特劳斯进一步讨论了这种礼物交换的关系，他在《亲属关系的基本结构》一书中提出妇女正是“最高等级的礼物”以及婚姻是一种以妇女为媒介的礼物交换制度的观点。“食物，不仅仅是最不可缺少的商品，因为在食物和女人之间，存在着一整套真实的和象征的系统，其真正的本质是逐渐显现的，但即使是肤浅的理解，也足够建立起这种联系。”② 象征人类学派的代表人物利奇为此指出：“（除婚姻制度以外）亲属称谓制也是涉及对土地（这种交换物）的权利和使用进行思考的方法”。③

---

① ［澳大利亚］C. A. 格雷戈里：《礼物与商品》，杜杉杉等译，9~20页，昆明，云南大学出版社，2001。

② ［法］列维．斯特劳斯：《亲属关系的基本结构》，33页，伦敦，艾尔与斯波蒂斯伍德出版社，1969。

③ ［英］利奇《对人类学的再思考》，146页，伦敦，阿斯隆出版社，1961。

（二）哈尼族村寨中的“礼物交换”

事实上，哈尼族村寨中也普遍存在着人类学家所说的“礼物交换关系”，村寨里的人们在平时处理各种人际关系时非常在乎人与人之间情感的冷暖。人们重视的往往正是村寨日常社会生活之中的方方面面人情关系。例如，哈尼族普通家庭很重视为老人过生日，同族晚辈和外村亲戚都要抱着鸡（出嫁的女儿要抱着鸭）、提着用芭蕉叶包着的糯米饭前来祝寿。在一阵阵的祝寿歌声中，全家族的人一起举行被称为“者查”即“接祖根”的隆重庆祝仪式。

此外，哈尼族也十分重视人生中“出生、婚嫁、死亡”这三件大事，在碰到这三件大事的时候，有亲戚关系的其他家庭的成员就会借机为这三件大事的人家带去相当丰富的礼物作“交换”。这种“礼物交换关系”主要是基于人情关系的考量，因为在下次自家办理类似事情的时候更多的礼物会被“还回来”。在红河和元江打芒一带，哈尼族人家要为新生儿举行隆重的父子连名命名仪式，主人家要蒸糯米饭、宰杀 3 只以上的老母鸡邀请亲朋好友共餐，以增进彼此之间的情谊及关系。每一个亲朋好友则会自带 1 个鸡蛋或者 1 只小麻花鸡做客，当面向主人表示祝贺。而在碧约、卡多人的婚俗中，男方送礼时必送具有象征性的粑粑、葱、酒肉、香、盐等礼物，还有礼钱。礼钱被分成三份：一份是给阿妈的奶水钱，一份是给阿爸的盐巴辣子钱，一份是给阿哥阿嫂领妹子的辛苦钱，三份礼钱要象征性地用戥子当面过秤。新婚夫妇或结婚后生了儿女，要带上礼品回娘家举行祭祖的象征活动，在联结人神之间活动的同时，女方家族则要准备数背糯米粑粑回赠。根据习俗规定，新婚夫妇还要将一些糯米饭和酒一份份送到新娘宗亲家族中的每一户家人，每送到一家，近亲的家庭就要给这对新人一只鸡，血缘稍远一点的给一只小鸡或一个蛋，血缘更远的则给一两角零钱象征性地回赠新婚夫妇。有趣的是，婚后的第一个赶集日，新婚夫妇还须背着糯米饭到集市上去叫卖，并且他俩要以最便宜的价格以最快的速度将糯米饭卖掉，要求越快越好。据说，按照这样的方式完成后，他们的小日子就会过得很顺利。由此可见，新婚夫妇在市场上尽快卖掉糯米饭谋求的并不是金钱利益上的好处，而是要实现那种人与神、人与人之间早已约定的礼物馈赠关系。

逢年过节的时候，哈尼族地区还有妻子回娘家习俗。但是，这种习俗也蕴含着交换礼物的蕴意：已婚妇女带上几斤糯米粑粑、几斤肉或一点酒回娘家，离开的时候娘家也会让女儿带一只鸡、鸭、蛋或钱等礼物回去。据说，回礼中给小鸡的是近亲，这是最高的礼物。对于这一习俗，也有来自神话记忆的故事加以讲述，例如哈尼族神话《送粑粑的由来》。① 在红河县甲寅一带的“十月年”期间，还有一种叫“扎候皮”的礼物交换的风俗，就是男子直接把礼品背到母亲家，但是礼品的份数则要由母亲亲戚家的户数来决定，每家一份，不能遗漏。礼品中有糯米粑粑、酒和肉，亲戚也要给一定的回礼，回送一个鸡蛋或一只小鸡。《送粑粑的由来》还谈到曾经有一个哈尼族的部落首领凭借人多势众，无恶不作，村里一个德高望重的人决心挽救村民，他定在十月年的日子里，以嫁出去的姑娘送粑粑回娘家为由，走村串寨，互通情报，联合众人，共同起来反抗部落首领，粑粑成为亲人之间感情关系的符号。“扎候皮”等习俗讲述的被交换礼物都有着神话记忆的本质，这便赋予这些符号以神圣的属性。

实际上，在处理与外族的关系时，哈尼族也以礼物做媒介进行情谊联结，例如哈尼族与傣族互结“牛亲家”“马亲家”的习

---

① 《送粑粑的由来》，见《哈尼族民间故事（四）》，哈尼文汉文对照版，昆明，云南民族出版社，1992。

俗就是“礼物交换”的最佳例证，其也有着神话记忆的合理性与合法性。例如，哈尼族神话传说《竹簧把乌的来历》中提到弟兄俩（神话说他们是哈尼族和傣族的祖先）分家时要由嫂嫂来主持，但嫂嫂看老水牛没有油水可捞，就把老水牛给了弟弟莫车，其他所有财产都归哥哥莫董。① 今天，红河南岸的哈尼族世代居住在半山腰、傣族则居住在河坝里的居住格局，就有着神话的集体记忆来源和不同民族人们对现实生活的合理性需求。民族志资料显示，历史上的哈尼族和傣族，双方常常在自愿的基础上，通过互相商量，把各自的公牛和母牛作为交换的礼物配成一对，共同使用。开春时，如果坝子里青草茂盛，气候温和，这是傣族种早稻的时节，耕牛和驮马就由傣家使用和喂养。夏天和秋天，这个时节的河坝气候炎热，正是住在半山腰的哈尼族种植中稻的季节，也算是迎接收获的季节，耕牛或驮马又由哈尼族喂养和使用。如有因为节庆活动要宰杀一定数量的牛马，则牛马的肉要平均分配。此外，由于订立了这种契约，母畜下的牛崽或马驹，任何一方不得独自吞占，属双方共同所有的财产。由此可见，这些契约联结起来的正是哈尼族和傣族两个民族之间相互尊重、互惠互让的以礼物作为媒介的交换关系，这种“礼物交换关系”涉及人与神、人与人之间关系的联结，这种联结也使得民族双方的情谊不断上升，大家的关系变得越来越好。

（三）盛宴的价值

可以说，“礼物交换”注重的不是以金钱为媒介的等价商品交换，而是良好人情关系的建立。在哈尼族这种良好的人际关系网络中，人们关注更多的是以物为媒介的交换建立起来的人与神、人与人之间的关系。这种借象征物建立起来的实质关系，正

① 《竹簧把乌的来历》，未刊稿，文稿由云南省民族艺术研究所白学光保存。

是人类跟大自然的和谐相处之道，体现的是哈尼族村寨中的人们对生活无限热爱的情怀。

我们清楚地看到，天地人之间纯洁的关系体系和哈尼族村民们那种独一无二的竞技心理特征及普遍的“好面子”、济贫扶危的社会心态隐藏在长街宴中。正是因为这些原因，当经济有困难的人家为逝去的老人举办大型丧礼的时候，可以向寨人和亲友筹措钱物，而且可不算利息，可不定还期。哈尼族的民间习俗约定了这种债务还须在债主家中有丧事的情况下才能归还，所以还钱的事拖得很长，有时前辈人的债务，到了第二代、第三代才有机会归还。即使如此，但没有一个人会介意。不过，我们也发现，即便在今天已解决温饱问题的哈尼族村寨，人们的商品意识和市场观念仍然很弱，而那种以人情交换关系为主联结起来的人类学家所称的“一般的交换或礼物的交换”依然普遍存在于村寨与村寨、家庭与家庭、人与人之间，人际关系网络的联结远大于对商业价值的追求。也有人说，这种情况也成为这些地区市场经济不发达、经济发展程度不高的原因之一。

我们今天看到的长街宴饮食文化活动，无论从哪方面来讲，就其价值而论都不能等同于日常的聚餐活动或其他一般性的娱乐活动，宴会的主、客双方不是以金钱为媒介进行食物商品的等价交换。它更不是“满汉全席”，虽然“满汉全席”也有内容丰盛、花样齐全、场面浩大的特点，但它却是优质的高级膳食，带着功利性和商品买卖活动的性质，而且是拥有一定财力的人才有能力享用。另外，历史上宫廷里的千叟宴所耗费的惊人财力、物力和人力，在更大程度上更是入宴者官阶等级、品位高低的象征。长街宴饮食文化活动也与唐朝时为新科进士们临时举行的庆贺活动或是贵族子弟、巨商富贾们即兴到郊外游玩饮宴的曲江宴不同。笔者认为，太平洋波利尼西亚人群的“夸富宴”，历史上蒙古族在庆典、祭祀或婚礼时候举行的诈马宴，与哈尼族长街宴有相同的性质。从举办宴会的社会情境来看，彼时的诈马宴也有多条跟传统长街宴一样的饮食禁令——例如服侍人员必须用面纱或绸布遮住鼻和嘴，防止其呼出的气息触及食物；宴饮期间严禁任何人践踏宫帐中的门槛，蒙古人视踏门槛为不祥之兆。显然，历史上的诈马宴也是集祭祀、宴饮、礼仪、歌舞、游戏和竞技于一体的规模巨大、耗费糜繁的宴会。唯一不同的是，诈马宴是古代专门为宫廷皇族举办的宴会，与平民百姓的生活没有交集。由于失去了广泛的社会群众基础，跟长街宴比较，它也欠缺了长街宴那种气魄宏大的社会氛围及普遍炫富和竞技的社会心态。当然，今日的诈马宴已融合了蒙古族的许多优秀传统文化内容，成为全体人民参与的重要节日庆祝活动，此是后话。

马塞尔·莫斯的观点："夸富宴就其本身而言只不过是交换礼物的制度。"既然长街宴也具有炫耀的特点，那么笔者认为它也具有马塞尔·莫斯所说的夸富宴属性。马塞尔·莫斯还通过研究礼物交换在所谓超自然力量中的起源来探讨夸富宴的实质，他的礼物交换理论与其说指出了一种社会事实、提出了一种新的观点，还不如说是重新采用了当地人的说法——视觉上以"主位"代替"客位"来诠释当地人为什么要举办这些大型的消费性盛宴。马塞尔·莫斯还从经济学的角度对两种不同的宴会体现的交换制度进行了比较："礼物交换以赠物与还物的系统取代了我们的买卖系统……这种交换礼物的经济根本不能纳入所谓的自然经济或功利主义经济的框架。"① 在莫斯看来，礼物交换是我们今天所说的债务经济，交易者的交换目的是尽可能多地获取礼物债务人的人情利益，而不是像商品交换中那样以获取最大利润为宗旨。可以说，这种宴会的主客之间不存在世俗意义上的那种等级特权与不平等关系，主客之间不是以经济利益的交换（食物买

① ［法］莫斯：《礼物》，汲喆译，165页，上海，上海人民出版社，2002。

卖）为目的才来请客吃饭并组织起这样一场盛宴的。也许过去我们会惊奇这一场大型的、对客人从不挑三拣四的消耗甚大的免费盛宴，但是现在我们理解了为什么每一家都热情欢迎客人品尝他家的飨宴，因为客人的满意就是给予主人最高级别的奖赏。值得强调的是，哈尼族的男主人并不会在乎坐在自己面前的是怎样的客人，无论你是什么样的身份，有钱没钱，都会对你一视同仁。可以说，这种对人对事无论贫富贵贱、亲疏远近的平等团结观念最大限度地凝聚团体，增强了每一个人对群体的认同，这正是长街宴的价值之所在。

对于在长街宴上参与飨宴的每一个哈尼族家庭和个体来说，英雄祖先的力量在他们与他人之间已经起到了很好的作用，凝聚起全体的团结，建立起了和谐的社会关系，以实现村寨社会的平衡、和谐、安全，以及作物丰收、禽畜满栏、人口增殖的最大目的。因此，这种在长街宴上以“礼物”为目的人情交换，不仅仅是一种观念，更是村民们为了实现群体与祖先英雄之间良性互动循环的结果。

我们可以总结一下，对于村寨里的哈尼族村民而言，盛宴没有任何现实的物质利益在内，任何一丝买卖吃喝或攀权附贵的世俗贪念都是对宴会的亵渎和误解。在长街宴上，人们注重好运气的眷顾及社会人情的冷暖，通过盛会与外界建立起善良美好的感情纽带更胜于对金钱和物质的追求。从一定程度上来说，盛宴里的丰盛菜肴就是哈尼族村民无偿付出并借此建立友情及和平友好关系的努力，千百年来长街宴就是以这样的方式、在这样的社会氛围下存续下来的。从社会学的角度来说，哈尼族村民们把盛宴美食作为媒介的礼物交换，不但维系了血亲、姻亲、朋友、亲戚之间的团结，也建构起人与人、人与大自然之间的和谐关系，特别是建立起跟周边民族之间的良好友谊及族际的和平关系。

作为从古代一直延续至今的盛宴，它的每一次举办都值得世人珍惜，通过考察和研究，我甚至认为，它完全可以像哈尼梯田一样列入世界非物质文化遗产名录，对它的保护和探讨具有非常重要的社会价值和现实意义。

二、村寨社会的层级结构

在长街宴活动中，大家公推出来组织这场大型宴会的大“咪谷”，其合法性完全来自于神话传说之中的集体记忆，村民们相信他代表祖先神前来主持宴会。在长街宴的首席里，和大“咪谷”坐在一起的还有几个小“咪谷”、“摩匹”（或称贝玛，就是村寨的巫师）、工匠，以及德高望重的老人。首席坐序的这种安排，正是哈尼族传统父权制村寨社会层级结构的象征。传统哈尼族村寨社会中，以“咪谷”、“摩匹”、工匠人物为代表的“社会层级结构”在神话故事《直琵爵》里有着详细的描述：

> 远古先祖的规矩，高明智慧的能人，站的时候，应该站在最高一台，坐的时候，应该坐在最高的位子上面，跟着学的人，应该站在最低一台，坐要坐在最低的位子上面。①

从传统上讲，共同推选“咪谷”为主持人的制度体现了村寨社会选举的特点，而哈尼族的父权制村寨社会这种具有民主特色的政治制度早在“惹罗普楚”时代就已形成。神话古歌里说，那个时候，“寨里出了头人、贝玛、工匠，能人们把大事小事分

---

① 朱小和演唱：《窝果策尼果》，见西双版纳傣族自治州民族事务委员会编：《哈尼族古歌》，昆明，云南民族出版社，1992。

掌"①；到了神话记忆中的"诺马阿美"时期，人们按照"惹罗普楚"的模式安村建寨，选出"三个能干的头人，轮流把诺马掌管，最大的头人叫乌木，哈尼都听从他的指点"②，由"头人（咪谷）、贝玛、工匠"祖先组成的"社会层级结构"及村寨选举制度得到进一步完善。在哈尼族以后的历史发展过程中，"头人（咪谷）、贝玛、工匠"三种能人对哈尼族社会的演进起到了关键性的作用。三者具体的分工为：头人（咪谷）是政治领袖，主持村寨的大小事务；贝玛是小型祭典等象征仪式活动的组织者，负责一系列跟日常生产、生活礼仪有关的凡俗事务；工匠是有技能者，从事技术性劳动。他们正是神话故事《直琵爵》里的"直、琵、爵三种能人"。在历史上，三者的关系曾经是平等的，但随着历史的发展和变化，头人（咪谷）阶层的地位渐高出于贝玛阶层和工匠阶层。

从职责上来看，在哈尼族村寨这种由"头人（咪谷）、贝玛、工匠"组成的父权制社会统治集团里，"头人（咪谷）"阶层中的大咪谷是政治领袖，负有全权主持村寨所有大型祭祀活动的职责，这些大型祭祀活动包括祭磨秋、祭水井神、祭地神、某个时辰里祭某位英雄祖先、祭火神、祭天神、立新寨门、献村寨财神、献谷物种神，等等。他的职责还不仅限于此，平时还要负责处理村寨的行政事务，例如解决村民之间的纠纷等。此外，头人（咪谷）阶层里的一些成员本身就是哈尼族传统史诗和风俗歌谣等文化内容的传唱者和主要传承人。历史上，头人（咪谷）阶层在哈尼村寨社会的权威及影响力从未受到挑战或被取代过，即便是元明清时期由中央王朝任命的土司、伙头，民国时候的保

---

① 朱小和演唱，史军超、卢朝贵、段贶乐、杨叔孔翻译：《哈尼阿培聪坡坡》，35页，昆明，云南民族出版社，1986。

② 朱小和演唱，史军超、卢朝贵、段贶乐、杨叔孔翻译：《哈尼阿培聪坡坡》，32页，昆明，云南民族出版社，1986。

长、甲长，都要请教并听命于“咪谷”。

“摩匹”则是传统村寨里专门执事的巫师阶层。在哈尼语中，“摩”为长老之意，“匹”是他与妖魔鬼怪等邪恶力量打交道时所念的咒语经典。哈尼族村寨里的“摩匹”有时又是“贝玛”，即巫师。他们所拥有的巫术力完全与他个人的禀赋和后天的修炼有关。对于“摩匹”身上所具有的这种神秘的“巫术力”，德国著名学者冯特曾在其他民族中作过类似的比较研究，他认为巫师身上的塔布（Taboo，即禁忌）是人类最古老的无形法律，它的存在远比神的观念和任何象征仪式的产生还要早。①从习惯法早期的创建来说，由于使用巫术力的时候，禁忌及巫师口中的固定用语、动作、姿势等个体主义行为并不具有普遍性和完全的通用性，所以，这些“摩匹”组成的巫师阶层不大可能像村寨头人（咪谷），或说村寨领袖阶层那样有我们今天所说的统治权或合法的“立法权”等权利，他们的言行在社会中还不能构成早期习惯法律的要素，成为执法者的合理依据。这当然是涉及合法统治权和学理立法权的另一个问题，在此，笔者想强调的只是他们（“摩匹”阶层）跟头人（咪谷）层级的不同，二者在性质上的差异还是巨大的。但是，长街宴上要表演的酒歌“哈巴”“独打”“根古调”等主要是由“摩匹”集团的成员来完成，“摩匹”也要在大型祭典场合里协助大“咪谷”念诵祭词。我们知道，哈尼族没有自己的民族文字，流传至今的神话、史诗、故事、歌谣、谚语等集体记忆以及医药、生产工艺技术等等民族文化，主要是“摩匹”们在传承，“摩匹”们必须专门学习、记忆、背诵这些集体记忆资源和文化精神素材，使之不至于流失。

---

① 转引自［奥］弗洛伊德：《图腾与禁忌》，文良文化译，22 页，北京，中央编译出版社，2005。

“工匠”阶层在哈尼古代社会更是不可缺少的角色，他的技能和技艺直接关联哈尼社会的生产和生活。

神话故事《蛋生说》里讲，哈尼族这三种能人分别由三个巨大的鸟蛋——白蛋、花蛋、红蛋孵化出来。由于有着来自神话故事讲述的合法性，这三种能人构成了哈尼族父权制社会层级结构中的统治集团，他们处在村寨社会等级秩序的最高端。例如神话故事《水车花和四结花》提到诺马阿美时期，哈尼族就是由四个头人轮流执政的，他们管理着大片的农田和水稻。[①] 历史上，无论中央王朝实施怎样的边疆治理政策，这种父权制的村寨政治制度始终处在哈尼族村寨管理体制的核心位置，即便是唐宋时期封建王朝实行的“鬼主制度”、元明清时期实行的“土司制度”，到了村寨这一级都让位于之。

留存在集体记忆中的《哈尼阿培聪坡坡》《雅尼雅嘎赞嘎》《阿波仰者》《先祖的脚印》《哈尼三祖先》《普嘎纳嘎》等神话史诗，也有对这种村寨社会层级结构的描述：

> 惹罗的哈尼是建寨的哈尼，一切要改过老样……阿烟家三父子，是哈尼最早的木匠……寨里出了头人、贝玛、工匠，能人们把大事小事分掌……贝玛阿波兰“呸呸”地吐着唾沫，连连把撵鬼的咒词诵念……诺马阿美的四面，四个大寨依偎山边，哈尼立起四个石墩，一个石墩代表一寨，每年祭寨的日子，头人就带领寨人来祭奠。[②]

我们在绿春县车里村看到，举办“昂玛突”（当地称“昂玛

① 《水车花和四结花》，未刊稿，文稿由云南省社会科学院史军超保存。

② 朱小和演唱，史军超、卢朝贵、段贶乐、杨叔孔翻译：《哈尼阿培聪坡坡》，24~91页，昆明，云南民族出版社，1986。

阿伟”)长街宴时，大“咪谷”坐在正中央，其他的小“咪谷”、摩匹、工匠和德高望重的老人以及受邀前来参加宴会的其他村寨里的代表围坐其旁。普通人也可以向“咪谷”、摩匹、工匠们敬酒言欢，这种现象看似暂时打破了各个家庭、各种人群之间等级的观念和社会秩序上的区别。但是，有资格坐在长街宴“龙头”位置的仍然是村寨里的这些“咪谷”、摩匹和工匠成员，一般家庭里是不能把宴桌摆在那儿或坐在那儿很久的。虽然在“十月年”长街宴上，外来的客人们都争着坐在靠近首席龙头的位置，好像离这儿越近的客人的身份和地位就越尊贵①；但是，每家坐席的秩序及宴桌摆放的位置是按古规预先安排好的。例如元阳县哈播村农历十二月份的“昂玛突”长街宴，家庭宴桌一定要按照“父母双全的人家、兄弟有很多的人家、长子家、丧夫或丧妻但夫家或娘家父母仍健在的人家、其余的人家”这样的秩序规则摆放。每桌宴席上，要依辈分高低入席，长者优先，这些原则其实更是对家庭成员所承担各种实际责任划分的表征。值得一提的是，元阳县全福庄长街宴上还设有“女席”，是为上了年纪的、儿孙满堂的老年妇女专设，因为她们有令人敬仰和值得尊重的人生经历。而年轻的女人是没有资格到“女席”吃喝的。就其本质而言，“女席”体现了对老年妇女成功人生的尊重和褒奖。

由此可见，长街宴饮食文化活动坐席次序上的特别安排既是哈尼族传统礼仪文化的表现，也是村寨社会层级结构的象征。

三、村寨制度的本质

历史上，哈尼族作为农耕民族，其社会层级结构在很长时期内为父权制的村寨社会制度。可以说，这种村寨政治制度在神话

---

① 陈寿康:《哈尼族的长龙宴》，载《今日民族》，1999（10）。

历史记忆中的“惹罗普楚”时代就已成形，家庭中男主外女主内的角色分工、男尊女卑的社会性别角色的区分就已经很明显。从家庭结构来看，男子在家庭中的地位较高，妇女处在家庭中配角的地位：吃饭、睡觉都只能是男人在先，待男人吃好后、睡着，女人才能吃饭和睡觉；为了避嫌，媳妇和公公、弟媳妇与伯父不能同桌吃饭；如果家里来了客人，妇女也会遵守回避的原则，一般不会陪同客人同桌吃饭。

在传统村寨社会角色的分工中，“咪谷”的长子可以继承父亲在社会中的角色和地位，长大后继续担任“咪谷”。但是，摩匹（或贝玛）和工匠（则昂）阶层却是师徒承袭制，摩匹的承袭还要以师徒联名谱系体现出来，师徒的关系就像是父子那样有着拟血缘般的亲密。当然，摩匹或工匠的儿子也可以从父习艺为徒。这种“子承父业”式的继承制度在神话史诗中也有专门的讲述：

> 年老的头人死掉，他的儿子得穿长袍，三把高凳可以得坐，三碗清水可以继承……头人呵，今后你的儿子，可以接掌你的大印；贝玛呵，今后你的儿子，可以接挎你的挂篓；工匠呵，今后你的儿子，可以接扛你的大锤。①

传统的村寨制度在长街宴坐席次序上有实实在在的体现：元阳县哈播村的“昂玛突”长街宴宴桌次序至今仍沿袭古规，“咪谷”家庭、贝玛家庭、德高望重的老人家庭、父母双全的家庭、兄弟有很多的长子家家庭、夫家或娘家父母仍健在的人家……等

① 朱小和演唱，史军超、杨叔孔采录，卢朝贵翻译：《窝果策尼果》（古歌十二调），见西双版纳傣族自治州民族事务委员会编：《哈尼族古歌》，昆明，云南民族出版社，1992。

等这样的顺序排列。由此我们可以看出，哈尼族传统社会实际上是一个以阶层、辈分、性别、职责、长幼、年龄为划分标准形成的父权制等级社会。每一个阶层的人，其在家庭和社会中的角色都有严格的区分，不同的角色和分工，拥有不一样的职责并承担相应的义务，这也是哈尼族村寨制度的本质。

四、家庭伦理准则

长街宴的坐席次序也体现了哈尼族、家庭伦理准则，这些家庭中的伦理准则有：

首先，子女要对长辈尽孝，甚至要赡养没有子嗣的伯叔舅姨等长辈。在长街宴上，则体现为长辈的座次优先。哈尼族很早就形成了对老人十分敬重的习俗，谚语讲“哈尼老人比大田宝贵”，体现了对老人的尊重和重视。哈尼村寨高大的古树，是先民在选择寨址时特意留下以供老人休闲纳凉的地方。神话古歌《斯批黑遮·打鹿敬老人》描写了狩猎活动的场景，还提到狩猎的原因是家里的老人“想吃马鹿肉，想喝马鹿汤”。在哭葬歌《密刹威》里，反复吟唱后生晚辈对逝去老人的深厚感情：

> 嗯哼——欧！嗯哼哼！我们最尊敬的祖父，你是生养我们的亲人，生儿养女，你一夜起十次，养大我们，你一日背十回，每个儿孙的身上，都留有你的手印；我们亲你爱你，一天喊七十次不嫌，我们思你想你，像一天三顿饭不厌……别人的金银都轻如米糠，别家的火塘再暖，也没有贤惠的媳妇孝敬你，别人的吃食再甜，也没有你的儿孙叫的甜……嗯哼——欧！嗯哼哼！一户最尊敬的祖父啊，荫庇儿孙的大伞！像绿阴的万年青树样的祖父啊，你是哈尼儿孙的靠望！价值千金的老人啊，

你是最贵重的人了，你离家出门去了，家中再有千金万银，儿孙们又到何处把老人买来供养……①

哈尼人“孝”风盛行，不管是谁家的老人，都是受尊敬的对象。老人自外归来，儿子、姑娘或儿媳妇一般要上前去搀扶，请其坐下休息，并嘘寒问暖，端上热水请老人饮用；老人偶感风寒，晚辈们环绕床头，尽心服侍。日常生活中更是处处敬老。在生产劳动中也规定要先照顾好老人，老人只能干较轻松的活，例如在盖房子时老人只需做一些削制捆绕房檐梁柱的篾片之类的轻活。在婚典歌中，专门叮嘱新娘要尊重老人、爱护幼小。在田间地头、家里寨边，哈尼族世世代代把《关于祭祀母亲习俗由来的传说》向年轻人讲述，以教育年轻人如何孝敬父母。在老人死后，晚辈要戴孝向遗体磕头，不同的辈分和长幼关系戴不同的孝：长子戴的孝一般约 20 厘米宽，长过本人身高多一头的自织白布条（约 2 庹长），使布条的一端绕头一圈，另一端可垂直飘至脚跟；次子之孝布略短于长子；孙子戴的孝一般就只有 10 厘米宽的白布条，除布条的一端绕头一圈外，另一端不得飘过半腰；重孙戴一顶简易白布圆帽，并向后飘少许布头；曾孙只戴一顶简易红布圆帽。另外，孝服的材质和穿孝服的时间长短，也体现出家庭伦理关系上尊与卑、亲与疏，也就是说，孝布越长者与死者越近，反之越远。

其次，在同一个哈尼族的家庭里，辈分的区分很重要。凡做了父母亲的人，都有专门的亲属称谓，例如爷爷称“阿波”、父亲称“阿达”、母亲称“阿玛”、儿子叫“然永”、女儿叫“然迷”，这些亲属称谓体现了哈尼族重视良好家庭伦理规则的制

---

① 《密刹威·思念老人》，见赵呼基、李七周演唱，李期博、米娜翻译：《斯匹黑遮》，昆明，云南民族出版社，1990。

订。在家庭里，“长嫂为尊”的风气也具有悠久的社会传统，因为长嫂在一个普通家庭里的地位和责任都很重大，她要负责家里的一切事务，负责全家人的吃穿，每天她要早早地起来做饭，安排整个大家庭的日常生活，还要养猪喂鸡、煮饭做菜；农忙时节还要与男子一样下地干活、上山背柴等。

这里要指出的是，哈尼族的“姓”不是汉姓。“启波然”是哈尼族对自己的氏族或家族的称呼，以 10—15 代继嗣群为一个“启波然”，即“一个祖先的后代”“一棵树发出的分枝”。按照这种继嗣制度来追溯，参加长街宴会的每一个男人相互间都有沾亲带故的亲戚关系。

再次，家中妻子正在坐月子的男子不能参加长街宴，绿春县的车里村和其他村寨都有类似的这种规定。在一些村寨，甚至不允许身上有被野外动物咬伤留下疤痕的男人以及被认为身子不干净的男人以及未成年人参加长街宴。即便是前文所述长街宴上专门设置的“女席”，一方面是对这些老年妇女对家庭所做贡献的肯定，但“另辟女席”也体现了哈尼族“男女有别”的家庭伦理意识。哈尼村寨这种“男女有别”的伦理意识还体现在社会的很多方面，例如很多村寨禁止本村寨的中青年女子参与长街宴或其他重大节日祭祀活动，甚至在这些重大的宴会节日活动期间女子还被严格禁止看到，也不被允许出现在举行象征仪式的任何场合。即使是在平时的生活时间里，女孩子也只能参加以家庭为单位的祭祖活动。

另外，哈尼族传统的家庭伦理还有许多对女性的约束和规范，例如不能与男性同桌就餐，这些习俗并不符合现代伦理和社会主义核心价值观，正在渐渐改变。

最后，在哈尼族传统的家庭伦理规则中，还有同姓不婚、父母做主的婚姻规则。一般而言，女儿婚前的恋爱可以是自由的，但婚嫁大事最终还是要得到父母的允许。为了迎合这种习惯法规则，男女家庭在缔结婚姻关系时，讨妻者要分三次支付聘金予女方家庭，第三次要在婚礼的当天才支付聘金；聘金总额的多少既表示姑娘的“身价”，也表示讨妻者付给妻者家庭的报酬；聘金以金银首饰、钱财等为主，不管总额多少，都要当着给妻者家人父母的面用秤象征性地称一下，表示给妻者家庭确实体面，姑娘确实“值钱”。据说民国时候，讨妻者给的聘金最少的有几块银元，最多时有几百块。民间传说《九块半》[①] 讲的就是建水的哈尼族男人娶媳妇要送“九块半”聘金的习俗；而在神话故事《巴角芦》中讲一个还来不及归还定情物的姑娘被男方变成的厉鬼索债吓死的故事。[②] 在后面的这个案例中，哈尼族姑娘因为“还来不及送还定情物，就被男方变成的恶势力索债活活吓死了”，说明婚约在没有解除的情况下，女方仍要受到某些禁忌魔法的约束。

《哭嫁歌》则揭露“在四角四方的篾桌上，爹妈媒人的几句话，卖断了姑娘的一生”。《不愿出嫁的姑娘》更抨击这种婚姻制度对女性的戕害：

> 我们姑娘啊从来不算人，阿妈生了娃娃，偏心的爹妈呀，就要看是儿子还是姑娘。要是生下了儿子，爹妈笑得嘴都合不拢，赶忙去杀鸡、蒸糯米饭，赶忙煮一大锅鸡蛋；要是生下了姑娘，爹妈要都不想要，一不杀鸡二不蒸糯米饭，三不煮一个鸡蛋……阿妈生下了儿子，赶忙拿干净布包好，天天煨热水洗澡，一天洗两三次还嫌少；阿妈生下了姑娘，十天还不拿布包，不煨一点热

---

① 《九块半》，见《云南民族文学集成·建水故事卷》，云南省建水县文化局、民委，1959 年编印。

② 《巴角芦》，见云南省民间文学集办公室编：《西双版纳哈尼族民间故事集成》，昆明，云南少年儿童出版社，1989。

> 水洗，一天只听见哭叫；爹妈疼爱儿子，不乖时又哄又抱，一下都不打，一下都不骂；爹妈不喜欢姑娘，不是吼就是咒，就像是骂猪，就像是撵狗。儿女一天天长大了，儿子上坡阿妈牵着手，姑娘上坡只有爬着走，喊哑喉咙阿妈也不回头……姑娘长到八九岁，爹妈还不给做衣服，没有布，找树叶遮身，没有线，找细藤子来系；姑娘长大要戳耳眼，阿妈才给了一副耳环；姑娘长大要缝衣裳，阿妈才给了一块布。①

可以说，长街宴的一些禁忌，比较客观地反映了哈尼族家庭中婚姻伦理规则的本质。从历史上的哈尼族家庭来看，只有少数土司可以纳妾或允许多妻，并且这种家庭形态相对集中在西双版纳哈雅支系上层统治阶级的少数家庭中。通常哈尼族家庭是一夫一妻制。

此外，男人是一家之主，事情无论大小最后都要由家里最年长的那个男人说了算。实际上，哈尼族的家庭，除一个儿子（大多是长子）能与父母亲住一起外，其他儿子成年后都要分家另住。这些另立门户的儿子，住房多盖在父母亲房屋的周围，称“仰然”。就财产继承权来讲，家庭财产日后要按儿子的数量平均分配，女儿则无权参与家庭财产的分配，谚语谓：“大田不能分给上路的女人，蘑菇房不能分出门的姑娘，这是哈尼自来的古规，这是先祖传下的古话。”② 当然，对于这种不合理的家庭伦理规则，神话古诗也给予了讽刺和抨击：

---

① 陈建宪：《中国民俗通志·民间文学志（下）》，529 页，济南，山东教育出版社，2006。

② 朱小和演唱：《窝果策尼果》（古歌十二调），见西双版纳傣族自治州民族事务委员会编：《哈尼族古歌》，昆明，云南民族出版社，1992。

养猪兄妹一起养，分猪妹妹没有份……养鸡养鸭兄妹一起养，分鸡分鸭妹我分不到……养狗兄妹一起养，分狗妹妹分不着……养牛兄妹一起养，分牛没有妹的份……养马兄妹一起养，分马没有妹的份……种棉兄妹一起种，可是妹妹分不到棉花……分竹子妹妹我一棵得不着……妹连一棵棕也分不着……阿爸的钱包打开了，妹妹我分不着一文钱……①

可以说，体现在上述神话古诗中的集体记忆，正是哈尼族社会之中“男女有别”的家庭伦理价值和观念意识的反映。

第二节　长街宴的文化变迁

在时代的长河中，社会的变革反映在各个方面，语言文化正是这种变化的表征。今天在“苦扎扎”长街宴上，除了“咪谷”的致辞还保留用哈尼语外，参加长街宴的多数哈尼族村民都讲一口熟练程度不同的地方性汉语方言。从语言的使用来说，哈尼语受汉语言的影响很普遍，近代哈尼语中就吸收了不少的汉语借词，从文化传播学来说，这种变化正是文化传播或文化刺激的结果。一般地说，哈尼语最先是吸收了生产、生活等方面的汉语借词，例如“小麦”哈尼语称“麦子”，“土豆或马铃薯”哈尼语称“洋芋”，“花生”称“落地松、落松、花松”，“辣椒”称“辣子”等，都是借用了当地汉语方言。后来，哈尼语又吸收了政治、社会、文化、科技方面的当代汉语词汇，例如电视、电灯、电影、政策、工作、思想、共产党、按劳分配、水利、化

---

① 中央民族大学习队收集：《旦艳和夏策》，134~137 页，昆明，云南民族出版社，1994。

肥、经济、法律、表决权、参观、代表、选举、工厂、文化馆、成本等，甚至有某些英语单词。由此也可以看出，哈尼族对新鲜事物和外部世界的认识，主要是受到了汉族的影响，具有明显的时代特色。另外，哈尼族传统的父子连名世系传递和个人命名制度也普遍采用了汉姓借词，借用汉姓一般有三种情形：一是受汉族的影响，哈尼族把自己家族名中的一个字作为家族的姓，如绿春县老马村的“威马家族”，把家族名的“ma^{33}”用汉语同音的“马”字替代并当作整个家族的姓，“陈嘉家族”把相同音的“陈”当作家族的姓，“卢嘉家族”把相同音的“卢”当作家族的姓。二是以前的汉族地方官员给哈尼族的赐姓。《滇志》卷三十《临安府·土司官志》说：“各长官司，俱本土罗罗、和泥人，原无姓名，各从族汇之本语定名；或随世递承其父名之末字，更接一字相呼。弘治（1488—1505 年）初，知府陈晟以《百家姓》首句，司分一姓，加于各名之上，惟纳楼未受。”哈尼族最早的汉姓是明朝初期云南临安知府赐给滇南土官的，至今有六百年左右的历史，土司中接受明皇朝所赐的是李、赵、陈、钱等汉姓。三是哈尼人因生活环境的改变而直接借用汉姓。清朝以来，哈尼族居住地区出现了私塾学堂，少部分富家子弟到私塾去学四书五经，就借用了汉姓。中华人民共和国成立后，到学校上学的哈尼族学生中借用汉姓情况很普遍；为了申报户口、在外读书、当兵、参加工作、做生意等实际需要，很多哈尼人也都纷纷采借了汉姓。

除了语言符号外，村民们与各种物质实体的互动也是长街宴饮食文化符号意涵形成的基础，例如长街宴上人们弹三弦琴、吹“巴呜”，唱起“哈巴”“独打”，跳起传统舞蹈“根古调”。这些传统的舞蹈还有着名目繁多的类型，例如碗舞、棕扇舞、鼓舞，等等。不过，笔者考察后发现，为歌舞伴奏的一些打击乐器，例如唢呐“册节”、铜铓和牛皮鼓，平时是不准随便拿出来吹奏和表演的，须由专人保管。它们被视为只能在节日期间才可拿出来为英雄祖先演奏的圣物，只有在“六月年”“昂玛突”“十月年”这样大型的村寨节日宴会上方能拿出来弹奏、使用。显而易见，在这场以歌舞助兴、以歌舞佐餐的文化饮食符号系统中，人们以欢腾、热闹的歌舞展开，又在欢腾、热烈的歌舞气氛中结束，正所谓“酒食之会，所以行礼乐也”。哈尼族村寨里的人们对生活的热爱会很自然地反映在欢腾的宴会和歌舞组成的各种符号及符号之间互动的过程中。

值得指出的是，在狂欢的年节里，长街宴所具有的“乐”的属性正是这场盛大宴会符号系统的显著特征。其实，儒家思想也特别强调跟“礼”互相补充、调协人际关系的“乐”的功能。在荀子《礼记·王治》一文中讲：人生不能无群，群而无分则争。争则乱，乱则离，离则弱，弱则不能胜物。正因为这样，荀子在《乐记》中提到“乐统同，礼辨异”的观点，这是荀子对乐和礼不同职能所做的定义，他论述了“乐”整合社会的作用，突出了“乐”所具有的“和”的功能。“乐以道合”本是《庄子·天下篇》中提出来的一种传统的观念，但荀子做了更深入而具体的论述：“乐在宗庙之中，君臣上下同听之，则莫不和敬；闺门之内，父子兄弟同听之，则莫不和亲；乡里族长之中，长少同听之，则莫不和顺。故乐者，审一以定和者也……乐者，天下之大齐也，中和之纪也。”所以，“乐”能使社会“合同”，促进群体中人际关系的和谐，使人与人之间不因等级的不同而产生隔阂和对抗以至于分崩离析。因此，在荀子看来，音乐舞蹈能使尊卑上下步调整齐，感情融洽，是“中和”的纲纪。所以说，乐的合同作用保证了社会秩序的稳固。

实际上，饮食盛会不但具有亲和人际关系的功能，它还是一个重要的凝聚社会群体意识的机会。法国社会学家杜尔干就认为，诸多的圣餐如中世纪时的“狂欢节”，其象征仪式的功能正在于此，它对于凝聚社会的“集体意识”、团结个人、汇聚社会的集体力量起到了不可缺少的作用。[①] 通过考察我们知道，生活在云南省南部红河两岸广袤高山峡谷地域的“哈尼族”，在平日居家的日子里，就常以饮食为媒介，把饮食习俗与血缘、地缘关系联系起来，加深了解、敦睦亲谊，具备各种各样属性的食物因此成为人们建立秩序和实践活动的依据。今天哈尼族的村寨，以几十户的居多，最大的有两百多户，最少的就几户人家，这些村寨大多是人口增多以后分开的结果，这些具有子母寨特征的村寨往往在年节的时候合在一起来举办长街宴饮食文化活动。因此，长街宴饮食文化活动上的各种食材物料以及人们聚在一起的同饮共食行为，其实也是哈尼族建立人与人、村寨与村寨甚至支系与支系之间相互认同“集体意识”的基础。村民们以均分得来的“份肉”“鸡肉稀饭”或“生轰”（“龙猪肉”）感受代表来自天上的各路英雄的存在，借以获得彼此的认同。蕴藏在各种食材物料以及同饮共食行为之中的“集体精神”，也成为哈尼族区别于周边其他族群的重要外部特征。可以说，这种“集体精神”的表达正是哈尼族长街宴饮食文化符号最重要的象征意涵。

一、长街宴体现了哈尼族的传统观念

从符号意义形成的视觉考察，我们对长街宴中各种食物符号属性的检验也是多重符号相互融合的结果，这些符号常与文化的隐喻（metaphors）结合而形成多种象征意涵呈现于人类学家过去常讨论的认知项目（categories）中。据笔者的考察和研究，无论哪种类型的长街宴饮食文化活动，都跟各种重要的农耕祭祀

① 参见［法］杜尔干：《宗教生活的初级形式》，林宗锦、彭守义译，北京，中央民族大学出版社，1999。

活动紧密相连，例如“德龙活”（追忆田坝）、“嘎玛通”（缅怀谷的象征，回家的道路）、“车拉枯”（呼唤谷的象征）、“车施哑”（吃新谷）、“车机罗”（回忆谷仓）、“车机阿哈昔”（杀鸡献谷仓）、“石月特”（做糯米团追思）、“宗咪吾”（祈望人、粮、畜兴旺发达的综合象征仪式）、“木阿纳”（追思牛马牲畜、锄头犁耙等农具）、“卡拉枯”（呼叫庄稼象征的魂）等。可以说，这些农耕祭祀活动所具有的“神圣性”也是形成长街宴饮食象征符号象征意涵的重要原因。

首先，从精神文化符号形成的意义来看，长街宴饮食文化活动传递着哈尼族传统的价值观，哈尼族精神世界的许多特质和观念都能在长街宴里反映出来，例如宴席上不可缺少的“生轰”和“凉拌魔芋”正好是天上的空间和地下的世界的象征。这种二元对立的关系在哈尼族传统的世界观中多有体现，在哈尼族原始哲学里，世界是由多维空间组成的，人们生活的地方只是世俗的空间，另有代表善良英雄祖先的天上的空间和象征妖魔鬼怪邪恶势力的地下的空间。哈尼族的神话记忆歌谣《十二奴局》等古歌多有对“天、地、人”或“人、神、鬼”空间的分类。

从文化人类学对圣俗世界的研究来说，世界上几乎所有的人群都有对神圣和世俗的二元分类。在不同人群的哲学观里，人们以不同的方式想象这两种异质性空间或事物的对立，并且广泛地为人类学者的研究所印证。第一，人们根据存在物的等级体系给神圣事物下定义，以威严和力量的标准来衡量它，神圣之物被认为高于凡俗之物，特别高于毫无神圣之处的人间社会。第二，神圣事物也有不同程度的区分，有高低等级的系列。也就是说，对于哈尼族村民而言，天上住的是善良的远古英雄，这些祖先会给人间社会带来福佑和吉祥；地下住的是妖魔鬼怪，他们会给人间社会制造不幸和灾祸；人居二者之间。我们从哈尼族对“天、地、人”或“人、神、鬼”空间的认知可以看出，哈尼族传统的世界观、宇宙观是人间社会、善良的天上祖先和邪恶的地下势力世界的有机统一：在这个统一体中，天界、人间和地界构成了整个宇宙，缺一不可。正是在这种传统的世界观和宇宙观的指导下，每家每户都要把村寨均分得来的“生轰”（或称“龙猪肉”）放在长街宴宴席的中央，“生轰”在这儿象征住在天上空间里的英雄祖先，“凉拌魔芋”象征地下妖魔鬼怪的邪恶势力，二者都具有传统节日活动上的重要寓意。当然，长街宴上的象征意义不止于“生轰”和“凉拌魔芋”，还有“十月年”长街宴的鸡肉稀饭和“苦扎扎”长街宴上的“份肉”，等等。人们身处其间，与来自天上的各类英雄祖先和地下妖魔鬼怪同享共食，目的是取悦他们，求得他们的保佑或消灾避祸，所以，对各种神圣力量的敬畏也体现了哈尼族和谐统一的价值观念，即天、地、人或人、神、鬼三者的和谐统一。《礼记·中庸》曰：“和也者，天下之达者也。”正因为“和谐统一”是哈尼族传统观念中的最高境界和最高理想，这种建立在人与自然和谐统一基础上的传统价值观念近千百年来一直完美地保存在长街宴饮食文化活动里，成为哈尼族传统世界观的象征。

其次，哈尼族的这种传统价值观念还体现于长街宴上盛放食品的器皿上。从物质文化符号形成的角度分析，长街宴饮食文化食俗的独特性在很大程度上是跟当地的气候类型、地域环境、物产（即菜肴原料的来源）有很大关系的，但随着当地经济的发展、社会和文化的变迁，原有的属性，特别是体现于人们传统价值观念中的各种文化表征也发生了很大的变化。按照过去的传统，长街宴要用木甑装饭、木碗盛饭，以木盆、竹碗、葫芦碗盛菜，以竹筒装酒，糯米粑粑包裹在芭蕉叶里，取食工具也要尽可能多地使用竹、木材质的。虽然这些盛放美食的器皿并非什么“美器”，但都取自大自然，古朴而清新，正所谓“靠山吃山，靠水吃水”。无论是盛放美食的器具，还是制作美食的食材，世居山林的哈尼族就地取材，很好地利用了大自然赋予的丰富资源。并且，在《祭竜的传说》[①] 等神话故事中，神树是哈尼族祖先的象征，这些神树底下还埋葬着远古的祖先，凡生长在古英雄祖先居住的村寨周围的一切石、木、竹、树等都具有神圣性。正是因为这些如此原因，在长街宴里的这些来自大自然的原材物料和竹木材质的器皿，不同程度地带有某些神圣的性质。

今天，我们见到的长街宴多使用金属、玻璃和陶瓷材质的器皿，这种改变也使长街宴宴会具有世俗的新属性。从一定意义上来说，这种改变也是哈尼族传统世界观改变后的结果或表征。

二、重要性逐渐降低

众所周知，哈尼族是典型的稻作民族，其梯田农耕生产绵延了两千多年，人与土地、人与自然结下了不解之缘。这种人土相依的农业发展模型以及严重依附土地的天（自然）人关系使“其民浑太朴，唯土物是爱，故能臧厥心，唯本业是崇，是以无末作，尽力田亩”。崇尚农耕活动，在适当的日子里举行农事节日仪式是哈尼族祖祖辈辈遵循的习俗。从 20 世纪 70 年代末开始，中国的社会形态逐渐发展变化，经济发展的大潮和商品经济意识也影响到哈尼族传统价值观念和人们的生活方式，其表现结果之一就是长街宴在哈尼村民的社会生产和生活当中的位置变得越来越次要，它在哈尼族社会文化重构中的重要性逐渐降低。这种改变主要是体现在以下一些方面：

首先，体现于哈尼族整体生活方式的改变上。在 20 世纪 80 年代以来的很长一段时间里，伴随城镇化建设和新的经济发展政

---

① 《祭竜的传说》，见云南省民间文学集成办公室编：《西双版纳哈尼族民间故事集成》，昆明，云南少年儿童出版社，1989。

策，哈尼族乡寨的青壮年男女纷纷走出家门到城市打工或做生意。那些最早去到外面发展的哈尼族年轻人，他们每次离家外出少则三到六个月，多达五年以至十年以上，有些干脆就在城市里安家落户、结婚生子成为城里人。这些在外地打工发展的哈尼人接受了新的文化和生活方式，也学习到很多新鲜事物和生活技能，人际社交的范围也逐渐广阔，能够很快地适应经济发达地区城市商业习惯和现代文明的生存环境，不再执著于传统山乡那种以血缘或地缘为特征的人际关系和村寨里极为狭小的空间团体。相对来说，这些哈尼族人群不但解决了温饱等基本问题，有些人致富或发展好以后，也会回到昔日居住的村寨山乡改造传统的居住形式，帮助亲戚朋友改变他们的某些生活方式。在元阳县麻栗寨、牛角村、全福庄、哈播乡以及红河县的甲寅村、大羊街乡等许多知名的哈尼族村寨，现代建筑取代了传统的蘑菇房，少数人家还盖起了五到六层的楼房，建筑面积甚至能达到700—800平方米以上。

其次，体现于对长街宴观念的变化上。年轻的哈尼人忙于打工赚钱的事情，对于要回到原村寨参加长街宴这种大型的农事活动的态度已经不再坚定了，甚至是无所谓。既然对长街宴的重要性认识不高，那些与节日活动有关的传统观念和意识在他们心目中的地位自然就下降了。有些在外打工或在外做生意的哈尼人甚至在春播、秋收的农忙时节也只是出钱雇人全程帮忙干活，或者干脆就把田地出租或承包给村寨其他村民。有些哈尼族商人则会抓住商机，批发大量的日用生活品运往家乡，利用大型传统节日摆长街宴之机大赚一笔……

再次，体现于人们对经济效益的日益追求上。长街宴饮食文化现象变迁的最大表现是受到现代商品社会价值和利益等因素的影响。农耕社会的一些传统，在这种世俗化“魔力”的进攻面前毫无招架之力，世俗化的结果也严重地制约了长街宴饮食文化向高档次现代饮食文化的转型。一方面，长街宴原有的饮食文化元素受到生产生活方式转型的影响而渗入了成本以及经济效益的因素，更多可供选择的新食材、新的加工方式和烹饪工具，可以做出更多新式的、花样繁多的菜肴品种。但是，这些来自外部的文化使得长街宴原有的自然形态和参与节日饮食文化活动的自觉性大大降低，长街宴原先的传统饮食特色和重要性也逐渐暗淡下来。

在红河县宝华乡的嘎它、期垤、俄垤等自然村，磨秋场上安放的秋千和秋千架坏了也不见有人重修，只有磨秋桩和磨秋还在。更有甚者，为了开发文化旅游资源，一味追求“短、平、快”的近期效益，稍不小心便破坏了长街宴原有的活动规则，起不到继承和保护优秀民族传统文化的目的。因为对传统品牌的宣传不到位，准备不充分，那些慕名而来的摄影爱好者和游客在参与文化旅游的过程中体验不到哈尼族真正有价值的东西往往失望而归。不仅如此，还造成严重的环境污染和交通混乱，当地的物价和经济生活也随之被扰动，这种情况一定程度上也影响到村民们的日常生活秩序。

某县哈尼族村寨的“十周年”长街宴原本是最具代表性的。当地政府曾经连续几年组织邻近县城的哈尼族寨子统一到县城摆长街宴，改变了人们过去以村寨为主体各自举办长街宴的传统做法。因为是被邀请来参加长街宴的，有些村民的热情和主动性就大打折扣，宴桌上的菜品也不如从前，草草了事的结果会使得长街宴沦为一次世俗化的聚餐活动，与在餐馆里的吃喝无异。有些地方的长街宴售卖宴席券，看似不小的福利，却破坏了长街宴固有的属性。这种属性就像笔者在第五章第二节中提到的：盛宴不应该含有任何功利性的目的，任何一丝买卖吃喝或攀权附贵的世俗贪念都是对它最大的亵渎和误解，人们注重好运气的眷顾及社会人情的冷暖，希冀跟外界世界建立友好、和平的感情纽带更甚于对金钱和其他物质利益的追求——这才是哈尼族主人真正的待客之道。政府的初衷是提高村民的收入、改善他们的生活，但这种功利性的短视行为最终使村民和政府都受益不多，反而危害性不可预估，并且消极效果则会马上反映出来，例如长街宴活动过后垃圾成堆，没有能力及时处理，而且村民们大多无视这些严重的污染，从而影响到村民们昔日宁静的生活。

元阳县某村是当地长街宴民俗旅游文化的重要品牌，风土人情被作为经过包装的商品而推广。笔者在调查中发现，只要有游客提出需求，就可以临时举办一场收费的长街宴来满足外来者猎奇的心理和感官刺激。成为旅游产品的哈尼长街宴，不仅弱化了传统文化承载主体的地位，更误导了游客对它的认识和看法，甚至产生偏见。

三、活动日益滞后

传统长街宴饮食文化活动所具有的“礼物交换”之属性不是以金钱为媒介的等价商品交换，参加长街宴的哈尼族村民们更多关注的是以宴会美食象征建立起的“人与自然”“人与人”之间情谊的普遍联结和牢固友谊。可以说，在很多村寨，举行长街宴的传统目的和根植于人们心目之中的那些传统观念至今还在延续，具体表现在今天已脱贫的哈尼族村寨社会中，人们的商品交换意识仍然很弱，而以人情关系为纽带的“一般交换或礼物交换”关系的性质普遍存在。这种“一般交换或礼物交换”关系正是长街宴的最大特点，也是哈尼族村民们人际关系的最大特色。例如哈尼族十分重视人生中的“出生、婚嫁、死亡”这三件大事，在碰到这些大事的时候，亲戚朋友们都会借机为办事的人家送去礼物，而当自家有类似事情的时候也希望得到亲戚朋友的帮助。

从人类社会生活和文明的发展程度来看，哈尼族注重人与人之间情谊联结的价值观念应该成为促进社会发展和文明进步的催化剂，但是却在今天呈现出了逐渐衰退的态势，通过实地考察和分析，笔者认为其原因主要有以下几点：

第一，长街宴原生态食材开发和培育滞后。哈尼族居住的红河南岸哀牢山、无量山区，热带、亚热带、温带和高寒地带气候在这里呈垂直分布，一山之中有春夏秋冬四季。除了多姿多彩的气候条件以外，地理类型也异常复杂，土壤种类多样，土层深厚，保持和蓄水性能良好，加上丛林和丛草相间，终年有落叶和败草腐朽，随雨天地表径流冲入水沟灌进农田。可以说，滇南山区地肥水肥，靠自然肥力也够一年一季产粮所需，这也是历史上哈尼族梯田很少人工施肥而产量颇高的原因。由于山区物产富饶，自然会为举办各自类型的长街宴提供良好的物质条件，前述可知，宴席中的很多食材原料就取自于这片广袤富饶的山区地域。

但是，过去由于过度的开荒和采伐森木，甚至有些村寨还在坡度 25 度以上的山地上开田造地，导致了生态环境的极度恶化和人们生存环境的灾变。元阳附近观音山西南麓的水源林、红河甲寅后山的森林就曾遭此浩劫。有一段时期，新街至胜村、攀枝花、牛角寨乡的公路沿线，由于过度滥采滥伐，许多轮息停耕的土地变成了荒山秃岭。自 1994 年以来，绿春县三猛乡的上沙普和下沙普村的村民为种植香茅草和烤香茅油砍倒了许多原生态树木；在过去的 20 多年里，森林还是沙普村民获取日常生活用柴的资源库，由于滥采滥伐，森林损失了 60% 以上，森林被破坏造成了自然资源的枯竭。为了保护生态环境，当地政府制订出一系列禁止破坏、采猎野生动植物资源的保护政策。这样的严采、严猎措施在保护生态环境的同时，也让以野生动植物为原材料的“苦扎扎”长街宴食材发生了变化，大部分传统食材被禁止使用，而相关替代食材的开发和培育上却滞后，因此导致宴会及跟其有关的民俗活动逐渐式微。

第二，人均收入低于全国平均水平，长街宴专用的大米产量的不足。过去，传统长街宴的主食大米是梯田里盛产的传统水稻品种，如“红脚谷、水红脚谷、大百谷、麻线谷、蚂蚱谷、皮杂谷、长毛谷、山谷、香谷、大毛糯等，亩产一般在 250 公斤左右”①。但是，由于各种各样的原因，现在这类水稻的产量严重不足，已不能满足长街宴的需求。

客观地说，在传统农耕经济时期，这类水稻的产量还是比较高的。在哈尼族村民们的集体记忆里，“惹罗金谷满山……快牵起我的手，去看马尾一样耷下的谷穗，去看酸俊汤杆一样壮的荞麦”②。哈尼族先民在从北往南迁徙的过程中逐渐适应了南方的气候和自然环境，创造出了世界闻名的半山梯田稻作农业体系，“山有多高、水有多高”，把水稻种植由平地移到山坡上，创造出了同一时期相对高产的梯田稻作农业生产。昔日哈尼族梯田稻作经济的生产方式有自身独具特色的优势，在产量上甚至长期超过农业资源条件最优越的长江三角洲地区，据费孝通在《江村经济》一书中的记述：20 世纪 30 年代，云南滇南哈尼族主要聚居区的红河县各村寨的亩产量一般都在 300 公斤以上，“禄村谷产上等田每亩 540 斤”。而同期，1936 年的长江三角洲地区的稻谷亩产量还不到 150 公斤，居住在河谷平坝地区傣族种植的水稻亩产量到 1952 年也才有 100 公斤左右。在费孝通《江村经济》有关“生存水平的平均数”的统计表中，“每英亩稻米平均产量（单位：担 100 市斤）”一栏里，云南的禄村、易村、玉村与沿海的江村同时期的稻谷亩产量分别是 60、36、52、40 个单位，

---

① 《云南省红河哈尼族彝族自治州民族志》，276 页，昆明，云南大学出版社，1989。

② 朱小和演唱，史军超、卢朝贵、段贶乐、杨叔孔翻译：《哈尼阿培聪坡坡》，24~31 页，昆明，云南民族出版社，1986。

显见云南的村寨一般都比自然地理条件优渥的汉族沿海地区农村的更多产。[①] 哈尼族地区粮食产量上的领先直到 20 世纪 70 年代还占据着优势，例如那个时期哈尼族主要聚居区的元阳县每年还调出 70 多万公斤稻粮支持内地其他地区的经济建设。

但是，这种曾经的优势却在农业文明转入工业和商业文明社会以后逐渐地丧失了。原因是多方面的，从生产技术来看，哈尼族传统的梯田稻作生产方式自隋唐时期改进了牛耕工具以后就没有太大的变化，顶多也只是在耕作步骤和水稻品种上有所调整。20 世纪 80 年代，长江三角洲地区的稻谷亩产达到 400 多公斤，而红河县哈尼族地区的亩产量仍维持在 30 年代费孝通先生调查时期的水平。

其实，哈尼族的梯田稻作生产方式也多少受到中部、东部地区农业生产的影响，例如从 20 世纪 60 年代以来，哈尼族地区开始引进和推广矮秆水稻良种，1976 年又从外面引种 2000 克籼型杂交水稻，获得成功。现在籼型杂交水稻的产量已占红河哈尼族彝族自治州稻谷产量的一半以上，平均每公顷产量也比之前常规稻增产 1.5 吨以上，高的竟达 3.4 吨。[②] 绿春县大兴镇倮别新寨，从 1978 年开始大规模种植产量较高的杂交稻，新的种植方法和新谷种的引进表面上看起来似乎正在改变哈尼族传统的梯田农业在现代化情景之中的劣势，但是，40 年过后的 2020 年，哈尼族地区农业水平依然没有改变（见表 1）：

---

① 费孝通：《江村经济》，388 页、400 页、506 页，上海，上海世纪出版集团，2005。

② 《正确认识杂交水稻　搞好杂交水稻生产》，载《云南科技报》，2004 年 8 月 1 日。

表1 2020年绿春县部分国民经济指标与全国同期水平的比较①

<table>
<tr><th colspan="2" rowspan="2">项目</th><th colspan="4">地区</th></tr>
<tr><th>全国（亿元）</th><th>比重（%）</th><th>绿春县（亿元）</th><th>比重（%）</th></tr>
<tr><td rowspan="3">产业结构</td><td>农业</td><td>77754</td><td>7.7</td><td>13.5</td><td>28.3</td></tr>
<tr><td>工业</td><td>384255</td><td>37.8</td><td>14.89</td><td>25.7</td></tr>
<tr><td>商业</td><td>553977</td><td>54.5</td><td>24.22</td><td>46</td></tr>
</table>

从上表中我们看到，无论哪一个产业的指标，哈尼族主要聚居区的绿春县均低于全国的平均水平：在农业产值的比重比全国的水平高出20.6个百分点的情况下，农业人口的比重也比全国的高得多。即使拿2020年农民人均收入最高的元江县因远镇来说，也比全国的同期平均水平低很多（见表2）：

表2 2020年元江县哈尼族各乡镇部分国民经济指标②

乡镇	指标			
	粮食总产量（万公斤）	人均有粮（公斤）	经济总收入（万元）	人均收入（千元）
羊岔街乡	429.05	362	2920.47	1.520
羊街乡	715.51	421	5100.41	1.868
那诺乡	750.14	394	3432.43	1.667
咪哩乡	459.68	315	8500.00	1.826
因远镇	1101.52	429.3	36876.62	3.093

再看一下哈尼族主要居住地红河县的情况，车古乡利博村、

① 图表数据资料来源于《中华人民共和国2020年国民经济和社会发展统计公报》（2021-02-28），《绿春县2020年国民经济和社会发展计划执行情况与2021年国民经济和社会发展计划（草案）报告》（2021-03-03）。

② 图表资料来源于元江县地方志和国家统计局网站。

利架车乡规晋村两个哈尼山寨，2020 年的农民人均有粮和人均经济收入分别是 273 公斤、284 公斤和 1200 元、908 元，明显比元江县的水平还低。又据大羊街乡乡政府 2020 年统计，奔车支系 13524 人，占当地总人口的 75%；总耕地面积为 22706 亩，种粮食 18761 亩，产粮食 452 万公斤，人均粮食 216 公斤，又低于车古乡的水平；全乡总收入中第一、二、三产业分别占 75. 4%、12. 1%、12. 5%。也就是说，通过第三产业商品的生产和交换带来的收入只占大羊街乡全乡总收入的 1/10 左右。红河县耕地总面积有 22. 7 万多亩，梯田是耕地的主要形式，山地较少，2020 年后仍有低产田 4 万余亩。①

过去，哈尼族地区有传统经济生产上的相对优势，香料类中的胡椒、八角、砂仁、草果，饮品类的茶叶和咖啡，药材类的板蓝根，经济林木类的杉木、棕榈、竹藤、橡胶等都曾经是高产作物。例如对森林水系、气候、土壤等生态环境要求严苛的草果种植业，“草果出广南、海南”（《品汇精要》），今天哈尼族主要聚居区金平、元阳就是历史上广南府的辖地。现在草果在海南已绝迹，金平县、元阳县哈尼族山乡出产的草果占了全世界草果总产量的 80%以上。这种曾经独占优势的重要经济作物却因生产技术和生产方式的原始落后举步维艰，平均亩产还不足 5 公斤，绝大多数年头是歉收甚至绝收的。

由此看来，哈尼族地区包括粮食作物在内的各种物产生产滞后的情形还很突出，这种情况就使很多村寨处在待增产、待增收的境况，也在很大程度上制约了长街宴饮食文化活动的开展。

《绿春县 2020 年国民经济和社会发展计划执行情况与 2021 年国民经济和社会发展计划（草案）报告》中也提到以上存在

---

① 红河县党史研究和地方志编纂办公室编：《红河县年鉴 2021》，芒市，德宏民族出版社，2021。

的问题，并概述为“县域经济基础薄弱，农业弱，工业小，服务业滞后，市场化水平较低，有待进一步改善发展环境，提高贫困人口收入，完备社会保障等”。①

第三，现代的科学技术没有普及或有效运用。哈尼族村寨的农业生产活动，如果能与现代科学技术有效对接，是可以实现提高、促进农业丰产目的的。但是，新技术如果不能因地制宜的话，也会带来更多的问题，使人措手不及。

例如，当地曾将长街宴应用最多的主食大米“新品种杂交水稻”引进到山区的许多梯田里栽种。“新品种杂交水稻”含有更多的营养物质，在平原地区的生长速度较快，一年两熟甚至在条件更好的地区达到三熟，并且不易受虫害的侵袭，预期提高哈尼梯田的产量。但是，这项创新计划最后还是失败了。一方面是当地人更偏爱原产红糙米“堆车”② 与“车然”③ 的色泽、口感和味道。并且，新品种的种植技术要求相对较高，程序复杂、严格，生产投入的成本提高了，但售价却不高。而原来的老稻种，却只需要施以农家肥就可生长得好。另外，老稻种稻草长得高，可用于铺房顶和喂养耕牛，实用性较强。哈尼族学者李克忠描述过新品种、新技术在实践中的困惑和不适。

> 现代稻谷品种的引入，一定程度上改变了传统的栽种品种。目前在广大哈尼族地区普遍引种杂交稻和再生稻，在三五年之内产量有大幅度的增加，为长期以来粮食不能自给的哈尼族带来希望。但是随着时间的推移，

---

① 《绿春县 2020 年国民经济和社会发展计划执行情况与 2021 年国民经济和社会发展计划（草案）报告》（2021-03-03）。

② 堆车，高寒山区生长的籼稻，苗棵高 1 米左右，成熟比较晚。煮熟的大米饭是红的，口感有些粗糙，但这种米饭抗饥饿力强。

③ 车然，苗棵高一米左右，适合种植在海拔 1000—1500 米的山区。

经过十多年的栽种，也逐渐暴露出一系列的严峻的问题：首先是杂交稻或再生稻生长需要充足的有机化肥，从而改变传统的农家肥施行方式，一旦施肥不足或无经济收入去购买足够的有机化肥如尿素、磷肥，栽下去的庄稼，不要说是增产，还达不到传统品种的产量。其次，大多数家庭连起码的温饱问题都解决不了，更无力去支付购买稻种和化肥的费用，为此每年还要东凑西借上千元用于上述的开支，这也是产量减少的一个因素。再次，新稻在地力肥沃的头几年无须施任何化肥，即可丰产，但几年过后，因杂交稻和再生稻需要较多的肥料补充，一旦跟不上，原来的地肥逐年吸干，田中所含有机物质消耗殆尽，地力也随之退化。笔者家父曾是该村第一个引进杂交稻、再生稻的种植典范，每年为购买稻种和化肥支付一大笔费用，虽产量有增加，但并非所有家庭都有能力做到。大多数家庭每年为购买种子和化肥而四处奔忙。据家父介绍，经过近十年的栽种，原来梯田里的泥浆不如以前那样有充裕的肥力，每年收割时节拔起稻根，已是泥沙参半，这说明新稻种产量比以往提高不少的同时，所付出的代价是生产成本增加、梯田中的肥力减退即土地肥力的自给能力在逐年降低。①

这也给我们一个启示，包括长街宴饮食文化活动在内的哈尼族传统文化转型，要有良好的环境和条件配搭好才能成功。

第四，“奢侈”的消费观念难以继续保持优秀传统饮食文化的特点。长街宴一直以来就要求人们消耗大量的钱财、物品和牺

① 李克忠：《寨神——哈尼族文化实证研究》，606页，昆明，云南民族出版社，1998。

牲，以有效祭献传说中的英雄祖先，抛开这种行为本身所具有的象征意义来说，这种消费习俗显然不符合现代社会“量入为出”的公序良俗，巨大的浪费本身也是陋习，不符合社会主义核心价值观。

长街宴在过去只是以村寨为主体举行，一个村寨里的村民跟别的村寨和更远世界之间的交流少之又少。今天，随着社会的变迁特别是交通、通信的发展，外来文化随着人流涌入哈尼村寨。年轻人唱流行歌曲、跳现代舞蹈、穿流行服，本民族的传统观念不再是唯一圭臬，“咪谷”对祖先记忆的讲述、摩匹演唱的“哈巴”（哈尼族的传统歌）“独打”“根古调”少能吸引青年人的兴趣，一些年轻人对于参加传统节日活动的兴趣和欲望也越来越弱。以各种说唱及歌舞形式借节日场合传唱、传承传统文化，曾经是哈尼人继承古老历史和民族文化、学习道德伦理准则的重要时段和方式，而现在，这种时段和方式已经让位给互联网、广播、电视和现代教育，人们对长街宴的需求已经不那么迫切，这就使得许多古老的传统民歌、乐器、音乐、传说故事、舞蹈等文化载体在慢慢地消失。我们不应忘记，历史上许多著名的族群文化就是因为传承手段落伍于时代又缺乏有效的更新而遭到无情的淘汰。

四、属性渐次改变

我们知道，传统的哈尼族长街宴饮食文化现象所具有的神秘属性，就是文化人类学家所说的“一般交换或礼物交换”的属性，它是一种重视人情交换关系和人际关系联结的饮食盛宴，实际上它是在特定的“狂欢节”里举行的与世俗性的聚餐相对立的另外一种“圣餐”。

为了进一步诠释长街宴的文化符号特征，我们有必要再对

"一般交换或礼物交换理论"进行解读。这种理论是由摩尔根、马林诺夫斯基、马塞尔·莫斯和列维-施特劳斯等人考察美洲印第安人、太平洋诸岛屿的土著族群类似的带有神秘性的宴会以后做出的结论。摩尔根在对美国印第安人的田野调查中特别关注土著社会里不同于欧美社会的人与自然、人与人之间关系的特殊性，他虽然没有明确提出"一般交换或礼物交换"的概念，但是他的研究也激发了这种理论的形成。莫斯创建的"一般交换或礼物交换理论"，最初是为了驳斥当时的主流经济学家所谓土著社会存在"自然经济"的观点。他在研究了大量文献资料后指出："这种交换礼物的经济根本不能纳入所谓的自然经济或功利主义经济的框架……在这些社会中，价值的观念已经在发挥着作用，同时完全可以断定，已经有大量的剩余被集中，它们往往在毫无牟利目的的情况下单纯被极度奢侈地挥霍一空，另外，作为财富之记号的各种货币也已经存在并且被相互交换。不过，在这种非常富庶的经济中仍然充满了纪念、缅怀先人的祭献内容，货币还具有犹如巫术一般的魔法力量，它并不纯粹被用以作为等值交换的媒介看待，所以仍然要跟氏族或个体系于一处。即使对于各种经济贸易活动，市场上仍就充斥着仪式活动与神话传说，它们仍保有庆典、义务的特点并追求某种功效的目的，其中充满了礼仪和法律。"① 莫斯之所以称这种生产和交换体系为"一般交换或礼物交换"，是因为他发现这种制度还广泛存在于欧洲以外的世界各地的土著中。因此，莫斯揭示了"一个东西与其原来的主人不可分离的结合"，这就是全世界各地原始部落和族群文化中礼物交换制度的本质。毋庸讳言，莫斯等文化人类学家的研究为笔者诠释长街宴符号系统的功能和各种象征意义提供了非常好的理论和方法。

---

① ［英］利奇：《对人类学的再思考》，165~166页，伦敦，阿斯隆出版社，1961。

笔者亦认为，哈尼族村民们在长街宴饮食文化活动中相互交换的东西具有像美洲印第安人和太平洋土著一样不可异化的特征。在过去，个人与个人之间、家庭与家庭之间，以及村落与村落之间在宴会之上订立的盟约并非暂时的约定，结盟的各方面要受到永久性相互依赖义务的约束，违背者会受到惩罚。换言之，为了资源共享，长街宴饮食文化活动中那种“一般交换或礼物交换”，是处于相互依赖状态下的村民们进行的不可异化的东西的交换。我们知道，现代商品交换是以金钱为媒介建立起的交换客体之间的关系，而哈尼族村民之间的交换则是以人情为纽带建立起的“一般交换或礼物交换”，这种关系纯粹建立于主体之间。更进一步说，现代商品交换是价值形成的过程，它是一个买卖系统，但“一般交换或礼物交换”则不然，二者之间的这种区别也是莫斯所总结的那样：“一般交换或礼物交换”以赠物与还物的系统取代了我们今天的商品买卖系统。一个给出的不可异化的东西必须还回来，这样，礼物创立了必须付回的债务，“一般交换或礼物交换”者所指望的是通过礼物交换所产生的人际关系的和谐，而不是东西本身。[①] 法国文化人类学家列维-施特劳斯完善了“一般交换或礼物交换”的理论，他在《亲属关系的基本结构》一书中指出，在土著缔结的婚姻关系中，妇女成为“最高等级的礼物”。他指出：“食物不仅仅是最不可缺少的商品，因为在食物和女人之间，存在着一整套真实的和象征的系统，其真正本质只是逐渐显现的，但即使是肤浅的理解，也足够建立起这种联系。”[②]

我们观察到，哈尼长街宴原有的神秘和“一般交换和礼物

---

① ［澳大利亚］C. A. 格雷戈里：《礼物与商品》，杜杉杉等译，9～20页，昆明，云南大学出版社，2001。

② ［法］列维-斯特劳斯：《亲属关系的基本结构》，33页，伦敦，艾尔与斯波蒂斯伍德出版社，1969。

交换”属性发生了明显的改变而呈现出世俗化和功利化的特征。表现如下：

首先，传统的哈尼族长街宴有特定的时间、地点以及特别的食材、餐具，参与者以及参加宴会的着装、言语行为等等也有严格的规定，宴会期间伴歌伴舞的演奏乐器也是有禁忌的。这些准则和规定，与哈尼族世俗空间里的生产生活时间、日常的用餐食品、佐餐器具、平常随随便便的穿着、最常见的乐器等均形成明显的对比。传统长街宴上以野生动植物为原料做成的佳肴美味显然不是平常用餐的食品，而是沟通人与大自然、人与英雄祖先的重要媒介，是神秘世界与世俗社会的桥梁。不过，随着时代的发展及社会文化的变迁，人们的观念和意识发生很多的改变，今天的长街宴在举办时间、地点、参与者及其服装、歌舞等方面都与过去有所不同。

其次，传统的哈尼族长街宴会仅限成年男子和孩童参加，成年妇女被禁止参与。而现在已经不分男女老幼均可参加，结婚的女人也可以出席，这些变化也反映了哈尼族传统观念和社会形态上的变化。在过去，参加长街宴饮食文化活动时，每一个男人都要穿戴整齐出场，这种对服饰的要求是为了“让祖先回来看着喜欢”。这些服饰基本上是各个家庭用传统的“小土布”和传统的技艺制作，每一个人都以穿着自己手工缝制的黑色或蓝靛色民族传统服装为荣。但是随着纷繁多样的现代商品服装进入哈尼山寨，长街宴已打破了着装上的传统规定。除了主持宴会的“咪谷”还保持传统穿戴外，如果有哪位哈尼族男人扎着传统的包头、脚踏传统木屐出现在宴会里，反倒引来怪异的目光，大多数人都是穿着日常服饰参加宴会的。

再次，传统的三种类型的长街宴都是与哈尼族传统的梯田稻作经济紧密相联的，各自带有不同的农耕文化的特点。从前两种类型长街宴食材原料的范围来看，基本为原生态食材，例如有名的炒树头菜、凉拌魔芋、“树藻”、凉拌水芹、凉拌柴花、泥鳅、嫩豆芽配上牛肉做的鲜汤以及“白旺”等特色菜肴。在哈尼族看来，其中一些菜品还具有增强生育能力的象征意义，例如魔芋和泥鳅据说是女人和男人的象征，嫩豆芽则是新生命的象征，它们与“份肉”“龙猪肉”“生轰”一样是必不可少的。此外，凉拌生菜中的韭菜、葱、蒜、辣椒等调味料具有告别旧年、迎接新年到来的象征寓意。按照传统古规，所有的菜品和丰富的饮料也须由男子亲自烹制，妇女不得参与其中。但今天长街宴菜肴食品的制作已离不开家庭里的女人，并且绝大部分菜肴是由家庭妇女来完成的。盛放食品的器具也大多以陶瓷和金属为主，早已改变了旧有的竹木器具的习惯。当然，笔者也曾亲眼见到过宴席上还在全部使用竹杯、木碗的哈尼族人家，但这种情况已经很罕见，人们多是羡慕坐在那桌里的客人“好福气”。食材的禁忌被严格恪守，例如元阳县哈播村的长街宴，黄鳝、螺蛳和泥鳅仍被看成是不吉利的东西，禁止上桌；同样，狗肉、有翅膀的家禽的肉也被认为不吉利，是不能摆在宴席之中的。这种对饮食上的禁忌习俗有着集体记忆的神话来源，像神话传说《僾尼人为啥不吃白猪肉》① 就解释了僾尼人不养白猪、不吃白猪肉的原因，《艰培然为什么不养鹅》② 也向我们讲述了哈尼族“艰培然”家族一直保留“不养鹅、不吃鹅肉”的禁忌原因。不过，“十月年”的长街宴上，食材的禁忌早已被人们淡忘，在这种长街宴上，举凡“天上飞的、地上跑的、水里游的、家里养的”均可以入席，它具有包罗万象的特点，这也是宴会世俗化改变以后的体现。

最后，在外来游客众多的长街宴饮食文化活动已不按照传统

---

① 《僾尼人为啥不吃白猪肉》，见《西双版纳哈尼族民间故事集成》，昆明，云南少年儿童出版社，1989。

② 《艰培然为什么不养鹅》，见《哈尼族民间故事（五）》，哈尼文汉文对照版，昆明，云南民族出版社，1993。

的规矩行事。象征远古祖先的“份肉”已不见于席上，大“咪谷”还没有宣布开宴前人们就开始吃喝起来，有些人或者利用这个机会帮助外来游客照相留念，整条摆设长街宴的大街上闪光灯频繁闪烁，宴会更像是一场群聚的野餐，浪费现象无所不在。这些行为自然引起了当地村民们的反感，因为哈尼族村民认为宴席里的菜肴、美酒是不能浪费的，而且不管怎样都要在碗里留下一些，否则就会犯了“碗底留福，碗中留下口福”的忌讳。

另外，元阳县某村被开发为民俗旅游村以后，随时可以举办“长街宴欢迎您”的聚餐活动，当然，这种长街宴已不是具有象征符号的长街宴了，在本质和属性上发生了根本的变化。跳木雀舞、白鹇舞、棕扇舞、乐作舞等舞蹈是哈尼族为去世的老人跳的一种丧舞，如今它们经过一些所谓艺术人士的改编和加工后，作为一种喜庆舞蹈搬上了长街宴饮食活动的舞台，而且任何人都可以加入其中，可见，这些舞蹈早已失去了往日的传统风格和特点，人已经不知道它们真实的来处和意涵了。

结语　长街宴的发展预期

从现实情况来看，长街宴饮食文化活动在今天的哈尼族地区仍保留着一年举办一次的传统周期。作为一种形式独特的传统文化符号，正吸引着越来越多的四方游客光临。每当举办长街宴活动的时候，哈尼族村寨几乎所有的男人，邻近村寨其他民族的村民都会参与到节日和宴会中来。人们在一起分享哈尼人的喜悦的同时，也会被其独特的活动规定、特殊的宴饮方式、传统的美食以及欢腾热闹的歌舞吸引。作为“一般交换或礼物交换”属性的宴会，哈尼族村民更是利用这个机会加强彼此间的联谊，跟外来的客人礼尚往来，彼此结下友谊之情。要承认，这种特别重视人情味的交谊方式是纯朴和宝贵的。

实事求是地说，长街宴饮食文化活动所具有的积极性一面，与哈尼族自身深厚的文化传统内涵和良好的道德观念有关。因此，这些多姿多彩的传统而古老的节日活动，如十月年、昂玛突、苦扎扎、开秧门等是内容丰富并具有较高开发价值的民俗文化，地方政府积极建设“民族文化品牌”的发展战略保护了优秀的传统文化。例如 2004 年绿春县城由政府组织举办的“十月年”类型的长街宴饮食文化活动，一方面宣传了哈尼族主要聚居之地的绿春、红河，另一方面也促进了当地旅游业和经济的发展。这次活动还被评为上海民俗文化节“吉尼斯”世界纪录之最和年度最佳项目奖。

笔者认为，民族文化产品与物质商品的区别只在于经营对象的不同，经营的好坏还在于经营者文化素质的高低。当今，随着现代商品经济的发展，民族文化品牌的开发和建设自然成为各地区、各行业的核心项目，特别是在市场机制尚不成熟的哈尼族山区，对民族文化品牌的发展、建设和完善刻不容缓。因此，对于长街宴的研究，从理论到实践，从学术到应用，意义和价值都很重要。确切地说，这一文化品牌的开发和传承，有利于完善和继承优良传统文化，开发和培植文化旅游资源，并给当地社会带来发展契机，给村民带来"共同富裕"的新途径和新手段。

因此，长街宴如何在继承优秀传统文化的基础上，吸纳和融合其他优秀文化，是异常重要的事情，假如没有相应的办法来帮助和指导哈尼族长街宴实现成功的文化转型，将是遗憾的事情。笔者认为，首先要学会尊重这一来自梯田农耕文明时代的古老宴会，要了解它，同它结缘，这样才能自觉继承、保护和发扬它。费孝通先生曾提出"文化自觉"的概念，即是生活在不同文化中的人，在对自然文化有深刻认识的基础上，了解其他文化及其与自身文化的关系。① 也就是说，人们在处理外来文化与传统文化的冲突时，要以文化相对主义的观念为指导，一定要学会尊重传统文化。有的学者也在此基础上提出"参与发展"的理论，即要以人为先、文化为先，全面评估区域性知识，肯定当地人的技术及能力。无论"文化自觉"或是"参与发展"，其核心都是"赋权"，强调社会权利再分配及社会权利平等的原则，特别是当地政府要学会倾听来自基层的发声，赋予其决策权与参加权。这种纽带的作用体现的也是"平等磋商"的机制，在此基础上，再加以实施政府主导的科学规划，才能保障当地的社会、文化和

① 费孝通：《文化自觉和而不同》，载《民俗研究》，2000（3）：13。

经济得到全面和健康的发展。[①] 总之，笔者认为，以费孝通先生的“文化自觉”理论为指导，通过“参与发展”的途径，提倡民族文化的自觉，积极倡导以人为本、文化为先的发展理念，才能尊重和理解民族的优良传统文化，处理好不同文化之间的关系，成功地实现长街宴这一饮食文化品牌的文化发展、文化再造和文化转型。

最后，笔者认为，作为哈尼族梯田农业文明创造出来的作为传统文化活动的村寨性大型节日宴会，正是因为其文化叙事及其中的各种文化符号与哈尼族的传统古规古礼如影随形，长街宴才成为梯田农业文明时代的表征。其三种不同的宴会类型，在21世纪的今天仍得以较完整地保留下来，并且依然是村寨人们生活的重要内容，调节着村民们在不同季节的生产和休闲节奏，显示出很强的生命力。此外，这一大型的盛宴对社会和谐以及人际关系的调整也发挥着巨大的影响力。作为一种在文化特定环境中发展出的文化符号系统和个体认同群体、凝聚民族共同意识的有效手段，其所具有的功能远远超出了吃、穿、玩等功利性目的。作为一个辐射到哈尼族古老历史、民族性格、传统价值观念、梯田农耕文明以及哈尼族村寨政治组织体系、传统世界观、道德规范、服饰舞蹈、人生礼仪、饮食消费、文化传承等方面的综合文化符号系统，其所涉及的面极广、内容极多。可以说，它也是外化和内隐相统一的整体和谐形式。例如从长街宴饮食文化活动的内涵来说，它体现了哈尼族“和谐统一”的传统世界观和宇宙观。因为哈尼族传统的宇宙空间是天界、地界和人间的有机统一，在这个统一体中，人、善良的英雄祖先和各种邪恶势力都是宇宙和世界的一环，谁也离开不了谁。

---

① 周大鸣、秦红增：《人类学视野中的文化冲突及消解方式》，载《民族研究》，2002（4），34页。

正因为如此，人们在长街宴上“邀请”远古的英雄祖先来共享共食，最终获得人与自然、人与人的和平相处。这种与天界和地界妖魔鬼怪等邪恶势力世界沟通与相交流的手段，以及作为神圣和世俗二元世界对立的象征，正是人们对未来美好生活的渴望和追求。对于没有本民族文字的哈尼族来说，长街宴饮食文化现象是民族传统伦理规范得以延续和继承的重要载体。客观地说，绵亘浩荡的哈尼族古老历史能为后人熟知和了解，长街宴功不可没。但对于进入到新时代以后，哈尼族传统村寨如何更具体、更有成效地利用现代文明的新技术、新手段来创造和更新自己的传统文化，在既保留原有特质、维护原有生命力的基础上，又有效地发挥其传统文化中的优秀成分，这是值得进一步深入研究的课题。

参考文献

一、译 著

［英］杰克．特里锡德．象征之旅［M］．石毅，等译．北京：中央编译出版社，2001：76–79.

［美］克莱德·M. 伍兹．社会变迁［M］．何瑞福，译．石家庄：河北人民出版社，1989：56–58.

［美］马文·哈里斯．好吃：食物与文化之谜［M］．叶舒宪，户晓辉，译．济南：山东画报出版社，2001：1–15.

［英］维克多·特纳．庆典［M］．方永德，等译．上海：上海文艺出版社，1993：82–87.

［英］维克多·特纳．象征之林：恩登布人仪式散论［M］．赵玉燕，等译．北京：商务印书馆，2006：79–96.

［英］维克多·特纳，仪式过程：结构与反结构［M］．黄剑波，等译．北京：中国人民大学出版社，2006：13–17.

［美］阎云翔．礼物的流动：一个中国村庄中的互惠原则与社会网络［M］．李放春，等译．上海：上海人民出版社，2000：16–22.

［法］列维–斯特劳斯．亲属关系的基本结构［M］．伦敦，艾尔与斯波蒂斯伍德出版社，1969：33.

二、国内学者著作

艾宗升．云南少数民族神话选［M］．昆明：云南人民出版社，1990：77-87.

白茫茫．哈尼族情歌选［M］．昆明：云南民族出版社，1996：12-17.

白祖额．哈尼族四季生产调［M］．昆明：云南民族出版社，1989：33-47.

费孝通．江村经济［M］．上海：上海世纪出版集团，2005：56-76.

红河哈尼族彝族自治州民族志编写办公室．云南省红河哈尼族彝族自治州民族志［M］．昆明：云南大学出版社，1989：33-37.

红河州民歌集成组．中国云南红河哈尼族民歌［M］．昆明：云南民族出版社，1995：89-93.

李克忠．寨神：哈尼族文化实证研究［M］．昆明：云南民族出版社，1998：199-205.

李期博．哈尼求福歌［M］．昆明：云南民族出版社，1996：12-19.

李期博．哈尼族民间神祇及信仰研究［M］．昆明：云南民族出版社，1991：23-28.

李期博．斯批黑遮［M］．昆明：云南民族出版社，1990：67-68.

刘辉豪，阿罗．哈尼族民间故事选［M］．上海：上海文艺出版社，1982：197-199.

龙正发，郭级．金平哈尼族民间故事［M］．昆明：云南民族出版社，2003：47-53.

卢木罗，刘庆元，阿罗等搜集整理．哈尼族民间故事集选［M］．上海：上海文艺出版社，1989：16-22.

略斗．奕车风情［M］．成都：四川民族出版社，1984：36-41.

史军超．哈尼族文化大观［M］．昆明：云南民族出版社，1999：86-90.

史军超．哈尼族文学史［M］．昆明：云南人民出版社，1998：95-98.

王尔松．哈尼族文化研究［M］．北京：中央民族大学出版社，1994：43-46.

王清华．梯田文化论［M］．昆明：云南大学出版社，1999：86-102.

为则．哈尼族自然宗教形态研究［M］．北京：云南民族出版社，1995：34-36.

赵官禄．哈尼族叙事长诗集［M］．北京：中国民间文艺出版社，1989：33-37.

赵官禄．十二奴局［M］．昆明：云南民族出版社，1989：99-145.

中央民族大学1962年实习队．旦艳和夏策［M］．昆明：云南民族出版社，1994：79-88.

朱桂元．中国少数民族神话汇编——人类起源篇［M］．北京：中央民族学院出版社，1984：22-25.

朱小和演唱．哈尼阿培聪坡坡［M］．史军超，等译．昆明：云南民族出版社，1986.

图书在版编目(CIP)数据

民族神话记忆中的宴会符号研究:以哈尼族长街宴为例/陈永邺著.—北京:民族出版社,2023.3

ISBN 978-7-105-16931-3

Ⅰ.①民…　Ⅱ.①陈…　Ⅲ.①少数民族—神话—研究—中国　Ⅳ.①B932.2

中国国家版本馆 CIP 数据核字(2023)第 048426 号

策划编辑:罗　焰
责任编辑:罗　焰
封面设计:翟跃飞
出版发行:民族出版社
地　　址:北京市和平里北街 14 号
邮　　编:100013
网　　址:http://www.mzpub.com
印　　刷:北京盛通印刷股份有限公司
经　　销:各地新华书店
版　　次:2023 年 11 月第 1 版　2023 年 11 月北京第 1 次印刷
开　　本:880 毫米×1230 毫米　1/32
字　　数:240 千字
印　　张:9.25
定　　价:58.00 元
ISBN　978-7-105-16931-3/B·887(汉 303)

该书如有印装质量问题,请与本社发行部联系退换

汉文编辑一室电话:010-64271909　　发行部电话:010-64224782